このテーマで音楽祭の開催を決意した当時、移民の問題が世界中でこれほど深刻な政治的課題になるとはまったく予想していませんでした。もしもそれを知っていたなら、あえてこのテーマを見合わせていたかもしれません。つまり「亡命」は、時流に乗って選ばれたテーマではなく、純粋に音楽的な関心から生まれたテーマです。それが偶然にも、昨今の世界情勢と共鳴したのです。

著者のエティエンヌ・バリリエ氏は、私が尊敬してやまない小説家・随筆家で、音楽はもとより、芸術や哲学に大変造詣《ぞうけい》が深い方です。さまざまな「亡命」作曲家たちの人生について書かれた、この豊かですばらしい内容が詰まった本を、日本のみなさまにいち早くお届けすることができ、うれしく思います。

二〇一八年二月　東京にて

「ラ・フォル・ジュルネ」音楽祭　アーティスティック・ディレクター

ルネ・マルタン

日本語版に寄せて

「Exil（亡命）」を「ラ・フォル・ジュルネ音楽祭」の開催テーマにしようと思いついたのは、今から四年前のことです（その後、このテーマは「新しい世界へ Vers un monde nouveau」というより開かれたコンセプトへと進化しました）。このテーマであれば、じつに幅広く、多様なアプローチが可能になることに気がついたのです。ことに一九、二〇世紀に政治的な理由で祖国を追われた作曲家たちは、聴くひとの心に深く響く作品を数多く残しました。彼らが自分たちのルーツから遠く離れた場所で書きあげた作品は、どれも意味深く、感動的です。その中には、演奏される機会がまれで、一般的にはあまり知られていない作品もたくさん含まれています。そのような音楽を、ぜひラ・フォル・ジュルネを通してみなさまにお聴きいただきたいと思いました。亡命を経験した作曲家たちの音楽には、ノスタルジーとともに、「新しい世界」と出会う欲求や希望を感じとることができます。それは今日を生きる私たちにとっても、このうえなく重要な意味を持つのではないでしょうか。

Exil et musique

「亡命」の音楽文化誌

Étienne Barilier
エティエンヌ・バリリエ
西久美子 訳

ARTES

「亡命」の音楽文化誌　目次

・原注は、各章内で通し番号を付し、巻末にまとめた。
・訳注は、通し番後を付し、該当する頁の最後に置いた。
・本文内の〔　〕は訳者が適宜、補った箇所である。

はじめに
冬の旅

「ル・アーヴルの港を発つ船団、1856 − 1857」
フランス人写真家、ギュスターヴ・ル・グレ（1820 − 1884）の作品
Photo © Ludovic Bollo/Maquette Josseline Rivière

離郷とその苦しみは、人類が誕生したときからこの世にあった。ホメーロスの叙事詩『オデュッセイア』が、その歴《れっき》としたあかしである。新たな土地は、必ずしも故郷喪失者たちの心と精神に、ふるさとと同種の安らぎを与えたわけではなかった。それゆえに帝政ローマ時代の詩人オウィディウスは、追放先の僻地《へきち》の海岸で涙ながらにローマの景観を恋しがり、一六世紀フランスの詩人ジョアシャン・デュ・ベルレーは、留学先のローマでパラティーノの丘を眺めながら、郷里のリレを懐かしみ嘆いた。彼らにとって「祖国」とは、出生地であり、一族の拠点であり、幼少時代の思い出が詰まった場所であった。海の女神カリュプソーによって島に引きとめられたオデュッセウスがひとかたならず苦しんだのも、「先祖たちの地」に戻れなかったからであり、この表現は『オデュッセイア』の中で六〇回以上も繰り返される。

しかしながら、『オデュッセイア』の時代、さらにその後もながいあいだ、「祖国」という語には、近代のヨーロッパが付与することになる閉鎖的で凝り固まった意味合いはなかった。まだ「国家」の概念と結びついていなかったのである。かつてフィレンツェを追われたダンテは、こう書いた。「私にはフィレンツェに戻るつもりは毛頭ない。それが何だというのだ！　かの地を出れば、太陽と星たちのきらめきを見られなくなるとでもいうのか？　かの地を出れば、もっとも甘美な真実について熟考できなくなるとでも？」　ただし彼がこう言い切ることができたのは、フィレンツェの空と放浪先のラヴェンナの空の青さが、さほど変わらなかったからかもしれない。妻とその不倫相手を殺し、自分と同じ名の領地ジェズアルドの城に引き込もった作曲家カルロ・ジェズアルドの場合も、本邸があったナポリやヴェノーザから目と鼻の先で、離郷の苦痛に耐えていたとはどうにも想像しがたい。

　しかし、本当にそうだろうか？　故郷を去った者の心の痛みは、故郷からの距離に比例するわけではない。じっさい、ふるさとから——ときにはるか遠く——離れた場所でながく暮らし、移住地に骨をうずめた一七、一八世紀の作曲家たちは、つらい郷愁にさいなまれていなかったようにみえる。なぜなら彼らが自発的に移住したからだ、と主張する人も中にはいるだろう。しかしそれは、すべてを説明する理由にはならない。みずからの意思で発った郷里を、涙ながらに恋しがる者もいるのだから。つまり、「祖国＝国家」があらゆる郷愁の的となるのは、一九世紀の「ナショナリズムの目覚め」以降である。このときから祖国は、絶対的な理想、そして信仰対象とは言わないまでも、侵すべからざる共同体となったのである。

　二〇世紀に入ると、祖国はそれまで以上の価値を付与された。しかし、あまりにも神格化されすぎた祖国は、悪魔に委ねられることにもなった。前世紀のフレデリック・ショパンが見ていたポーランドの姿は完全無欠だった。彼が難なく祖国を理想化することができたのは、敵の手に落ちた祖国が犠牲者であり、この国を襲った悪とは対極の存在だったからである。ところが、アルノルト・シェーンベルク、トーマス・マン、ハンナ・アーレントら、ナチス・ドイツから追われた二〇世紀の創作者や哲学者たちにとって、祖国はもはや変わりはてた母、ベルトルト・ブレヒトがその有名な詩で呼びかけた「青ざめた母！」でしかなかった。彼らは、ショパンのように失われた幸福を祖国に重ねることはできなかった。なぜなら幸福は、犯罪の中には存在しえないからである。つまりシェーンベルクたちの亡命は、身体的な出来事である以上に、何よりもまず精神的な出来事だった。ショパンは祖国から離れて暮らすことを嘆いたが、ナチスから逃れた者たちは祖国から迫害され苦しんだのである。

さらに、このとき亡命は未曾有《みぞう》の規模の集団の悲劇となった。たしかに人類史を振り返れば、ある土地から住民が大挙して去った例は枚挙にいとまがない。「諸民族の春」のあおりで多くのひとびとがドイツを脱出したように（リヒャルト・ヴァーグナーもそのひとりである）。しかし亡命の悲劇は、二〇世紀に極限に達する。二つの世界大戦と二つの全体主義体制は、前代未聞の数の国外亡命者・移住者を生んだ。統計によれば、ナチスに追われアメリカ合衆国にわたった者たちだけでも、優に千人を超える［原注1］。本書は二〇世紀の亡命作曲家たち（当然、全員ではない）に焦点を当てるが、多数の亡命演奏家たち（アルトゥール・ルービンシュタイン、ルドルフ・ゼルキン、アルトゥル・シュナーベル、クララ・ハスキル、ブロニスラフ・フーベルマン、フリッツ・ブッシュ、アドルフ・ブッシュ、ヘルマン・シェルヘン、エーリヒ・ラインスドルフ、オットー・クレンペラー、ブルーノ・ヴァルターなど）の存在も忘れてはならない。

ナチス政権の誕生前夜、あるいは誕生直後には、おおぜいの芸術家・知識人たちが国外脱出を試みたが、革命を経たロシアの状況は異なっていた。周知のとおり、共産主義思想は、ソヴィエト連邦の成立以前から存在し、多くの場合その後も生き永らえたからである。ナチスの躍進とは異なり、一九一七年のロシア革命に対しては、熱狂する多数の芸術家たちが賛同と信頼を寄せた。

彼らは詩人アレクサンドル・ブロークにならって、闘いによる夢の実現と、同志レーニンの革命に希望を託していた。土地を所有し、秩序を愛していた保守的なラフマニノフまでもが、二月革命を称えている（しかし十月革命には反対した）。ソ連誕生後の数年間には、比較的自由な創作が認められていたものの、その後、当局は芸術活動をしだいに締め付けていった。ソ連にとどまった芸術家たち、あるいは（プロコフィエフのように）ソ連に戻った芸術家たちは、とりわけ共産党機関紙『プラウダ』による苛烈《かれつ》な統制を目の当たりにしながら、刻々と「精神的亡命者」となっていく［原注2］。つまり彼らもまた、程度の差はあれ、国内にいながら祖国を喪失したわけである。「先祖たちの地」である彼らの祖国は、外部の侵略者ではなく、内部の破壊的な圧制によって踏みにじられた。そのとき、自由を求める魂は住み家を失った。そう、彼らは正真正銘の亡命者だったのである。そのことを裏づける膨大な数の証言の中から、オシップ・マンデリシュタームがスターリンに抵抗して書いた身の毛のよだつ警句の冒頭二行を引用しよう。「われわれは足元に祖国の存在を感じられずに生きている。われわれの声は、ここからわずか十歩離れたところに届いていない」〔訳注一〕。マンデリシュタームはこの詩がもとで収容所に送られ、命を落とした。

ドイツでは、創作者たちの精神的亡命はかなり稀《まれ》ではあったが、それはきわめて過酷な体験としてたしかに存在した。実際の亡命を題材とする小説や物語も、ナチスから逃げたおおぜいの者たちが、物質的な貧窮、精神の破綻《はたん》、妥協、みじめな境遇、零落に直面したこと、多くの故郷喪失者《デラシネ》たちが自殺に追いやられたことを伝えている。もっとも幸運な亡命者たちは、新たな世界から歓迎され、新たなパスポートを授けられたが、だからといって彼らは、失ったものをふたたび手にしたわけではない。たしかに国籍は新たに手に入る。しかし祖国は？　祖国とは物理的な空間を超越しうるのだろうか？　「私の名が私の住まいになる」と述べた二〇世紀フランスの詩人サン＝ジョン・ペルスのよ

〔訳注一〕　フランス語訳から訳出。出典は『スターリン・エピグラム』（一九三三）。

うに、自分自身こそが「祖国」だと胸を張って主張できるものだろうか？　いや、ペルスの言葉は創作者にしか通用しない。おまけに、たとえ創作者であっても、ただの名前は住まいとして十分ではない。その名前は有名でなければならないのだ。そして国際的に著名でもないかぎり、母国から遠く離れた一芸術家が、大衆という名の貴重な「祖国」を当てにすることなど到底できない。

*

音楽は翻訳を必要としない言語であるから、亡命作家・思想家たちに比べれば、亡命音楽家たちの展望はやや明るかったのではないかと推察できる。たしかに、きわめて名高い作家たちはさておき、物書きにとって祖国を失うことは読者を失うことを意味する。トーマス・マンの兄ハインリヒは第一級の作家であり、母国では名声を博したが、アメリカでは読者を獲得できず、極貧に近い窮乏生活を送った。一方で音楽家たちの作品の受け手は、母語を共有するひとびとに限られない。ロサンゼルスで亡命生活を送っていたシェーンベルクは、五線譜に、ヴィーン・ベルリン時代と同じ記号を書き入れている。しかしながらこの利点は、往々にして助けにはならなかった。アメリカ、そしてフランスさえも（フランスは、ドイツ、オーストリアの作曲家たちにとって、戦争の影響による亡命以前から、しばしばアメリカへの経由地であった)、亡命作家たち以上に亡命音楽家たちを歓待したためしはないのである。
亡命作曲家たちは多少なりとも漠然と、自身の表現手段である音の言語が、悲惨な状況を訴えるには不十分であるという歯がゆさを感じていたはずである。歌詞や標題のない「絶対音楽」は、リオン・フォイヒトヴァンガーの強烈な小説『亡命』や、クラウス・マンの胸を打つ亡命小説『火山』に肩を並べる「亡命音楽」となるにはあまりに無力だった。シェーンベルクを筆頭に、多くの作曲家たちが言葉と音楽が結びついた表現形式に関心を示したのは、偶然ではない。創作をとおして悪者の暴挙を告発することを渇望した作曲家たちは、歌曲、カンタータ、音楽劇、オラトリオといった、テクストを伴うジャンルに惹かれていったのである。

*

実際の亡命に先立って、その苦悩を声楽作品で表現した作曲家もいる。アレクサンダー・ツェムリンスキーの傑作《抒情交響曲》(一九二三)では、バリトン独唱が「私は異国の地にいる異邦人」と歌うのだ。ツェムリンスキーはナチスが権力を掌握する以前に、来るべき不幸を予感したのだろう。一方で、現実では一度も故郷を喪失したことのない作曲家が、異邦人の悲哀をめざましく音楽化した例もある。その筆頭がフランツ・シューベルトだろう。すぐさま私たちの脳裏をかすめるのは、《冬の旅》の第一曲〈おやすみ〉の冒頭の詞である――「私はだれも見知らぬ者としてここにやって来て、だれも見知らぬ者としてここを去っていく」。

言うまでもなく、シューベルトが選んだヴィルヘルム・ミュラーの詩は、孤独と失恋の苦悩について語っている。当然、それらはナチズムの犠牲者たちの苦痛とは比べものにならない以上、シューベルトを「亡命作曲家」として扱えば、亡命という言葉の重みを軽減してしまうおそれがある。さらに、あらゆる芸術家、あらゆる失恋者、あらゆる放浪者を、みな亡命者と定義することにもなりかねない。しかし本書が目を向けたいのは、精神的な亡命と物理的な亡命の両面であり、無数の一般人たちや芸術家たちが直面した過酷な状態そのものである。

シューベルトは、すべてにおいて天才的だった。彼の芸術は、人間の苦悩の深奥に通じている。〈おやすみ〉の音楽は、詞の内容を伝える役割を超越し、究極の孤独を表現しているのだ。そしてそこにはすでに、二〇世紀的な意味での亡命、つまり政治的な亡命の影が認められる。ハンス・アイスラーが亡命地で書きつづった《ハリウッド・ソング・ブック》には、《冬の旅》の第一曲（とシューベルトの他のリート）からの影響の色濃い歌曲が含まれているが、それは単なる偶然ではないのである。

要するに、ふるさとを追われた作曲家たちと、言葉によって故郷喪失を明示している音楽作品だけに話題を限ってしまえば、本書の「収穫」は乏しいものとなるはずだ。むしろ筆者が何にもまして、とくに興味をかきたてられているのは、（広義の）故郷喪失が、その作曲家の創作に影響をおよぼしたのか否かという問題である。突き詰めれば、それが彼らの創作を枯渇させたのか、あるいは刺激したのかを知りたいのだ。このような問いはしかし、無益とは言わないまでも、おそろしく漠然と響く。それは、作者の「人生」と「作品」のつながりを求めようとするお決まりのアプローチに行きついてしまうのではないか？　作者と作品の関係という議論しつくされた問題を蒸し返して、結局は、何も確実なことは言えないのではないか？　プルースト以来、私たちは、作者の人生を引き合いに出す作品解釈が、下劣な誘惑に屈することであると考えてきたのではないか？　だからこそひとびとは、〈月光ソナタ〉をベートーヴェンの恋と結びつけることを慎重に避けている。そうであれば、亡命作曲家たちの作品の中に悲劇の痕跡を探そうとする試みも、ひかえるべきなのだろうか？

いずれにせよ、二〇世紀最大の二人の亡命作曲家、シェーンベルクとストラヴィンスキーの発言に素直に従えば、本書を書き始める前にペンをおかざるをえない。一九五〇年、『ロサンゼルス・タイムズ』紙の批評家アルバート・ゴールドバーグは、シェーンベルクとストラヴィンスキーに「亡命はあなたを変えたのでしょうか?」と尋ねた。まずはシェーンベルクの皮肉な回答を引用することにしたい。「八カ月におよぶバルセロナ滞在中に、私がオペラ《モーゼとアロン》の第二幕を書き終えたとき、あるスペイン人作曲家が驚いていました。この国の気候や特徴が、私の精神に生彩をもたらさず、それらが鮮やかで陽気で軽やかな音色という形で、私の音楽の暗い部分に取って代わることもなかったからです。私は彼にこう返しました。つまり君は、私が違う国に移住するたびに作曲様式を変えることを期待しているのかい? アラスカやシベリアでは冷徹な作風、赤道近くでは熱烈な作風、熱帯雨林の中では湿っぽい作風になるとでも? アメリカへの移住が私を変えた可能性はあるにせよ、私自身はそれを意識していません。あのままヨーロッパにとどまっていたならば、おそらく《モーゼとアロン》の第三幕を早々に完成させ、おそらくより多くの作品を書いていたでしょう。しかしいずれにせよ、もともとみずからの内にないものを表現することなどできません。居住地の風土が何であろうと、つねに二かける二は四なのです。私は生活のために、おそらく四倍多く働かなければなりませんでした。しかしこれまで、作品の受け手に譲歩したことはありません」[原注3]

この回答のすぐ後に、ストラヴィンスキーの回答がおかれている。彼は「ヘンデル、ゴーゴリ、ショパン、ピカソ、そして他のたくさんの芸術家たち」の例を挙げながら、亡命が創作者を惑わせ、本道からそらせるという説を論破している。彼はその簡潔な主張の最後で、質問者に決定的な言葉を突きつけている。「あなたの考えに反して、この記事に、わざわざ労力をかけて執筆する価値があるとはまったく思えません」

つまりストラヴィンスキーからみれば、亡命音楽について一冊の本を書くなど論外なのだ！　しかしながら、亡命の影響を認めない彼の意志がどれほど強くとも、あるいはおそらくそれゆえに、私たちは彼の言い分を受け入れる義務を負っていない。たしかにストラヴィンスキーは、創作の外的な条件にこのうえなく無関心で、このうえなく執拗《しつよう》かつ徹底的に「音楽そのもの」を追求した作曲家として名高い。しかしだからといって、亡命（彼の場合はヨーロッパを経由した「二重亡命」）が彼の創作に根本的な影響を与えたと考えていけないわけではない。じっさい、チェコ出身の亡命作家ミラン・クンデラも、『裏切られた遺言』において、亡命がストラヴィンスキーにおよぼした影響について論じている。アメリカで一徹に、そして気高く自己に忠実であり続けたシェーンベルクの場合でさえ、その作品が亡命に決定づけられた可能性は残されている。

このことは、本書で言及するすべての作曲家に当てはまる。ヴァイルやエーリヒ・ヴォルフガング・コルンゴルトのように、故郷喪失という体験から劇的な影響を受けた亡命作曲家がいる一方で、シェーンベルクやストラヴィンスキーを筆頭に、亡命の影響がより不明瞭な作曲家たちもいる。いずれにせよ、亡命がバロック・オペラに登場する機械仕掛けの神《デウス・エクス・マキナ》のように作曲家を瞬時に変化させたわけではないことを、第一に明確にしておく必要がある。亡命は、たとえば「ヨーロッパ生まれのクラシック音楽の作曲家」コルンゴルトを、一夜にしてハリウッド御用達の映画音楽作曲家に変容させたわけではない。あるいはブゾーニの弟子であったヴァイルは、アメリカにわたった翌日に突如ミュージカル作曲家に変身したわけではない。シェーンベルクはこう強調したではないか――もともとみずからの内にないものを創造することなどできない、と。

精神的亡命者たちの場合は、問題はより錯綜しており闇が深い。なぜなら、不可抗力とも呼びうる亡命の力が、現実逃避した身体に負担となるだけでなく、彼らの人格の深部や、自由をうばわれた作曲様式に、じかに重くのしかかるからである。そして彼らにとってもっとも真正なものは、彼らが生きる現実の中ではなく、彼らの作品それ自体のもっとも奥まった場所に隠されることになる。こうした事例は、音楽においてうそをつかなければならない場合に見出される。社会主義リアリズムによって作品に強制された歓喜の表現は、精神的亡命者たちの絶望のもっとも確かなしるしなのである。

＊

芸術家にとって、亡命は特異で悲惨で不可避な体験である。かぎりなく前向きな仮説を立てるならば、創作者がこの不可抗力を創造の糧《かて》として自己の内部に取り入れることができたとき、亡命体験はある種の刺激となりうる。その場合、芸術家が二つの世界を逆転させることすらありうるのではないか？　ある世界から締め出された芸術家が、喪失の彼方で自分自身を再構築し、より偉大で純粋な自己を見出すこともありうるのではないか？　その瞬間、かつて彼らを無理やり追い出した祖国や過去のほうが、かえって流刑の地に変じる。そして彼らは、苦悩に満ちた現世を投げ出したことを喜ぶのである。グスタフ・マーラーはリュッケルトの詩を音楽化した際に、そのことを予感していた。〈私はこの世に捨てられて〉の歌詞は逆説的に、個人的な苦痛や社会的なみじめさから解放される幸せな亡命について歌っているのである。

この種の幸福は、少なくとも痛みを伴う。しかし時にそれは、手を伸ばせばすぐそこにあるようにみえる。エリカ・マンとその弟クラウスは、タイトルからしてすでに雄弁な共著『生への逃避』において、ニューヨークで催されたある演奏会について書いている。このとき「アーリア民族」の亡命者アドルフ・ブッシュと、その婿《むこ》で「非アーリア民族〔ユダヤ人〕」のルドルフ・ゼルキンが、亡命者や移民たちの前でモーツァルトの音楽をともに奏でた。会場には、ハイフェッツ、トスカニーニ、アルベルト・アインシュタインらが仲むつまじく駆けつけたという。この美しいひとときの人間的な意義、そしてこの出来事を伝える人間的な使命は、エリカとクラウスだけでなく、私たち読者をも深く感動させる。美と倫理が同一の輝きを放つ稀なる瞬間に、亡命の地アメリカは真の祖国となる。しかしそれが持続するのは、一曲のソナタが響いているあいだだけだ。ひとたび音楽が鳴り止めば、彼らは散り散りになり、祖国を追われた根無し草として、つらい日常へ帰らなければならない［原注4］。

ストラヴィンスキーはゴールドバーグへの回答の中で、亡命は創作者に悪影響をおよぼさないどころか、むしろその能力を増幅させると主張している。これは作家フォイヒトヴァンガーの発言とかなり近い。「至上の才能を誇る者たちは、亡命によって得られた新たな展望によって自分がより豊かになり、新しく芽生えた情熱によって自分がより活性化されたことを実感する。亡命は彼らに、きわめて重要なものをもたらす（…）」。オーストリアの作家フランツ・ヴェルフェルもこう述べている。「亡命は過酷だ。しかし美しくもある。（…）そのとき亡命は、不確定性や冒険の再来を意味する――それは詩人に打ってつけだ」［原注5］。ヴァイルもまた、これと同じような表現で亡命について語っている。

しかし彼らの発言は例外的であり、いくらか厄落《やく》としにも似ている。じっさい、国を追われるという運命が、芸術家の実生活のみならず創作活動に深刻な悪影響をおよぼした例は多々ある。生まれ育った土地を離れてから、「新しく芽生えた情熱」を手にできず、「不確定性」や「冒険」に耐えられなかった亡命者もいるのだ。ラフマニノフ、エネスク、バルトーク、ツェムリンスキーのような、亡命の事情も作風も異なる作曲家たちが、まさにその経験者だった。祖国喪失が、彼らの悲劇の唯一の要因ではないことは言うまでもないが。

＊

一九三四年一〇月九日にシェーンベルクがハリウッドでおこなった「ユダヤ人の境遇についての演説」の、意表を突くユーモラスな言葉には驚かされる。「(『創世記』の) 蛇は故郷を追い出されます。つまり禁断の果実を食べるようイヴをそそのかした蛇は、楽園から追放されるわけですが (…)、蛇がエデンから退去を強いられ、地上で腹這《ば》いの生き物となったことは、ある種の自由の欠如を象徴しているように私には思えます。(…) 反対に私自身は、ある国から別の国へと移り (…) そこでは両脚で進む権利を有し、直立で歩行することができます。敬意と陽気さに満ちたこの国では、生きることは喜びです。私が祖国を追われたのは、神の恩寵です。私は楽園へと追放されたのです！」〔原注6〕さらに驚くべきことに、プリンストンにいたアインシュタインも、これと一言一句同じ表現でアメリカへの亡命について語っている〔原注7〕。

楽園への追放！　それから数年後のシェーンベルクは、もはやアメリカや亡命者の待遇を、これほどエデン的にとらえてはいない。カリフォルニアの美しい海岸、友人たちとの再会、この地でおこなった講義には、彼を亡命への失望と芸術的な孤独から長いあいだ遠ざけておく十分な力はなかった。たしかに彼は、プリンストンの楽園にいたアインシュタインとは異なり、マッカーシーが先導した「赤狩り（反共産主義運動）」のわずらわしさからは免れた。しかしいずれにせよシェーンベルクは、創作者として二〇世紀の時流に合った性向をほとんど持ち合わせていなかったし、ことさら運に恵まれていたわけでもなかった。彼にとって亡命は、アメリカに快く順応したヴェルフェルやヴァイルとは対照的に、長きにわたる「冬の旅」だったのである。

第1章

故郷喪失者が幸せだった時代

――リュリ、ヘンデル、スカルラッティを中心に

ジャン＝バティスト・リュリ
（1632－1687）

ドメニコ・スカルラッティ
（1685－1757）

ゲオルク・フリードリヒ・
ヘンデル（1685－1759）

本章では時代をさかのぼり、一七、一八世紀の故郷喪失者たちの境遇を俯瞰《ふかん》したい。このころフィレンツェに、粉ひき職人の息子として生まれた一二歳の少年がいた。アルノ川岸のオニサンティ教会の近くで遊んでいた少年は、通りがかりのとある高位の貴族から目をつけられ呼び止められて、両親への通告なしに連れ去られた。彼は荷物と一緒に馬車に揺られ、ヴェルサイユ宮殿へ運ばれて、イタリア語を習得したがっていた少女に奉公した。このとき少年は何を考え、何を感じたのだろう？　私たちがそれを知るすべはない。唯一言えるのは、今日であれば、この少年は心に深い傷を負ったにちがいないということである。誘拐された少年の姓のわずかな変化——Lulli はフランス風に Lully とつづられるようになった——は、周囲に心の動揺をひた隠そうとする虚勢にさえみえる。両親、母語、郷里から引き離された少年は、三重の喪失を強いられたのだから。

しかし一六四五年に、少年ジョヴァンニ＝バッティスタ・リュリの胸は、それほど強く引き裂かれていなかったのかもしれない。少なくとも、彼の伝記を著したフランスのジャン＝ロラン・ルセール・ド・ラ・ヴィエヴィルによれば、「ギーズ公はイタリアを旅していた。出発前にマドモワゼル〔訳注二〕から、もしも容姿の美しいイタリア人の少年がいたらフランスに連れて帰るようせがまれていたギーズ公は、このとき出会ったリュリの活発さを気に入り、ついてこないかと声をかけた。リュリは手放しで喜んだ」のである〔原注1〕。

これが実話である可能性は否定できない。しかし、書き手がその場にいたわけではないし、私たちも彼より多くのことは知らない。確かなのは、リュリが異国での新生活を乗り切り、やがて一七世紀を代表する「フランスの」作曲家になるということだけである（彼は一六六一年にフランスに帰化〔原注2〕した）。彼が目覚ましい成功を手にできたのは、その狡猾《こうかつ》で悪賢く計算高い性格、おべんちゃらが得意で必要とあらば卑劣な手段も辞さない性格ゆえだと言われている。そうであれば、賢くしたたかだったリュリは、すでに一二歳のときに腹の中でこう宣言していたのかもしれない――「むりやり出発させたのは君たちのほうだ。成功に到達するためなら何でもしてみせる！」。

音楽家リュリは、フランスの空の下でたくましく存分にその才能を開花させた。彼が隣人のフランシスコ会修道士からヴァイオリンとギターの手ほどきを受けたイタリアは、たちまち、ただの思い出

〔訳注二〕　フランス王族、アンヌ・マリー・ルイーズ・ドルレアン（一六二七－一六九三）のこと。モンパンシエ女公。ラ・グランド・マドモワゼルの愛称で知られる。

の地となった。ルセールによれば、彼がふるさとを引き合いに出したのは、「フィレンツェ人である私は」〔原注3〕という枕詞《まくらことば》で周囲の貴族たちに家柄の良さを信じ込ませようとするときだけだった。トスカーナ地方に、同姓の貴族が実在したからである。たしかに、遠方からやって来た者は好きなだけ嘘をつける。しかしリュリが、ローマを流れるティブル（ティーヴォリ）川を恋しがったオウィディウスのように、故郷のアルノ川を懐かしんで涙したという証言は残されていない。

あまりにフランスに同化したリュリについて、ロマン・ロランは逆説的で示唆に富んだ文章を残している。「彼がイタリアの巨匠たちから継承しえたものが何であったのかはさておき、彼の作品の中にみとめられる他者からの影響をみるかぎり、彼は受け入れ国フランスのイタリア化を企てるイタリア人ではなかったように見受けられる。むしろ彼はつねに、自国民の精神に合致し、自分の才能に完全に奉仕するものだけを異国の芸術から拝借するフランス人のようだった。リュリの思想と様式はきわめてフランス的である。彼はあまりにフランス人であり、その精神はあまりに保守的であったがために、オペラの創始者であるイタリア人たちがこの表現形式をヨーロッパ中に広めているあいだ、リュリは四〇歳代を迎えるまでオペラの公然の敵であり続けた」〔原注4〕

一九一二年四月、『メルキュール・ミュジカル』誌に「大発見」「リュリはフランス人だった」という次号の告知文が掲載され、五月号でアミアンの女性学者が長い論文記事を発表した。そこには、リュリはイタリア人ではなく、フランス北部ピカルディ地方に根を下ろす貴族の家系の子孫であったと記されている。続く六月号で、音楽学者アンリ・プリュニエールが筆をとり、この主張に反論を浴びせた［原注5］。じつはこの論争は、きわめて手の込んだ悪戯《いたずら》として『メルキュール』誌がでっちあげたものだった。その後『メルキュール』誌は、仰々《ぎようぎよう》しい皮肉を交えた文章を掲載している。「もしもわれらがフランス・オペラの創始者が、はからずもイタリアに生まれてしまったフランス人であったことが証明されていれば、われわれの国民的天才は、そのもっとも美しい勝利のひとつを手中に収めることになったはずだ。そして音楽全体が、この碩学《せきがく》の勝利に歓喜したはずである」

この騒動は意味深長である。普仏戦争（一八七〇）後、そして第一次世界大戦開戦前夜に、国粋主義者たちはあらゆる分野でフランス人の功績を触れ回ったが、彼らはしばしば大真面目だった。一九一六年の「フランス音楽の擁護のための同盟」の発足を待たずして、サン＝サーンスは一九一四年にこう書いている。「芸術には祖国がないが、芸術家たちには祖国がある」［原注6］。『メルキュール』誌の執筆者たちが記事を捏造《ねつぞう》したのは、芸術・音楽の分野で芽生えつつあった盲目的な愛国心を前もっていさめておくためであったとも考えられる。悲しいかな、彼らの企てはひとびとの愛国心を鎮静化するには高尚すぎた。時代はまさしく、リュリが生きていた世紀から離れ、二〇世紀に突入していたのである。

*

要するにリュリは、正真正銘の故郷喪失者ではあったが、現代の亡命者たちについてまわる感情や苦悩とは無縁だった。イタリアとの別れはみずからの意志によるものではなかったが、少なくとも彼は、幸せな故郷喪失者だった。それは一八世紀の二人の大作曲家、ゲオルク・フリードリヒ・ヘンデルとドメニコ・スカルラッティにも同様に指摘できることであり、知名度はかなり劣るが特異な人生を歩んだ作曲家、ドメニコ・ツィポーリにも当てはまる。たしかにこの三人は、リュリのように祖国を離れるよう強要されてはいない。ヘンデルとスカルラッティは職業上の選択として故郷を発ち、ツィポーリは宗教上の理由で移住した。しかしいずれにせよ、三人の音楽家としてのキャリアの大半は、出生地からはるか遠くにある、母語が通じない場所で築かれた。そして大雑把な言い方ではあるが、入手可能な（そしてしばしば稀少な）資料を参照するかぎり、三人がつらい郷愁に襲われホームシックにかかったと考えることはできない。さらに、ストラヴィンスキーがヘンデルの名を挙げながらそう主張したように、三人が残した作品は、故郷喪失が芸術家の才能のおおいなる飛躍を妨げないことを実証している。

《メサイア》の作曲者ヘンデルを、「ドイツ人の血と心」をもつ「世界市民」と形容したロマン・ロランの見解は妥当と言わざるをえない［原注7］。たしかにヘンデルが範とした人物のひとり、ヨハン・マッテゾンは、タイトルからして私たちの目を引く『音楽的愛国者』（一七二八）を執筆しているが、この著書には民族主義的な主張はいっさいみられない。マッテゾンは単に、大衆が教会音楽の内容をよりよく理解できるように、ラテン語の詞をできるだけ避け、民衆の言葉を用いて音楽化するよう呼びかけただけである。おまけにマッテゾンは英語を完璧に操り、ヘンデルをイギリス大使に紹介した。ヘンデルはその後イギリスで暮らし、この国に骨をうずめることになるが、彼はこれに先立って、スカルラッティの故郷イタリアに寄り道している（ヘンデルはスカルラッティ父子と知り合いだった）。このときヘンデルがイタリアで作曲した、きわめてイタリア色の強いオペラ《アグリッピーナ》は、一七〇九年にヴェネツィアではなばなしい成功を収めた。

ハレ出身の作曲家ヘンデルが、家族との交信も含めて「フランス語で」手紙を書いていたという事実は特筆に値する。周知のとおり、当時のヨーロッパを席捲《せっけん》していたのはフランスで発展した啓蒙主義だった。一七一〇年秋、二五歳でイギリスにわたった彼は、ヘンリー・パーセルの逝去《せいきょ》（一六九五）以後に途絶えていた「イギリス音楽」の炎を、ふたたび鮮やかにともすことになる。こうして、だれもが認めるもっとも偉大な女王陛下の作曲家が誕生する。一七二六年、ヘンデルはイギリスに帰化した。ロマン・ロランはこう指摘している。「政治的な祝典音楽を書くことで、彼は国民としての忠誠心と誇りに与《あずか》った」。しばらく読みすすめると次の文章がある。「ヘンデルはドイツに対してほとんど愛国心を抱いていなかった。芸術と信仰こそが祖国であると信じていた同時代の偉大なドイツ人芸術家たちの精神的傾向を、ヘンデルもまた有していたからである。彼にとって国家は重要ではなかった」〔原注8〕。とはいえヘンデルは《ジョージ二世の戴冠式アンセム》（一七二七）を手がけ、スコットランド地方の反革命勢力《ジャコバイト》が反乱を起こした際には、イギリス統一の栄光を称える《機会オラトリオ》（一七四六）を作曲した。ヘンデルは、イギリスで国粋主義者になったのだろうか？　いや、彼はヴォルテールの世紀の音楽家だった。小説『カンディード』（第三章）の有名な場面を思い起こそう。ヴォルテールは、過酷な戦闘のさなかにありながら、敵対するブルガリア軍とアバリア軍〔訳注三〕が早くも勝利を祝ってそれぞれの野営で高らかに響かせる「テ・デウム（われら神であるあなたを讃えん）」を揶《や》

〔訳注三〕　プロシアとフランスの風諭。

揄《ゆ》している。ただし、こうした政治的な機会にも利用される曲を書いた作曲家たちは、ヴォルテールのように辛辣《しんらつ》で皮肉な視座からみずからの音楽をみつめていたわけではなかった。むしろ彼らの態度が、いくらか超然としていたことだけは間違いのないところだ。後ほど言及するドメニコ・チマローザの例が、その歴とした証拠である。

一七五九年四月一一日付けの遺言付属書に、ヘンデルは死後にウェストミンスター寺院に埋葬してほしいと書いている。言わずと知れた、イギリスのありとある栄光と結びついた寺院だ。もちろんその願いは通り、彼は南袖廊《トランセプト》の一区画「詩人記念隅《ポエッツ・コーナー》」の、パーセルの墓からわずかに離れた場所に埋葬された。すぐ近くには、パーセルがその詩を音楽化したジョン・ドライデンも眠っている。一〇〇年前にフィレンツェ出身のジョヴァンニ＝バッティスタ・リュリが、ジャン＝バティスト・リュリの名で埋葬されたように、ゲオルク・フリードリヒ・ヘンデルの墓碑にも、英語名「ジョージ・フリデリック・ハンデル」が刻まれている。そう、啓蒙主義時代の故郷喪失者たちにとっては「私の名が私の住まい」であったが、彼らは必要とあらば喜んで改名したのである［原注9］。

＊

同じ歳のヘンデルとスカルラッティが、一七〇八年にローマでチェンバロとオルガンの決闘をおこなったことはよく知られているが、ふたりは仲が良かった。ナポリ出身のスカルラッティは、一七一九年以降、一七五七年に死去するまで、マリア・マクダレーナ・バルバラ王女（バルバラ・デ・ブラガンサ）の音楽教師として、ポルトガルとスペインで暮らした。スカルラッティは、バルバラが八歳のときにポルトガル王室の礼拝堂の楽長に就任し、バルバラに音楽を教えるようになった。楽才に恵まれていたバルバラは作曲もした。そして一七二九年にスペイン王フェルナンド六世の王妃となった彼女は、迷うことなくスカルラッティをスペインに同行させたのである。多感なバルバラは、子どもに恵まれないことを悲しみ、徐々に太って意気消沈していったが、それでも晩年までチェンバロを演奏し続けていた。スカルラッティは、王妃の死後ほどなくしてこの世を去っている。

彼は、遠いふるさとを想い、涙したのだろうか？　確かなことは何もわからない。今日、私たちのもとに残されているのは彼の一通の手紙だけで、その内容は彼の心情を知る手がかりにはならない［原注10］。彼の伝記はいずれも、この問題については慎重で曖昧《あいまい》な推測に終始している。ラルフ・カークパトリックによれば、「新たな国に移った彼は、少なくとも音楽家としては、イタリア人からスペイン人になりつつあった。おそらく彼は、異国の地でひとりの若い女性のかたわらで始めた新生活のおかげで、その後二〇年かけて、この世紀のもっとも独創的な音楽様式を発展させることができた」。さらにカークパトリックは、大胆にもこう推測している。「ドメニコ・スカルラッティは、郷愁の念をかき消す薬として音楽芸術に向き合い、長い経験を積んでいった。（…）彼のソナタの陽気な性格は、スペインで経験した悲劇を受けとめる感性なしには存在しえなかっただろう」

そのような解釈もあることは認めよう。しかしスカルラッティは、異国スペインにあらがったのではなく、むしろスペインに寄り添いながら、あの偉大なチェンバロ曲集を書き上げたのではないだろうか。その音楽に宿る強烈で輝かしいスペイン気質に触れたアントニオ・ソレール神父は、スカルラッティを「スペイン音楽」の伝統の創始者のひとりとみなした。私たちは、その伝統がイサーク・アルベニスやマヌエル・デ・ファリャまで脈々と受け継がれたことを確認できる。カークパトリックは、「いかなるスペイン人作曲家も、あのマヌエル・デ・ファリャさえも、異邦人スカルラッティによって完全な手法で示されたスペインの真髄を表現していない」と断言している。いささか極端な主張ではあるが、決して見当違いではない。

もしもスカルラッティがイタリアで一生を過ごしていたならば、あるいはマリア・バルバラがすぐれたチェンバロ弾きでなかったならば、彼はチェンバロ曲集を作曲しなかったのだろうか？　イタリアにとどまっていたならば、もっと多くの作品を書いたのだろうか？（その可能性は低いように思えるが。）あるいは反対に、離郷、少なくとも環境の変化が、スカルラッティの創造的なエネルギーをかき立てたのだろうか？　いずれにせよ、彼を不幸な故郷喪失者たちのグループに分類しようとするひとはいない。そして今日で言うところの移民の「同化」に関してスカルラッティが取った姿勢については、法的な文書にドミンゴ・スカルラッティと署名したことからうかがわれる［原注11］。

＊

一九八八年にプラートで開かれた国際会議で、ある事実が晴れて解明された。イエズス会の宣教師で音楽家でもあったドミンゴ・ティポーリ（アルゼンチンのコルドバで死去）は、イタリア人作曲家ドメニコ・ツィポーリ（一六八八年九月一七日プラート生まれ）と同一人物だったのである。ツィポーリは、ドミンゴことドメニコ・スカルラッティの父、アレッサンドロの弟子である。ツィポーリの代表作に、イタリア時代の《オルガンとチェンバロのためのタブラチュア・ソナタ集》がある［原注12］。ツィポーリは八年暮らしたローマで、オルガン奏者としてジェズ教会の祭式を取り仕切っていた。そして《ソナタ集》出版直後の一七一六年四月二一日にセビリアに発ち、この地に一年滞在したのち、イエズス会の修練士として南米にわたった。それにしても、いったいなぜ南米へ？　突如、否応もなく宣教師という天職に目ざめたのだろうか？　イエズス会が伝導のために設立した「教化村」に住むインディオの、非凡な楽才について耳にしたからだろうか？　あるいは、《ソナタ集》を献呈した出資者のストロッツィ公爵夫人に対する熱い恋情が破れたためだろうか？　最後の仮説は、もっとも好奇心をくすぐるとはいえ、もっとも信憑《しんぴょう》性がうすい［原注13］。

ツィポーリは十年間、南米で暮らしたが、教化村までたどりつくことはできなかった。一七二六年一月二日、叙階を目前にしてコルドバで早すぎる死を迎えたからである。とはいえ彼は、新大陸で多くの作品を手がける時間に恵まれ、そのうちの数曲が見つけ出されている（なかでも一九七二年に、サンタ・アナの教化村において、聖具室の古い戸棚の奥で発見されたものは重要である）［原注14］。そしてきわめて驚くべきことに、南米の原住民たちは、ツィポーリや一八世紀の他の作曲家たちが手がけたミサ曲を今日まで歌い継いできていた。それにしてもこれらの音楽は、どのような形で現代まで生き永らえたのだろう？　じつは、ツィポーリの自筆譜は残されていないが、長い年月をかけて、必要に応じて多くの編曲がなされてきたのである。それらがどの程度までツィポーリの原曲に忠実であるのかを見極めるのは、はなはだ難しい〔原注15〕。

とはいえ、ツィポーリのミサ曲がこのうえなく簡潔明瞭であることは確かであり、その点において、すでに非常に端正で透明な筆致を湛えている代表作《ソナタ集》をしのいでいる。では、本書の何よりの関心事についてはどうだろうか。たしかに彼が移住先で書いたミサ曲は、「典型的なイタリア様式」〔原注16〕には従っていない。おまけに幾人かの音楽学者たちは、彼の宗教オペラ《聖イグナチオ・デ・ロヨラ》の中に、「非ヨーロッパ文化の刻印」が認められると信じている。しかしこの点に関しては、せいぜい「アメリカン・バロック」〔原注17〕について云々《うんぬん》するのが関の山だろう。

つまり宣教者ツィポーリは、自分の住み家を背負うかたつむりのように、みずからの文化を背中に乗せて南米の未開の地へと運んだのである。彼は亡命者のように受け入れ国へと旅立ったのではなく、母国が征服した土地に移住した――たとえそれが彼にとっては、もっぱら宗教的な征服を意味していたとはいえ。筆者は、伝導者ツィポーリの活動が賞賛に値せず、困難とも危険とも無縁だったと述べたいわけではない。しかし少なくとも彼は、自分が故郷喪失者であるとは考えていなかった。そして残されている記録を信じるならば、インディオたちは彼の音楽をこのうえなく熱烈に歓迎した〔原注18〕。作曲家にとって、これにまさる喜びがあるだろうか?

＊

しかしながら一八世紀にも、強制的と言い表すことのできる故郷喪失を体験した作曲家がいた。あのスタンダールがモーツァルトと同等に評価した、ドメニコ・チマローザである。一七四九年にナポリ近郊のアヴェルサで生まれた彼は、一八〇一年、生地から遠く離れた場所でこの世を去った。一七九九年一月、ナポリにはナポレオンによって「パルテノペア共和国」が作られたが、これを称える賛歌を作曲したことが、チマローザの人生を狂わせたのである。この賛歌は、共和制を称える「自由の木」の祭典で歌われ演奏された――〈美徳の敵である王朝よ消え去れ〉（聞け、王たちよ〔原注19〕）。しかしナポレオンは、ロシア・オーストリア連合軍に攻められた北イタリアに戦力を注ぐために、すぐさまナポリからフランス軍の大半を撤退させてしまった。「美徳の敵である王朝」は、早くも同年六月に復活した。王政復古がもたらしたのは、血にまみれた抑圧と、革命の首謀者たちの処刑だった。

当初ヌオーヴォ劇場に身を隠していたチマローザは〔原注20〕、数日後に新たな賛歌を作ってフェルディナンド四世に捧げ、共和国を称える音楽を書いたあやまちを急いで帳消しにしようとした。しかしこの悔悛の賛歌は実を結ばず、チマローザは反逆者としてヌオーヴォ城に投獄され死刑を宣告された。友人たちの必死の仲介によって極刑は免れたものの、彼はナポリからの追放を言いわたされる。ただし彼は、それによって無国籍者になったわけではなかった。ロシア国籍とオーストリア国籍をもっていたチマローザは、かつて女帝エカテリーナ二世のもとで宮廷音楽家として働いていたペテルブルクに戻るつもりだった。しかし旅中、病にたおれた彼は、ヴェネツィアにとどまることを余儀なくされ、同地で永眠した。二〇世紀初頭のある批評家は、修辞的で恐ろしい文章をチマローザに捧げている。「至上の芸術家として、汲みつくせないほどの創意に恵まれたこの大家は（…）その崇高な音符を、共和制と自由と人権を称える詩に供することができたと同時に、その音符を、反動の勝利とブルボン王朝の復帰とメルカート広場での殺戮《さつりく》を称える詩にも差し出すことができた」［原注21］

リュリ、ヘンデル、スカルラッティ、ツィポーリが、移住を悲惨な故郷喪失として体験することはなかった。そしてチマローザの場合も（深刻さは比較にならないが、彼とほぼ同じ理由で似たような運命をたどったパイジエッロの場合も）、追放そのものはつらい突発事であったとはいえ、彼がナポリ湾を取り巻く美しい景色との別れに涙する姿は想像しがたい。いわんや彼が、失った郷里を恋しがり嘆いたとは考えにくい。ロシア人でありオーストリア人でもあったチマローザは、私たちにこう尋ねるかもしれない――「いったいどの郷里について話しているんだい？」。

本書は一九世紀の暁《あかつき》にさしかかった。この時期には、ドイツ生まれの画家ヤコプ・フィリップ・ハッケルトが、ナポリ王のフェルディナンド四世の宮廷に仕え、ナポリの風景を描いた［原注22］。ハッケルトの作品は前ロマン主義に分類されうるが、「国家」があらゆる郷愁の対象となるロマン主義の時代は、まだはるか先にある。このころ、二〇世紀の悲劇を予見できた者はいなかった。やがて人間が、同胞のパスポートと魂と人間性を踏みにじるまでに常軌を逸してしまうなど、だれが想像できただろう？

第2章 祖国喪失

――ショパンとポーランド

フレデリック・ショパン（1810－1849）

フレデリック・ショパンは、おそらくヨーロッパ史上はじめて苦痛のうちに亡命生活を送った作曲家である。では亡命者ショパンの作品は、その心の痛みから生まれたものであると言うべきなのだろうか？　そして彼の音楽には、もっぱらポーランドへの郷愁だけが込められていると言い切ってよいのだろうか？　友人スタニスワフ・コズミアンがショパンの死に寄せて書いた断固たる文章を読むかぎり、そう考えるのが妥当なようである。「ショパンは何よりもまずポーランド人だった。彼の行《おこな》いと彼の言葉のひとつひとつが、そのことを如実に示していた（…）。だとすれば、彼の作品については言うまでもない！」［原注1］　ポーランド人ショパンを強調しようとする熱意はさらなる高まりをみせ、二〇世紀中葉には、彼がデルフィナ・ポトツカに宛てたにせの手紙まで出まわった。これは、ショパンを自分のものにして「サンドワSandowa」という愛称を手にしたフランス人女性――ジョルジュ・サンド――よりも、生粋《きっすい》のポーランド人ポトツカのほうが彼から愛されていたと見せかけるために捏造された手紙だった［原注2］。

このような行きすぎた行為に走ったのは、熱烈な愛国心にかられたポーランド人たちだったのだろうか？　じつは、大のショパン・マニアとして知られるフランス人エドゥアール・ガンシュも、これに加担している。「（…）ポーランド、ポーランド、ポーランド。これこそがフレデリック・ショパンの一連の作品の、ただひとつの真の名前である」。ガンシュは、もっと熱狂的な文章も残している。「ショパンが唯一信仰したもの、それはポーランド。彼の唯一の霊感の源、それはポーランド。彼の唯一の理想、それはこの国への奉仕。彼はいつのときも、生まれ故郷の思い出だけに一喜一憂した。彼は、この国の思想や影響に由来しない音楽を一節たりとも書かなかった」[原注3]

このような熱烈で一徹な主張とは対照的に、詩人ハイネの言葉は簡明である。「ショパンはポーランド人でもフランス人でもドイツ人でもない。彼の出自は、より高尚である。彼は、モーツァルトとラファエロとゲーテの国からやってきた。つまり、彼の真の祖国は詩情の国なのだ」[原注4]

二つの立場がこれほど相反している理由は明らかである。ポーランド人ショパンの支持者たちは彼の伝記を掲げているが、ハイネは彼の音楽に耳を傾けている。もちろん、事はいくぶん複雑である。なぜなら前の世代の作曲家たちとは異なり、ロマン派の作曲家たちは、みずからの人生を自作に反映させる傾向が強い。おまけにショパンの作品の多くは、明確に――少なくともポロネーズやマズルカというタイトルによって――ポーランドと関係している。それゆえ私たちは、まわりまわって結局、天才の「人生」と「作品」を結びつけて考察するという、あの厄介だが避けられない課題に直面することになる。

まずは「人生」について。ショパンの場合、万人の意見が一致する。彼は実生活において、心の底から、強く、一心に、自分はポーランド人であると感じていた。往々にして、侵略者への憎しみは祖国への愛をいっそう強めるが、一八三一年九月にワルシャワの陥落を知ったショパンがヴィーンでしたためた文章は、彼の猛烈な愛国心を物語っている。「おお神よ、あなたは存在するのでしょうか？　そう、あなたは存在するが、私たちの恨みを晴らしてはくださらない！　それはまだモスクワ人たちの罪が足りないからでしょうか？　あるいはあなた自身がモスクワ人だからでしょうか？（…）ああ！　せめてこの手でモスクワ人ひとりくらい殺すことができていたなら！」〔原注5〕彼は長年フランスで暮らしながら、絶えず祖国を恋しがった。彼が心から安らぎを得たのは、母語で通じ合えるポーランド人の友人たちと交流するときだけだった（ショパンはフランスに身を寄せた亡命ポーランド人、「無冠の王」アダム・チャルトリスキ公とも親しくした）。一八四七年、フランス生活一七年目を迎えたショパンは、家族への手紙に、「ヴィスワ川のほとりの歌を口ずさみながら」〔原注6〕自宅に引きこもっており、サロンには行っていないと書いている。ショパンが亡命国になじもうとしなかったことを裏づけるエピソードはほかにもある。彼はロレーヌにいる親戚にいちども連絡を取らず、父からのフランス語の手紙にも、もっぱらポーランド語で返信した〔原注7〕。

ショパンがポーランド人であることにこだわり続けたことは火を見るよりも明らかであるし、彼はいつのときも深い郷愁にさいなまれていた。しかしながら彼の愛国心は盲目的でも神秘主義的でもなく、その点において同邦の亡命詩人で友人のアダム・ミツキエヴィチとは一線を画していた。ワルシャワ陥落に絶望したショパンは、神はモスクワ人なのかと皮肉を込めて問うている。しかしミツキエヴィチであれば、神——神の顕《あらわ》れとしてのキリスト——はポーランド人であると、皮肉ぬきに断言するだろう。彼の『ポーランド巡礼者たちの書』は、聖書と同じように章と節から構成されており、終始、福音書を連想させるじつに物々しい雰囲気で満たされている。そこではポーランドの運命が、キリストの運命に何度もなぞらえられる——ポーランドはみずから志願した兵《つわもの》であり、殉教者なのだと。「ではなぜ、復活する力をさずけられたのは、他でもない、あなたの国ポーランドであったのか？（…）安息日に傷をいやすことは許されているのか？　平和なヨーロッパを横目に見ながら、ロシアに戦いを挑むことは許されているのか？」［原注8］

一八世紀から一九世紀にかけて、愛国主義と国家主義は躍進をとげた。故郷から遠く離れた場所で、一九世紀の亡命者たちは郷愁に打ちひしがれるだけでなく、祖国への猛烈で絶対的で献身的な愛を抱くようになる。それが、出生地への完全な無関心を貫いた啓蒙主義時代の故郷喪失者たちとの相違点である。当然ながら、彼らの状況は、祖国を侵略されたミツキエヴィチやショパンの状況とは異なる。しかし祖国は、ミツキエヴィチによって、一八世紀には決してありえなかった手法で聖化された。つまり国家主義は宗教性を帯びた――いや、それは宗教に取って代わったのである。そして国家の歴史は聖なる歴史《ハイエロヒストリー》と化した。そこから、やがて悲劇的なパラドクスが生じる。一九世紀の亡命者たちの苦悩が耕し肥料をまいた国家主義の土壌は、二〇世紀に大量の亡命者たちを産出することになるのだから。

アレクサンドル・プーシキンは有名な詩「ロシアの誹謗者たちへ」において、ロシアの暴挙を告発するミツキエヴィチに抗議し、両国の戦争を家族同士の喧嘩にたとえた。ミツキエヴィチはプーシキンの主張を許さず、二人は絶交した。とはいえミツキエヴィチ自身も、コレージュ・ド・フランスでの講義で、ポーランドとロシアの対立について似たような説明をしている――ラシーヌの悲劇『ラ・テバイッド、あるいは敵同士の兄弟』を引き合いに出しながら〔原注9〕。両国はいがみあう姉妹であり、ポーランドの運命にキリストの運命を重ねることも、「聖なるロシア」「ロシア化されたキリスト」をめぐる神学思想に相似している。ドストエフスキーを夢中にさせることになるこの教理は、すでにプーシキンの思索の中にも現れている〔原注10〕。

この種の思想の熱狂的で神秘主義的な側面を深く掘り下げることは、本書の主旨ではない。私たちが考慮すべきは、ミツキエヴィチが国家主義的な情熱――自己犠牲的で好戦的で神聖化された情熱――に躊躇《ちゅうちょ》なく身を捧げた点である。ショパンは、ミツキエヴィチを追ってこの暗澹《あんたん》たる戦場に足を踏み入れようとはしなかった。当時、アンドレイ・トビャンスキという、幻視者にして神秘主義者、催眠術師、予言者であった人物が、ミツキエヴィチの『ポーランド巡礼者たちの書』の内容（ポーランドの受難）を現実化させようとした。トビャンスキはポーランドの来るべき復活を予言してミツキエヴィチの心をつかんだが、ショパンの反応はあくまで冷静だった。ショパンは、ミツキエヴィチは悪しき方向に向かっている、あるいは単にひとびとを煙《けむ》に巻いている、と受けとめたのである［原注11］。

とはいえショパンは、苦悩を礼賛したという点ではミツキエヴィチと同じ思想傾向にあったのではないだろうか？　ミツキエヴィチによれば、「ユダヤ人たちとジプシーたち、そしてユダヤとジプシーの魂をもつひとびとはこう述べるだろう。自分たちが幸福である場所こそが祖国なのだと。ところが、ポーランド人は他の民族に向かってこう告げる。自分たちが不幸である場所こそが祖国であると」［原注12］。ショパンがこの言葉を口にしてもさほど不自然ではない。しかし彼であればそこに、より大きな意味を込めるはずだ。祖国が絶えず彼を苦しめたのではなく、苦しみそのものが彼の祖国であったのだから。

＊

ここまではショパンの「人生」について論じた。では彼の「作品」は？　彼のポロネーズやマズルカは、ポーランドへの郷愁と切り離せないのだろうか？　彼はどの程度、祖国の大衆音楽・民俗音楽のリズムや旋律を自作に取り入れたのだろうか？　彼は言葉を伴う楽曲を残したのだろうか？　そうであれば、その言葉は亡命にかかわるものなのだろうか？

意外に思う読者もいるかもしれないが、最後の二つの問いの答えはイエスである。ショパンは《ポーランドの歌》作品七四を手がけた。この歌曲集は彼の代表作とは言えないが、第九番は注目に値する。そしてこの曲が、彼が書いたすべての歌曲のうちもっともすぐれていることは確かである（残りの全歌曲には、これといった創意はほとんどみとめられないように思われる）。彼と同郷のジグムント・クラシンスキの詩にもとづく第九番の歌詞には、聖書を連想させる表現がいくども現れる。歌曲全体は、ポーランド版〈行け、わが思いよ、黄金の翼に乗って〉の様相を呈しているものの、ヴェルディの愛国歌よりもはるかに絶望的である。

彼らは山の中で
恐ろしい重荷であるその十字架を背負いながら
遠くにある約束の地を目にした
彼らの同胞が彼らを誘う谷底には
神々しい光の輝きが見えた
しかし彼らがあの王国にいたり
生を称える祝宴に列することは決してない！
それどころか彼らは忘却の淵《ふち》へと落ちていくだろう！［原注13］

ショパンがこの詩に音楽をつけたのは一八四七年である。つまり彼が、「ヴィスワ川のほとりの歌を口ずさみながら」自宅に閉じこもっていると家族に知らせた年だ。この歌曲は、劇的なレチタティーヴォのように響く。ベッリーニのオペラさながらに流麗であるが、同時に悲痛であり、その素朴さは聴き手の胸を引き裂く。それは真の亡命の歌と呼ばれるにふさわしい。しかしショパンの作品群の中では、二義的で周辺的な作品であり続けている。たしかにこの歌曲でより鮮明にみとめられるのは、ひとりの抜きんでた天才のまぎれもない足跡ではなく、感動的な苦悩の痕跡である。

では、その曲名によってポーランドとかたく結ばれている作品についてはどう考えるべきだろうか？　ショパンがピアノのために書いたマズルカやポロネーズと、その本元である舞踊との関係をもっとも適切に要約する言葉は、おそらく変容《メタモルフォーズ》である。ここではひとつの例として、初期のマズルカ作品一七の第四番に注目してみたい。その音楽世界を成す高潔な悲しみ、おぼろげな問いかけ、瞑想的な保留は、民俗舞踊とはかけ離れている。作曲家で音楽エッセイストのアンドレ・ブクレシュリエフによれば、ショパンのマズルカは、実在の民俗的遺産に由来するものはごくわずかでありながら、「本物よりもいっそう本物」らしく響く［原注14］。つまり、天才という個人が、ある民族の真実を、その民族が脈々と伝承《フォークロア》してきたもの以上に適切に表現していると考えられる。天才は、個人的であるからこそ普遍的なのだ［原注15］。

ポロネーズに話を移そう。まずは「軍隊」「英雄」といった嘆かわしい副題をつけたのは作曲者本人ではないことを想い起こしておきたい。さて、ショパンは民俗舞踊ポロネーズのリズムを自作に取り入れながらも、この土台のうえで、きわめて独創的な和声と旋律の世界を築き上げている。そうした超越的な姿勢が頂点に達する《幻想ポロネーズ》作品六一では、終始、この作品ならではの形式が果敢に追求されている。

当然、次のように主張することもできる。たとえポロネーズとマズルカが、天才を介して形を変え変容した芸術作品であるとしても、ショパンがポーランドの魂を歌っていることには変わりなく、そこには亡命者ショパンの心情が映し出されているのだと。ひとびとはそれを証明するために躍起になった。彼らがとりわけ引き合いに出したのは、そのタイトルゆえにミツキエヴィチの詩を参照しているかのようにみえる、バラードである。たしかにショパン自身も一八四一年に、ミツキエヴィチのいくつかの詩から霊感を与えられたかもしれないとシューマンに語っている［原注16］。

音楽学者たちは、間接的に伝えられている、どちらかと言えば曖昧なこの発言を、ついには事実として扱った。とくに彼らは、楽節をわずかに変化させながら繰り返していく《バラード第二番》作品三八の手法が、ミツキエヴィチの「シフィテシ湖」における反復技法をまねているとの指摘を試みた。さらに、《バラード第二番》の特徴と考えられている複数のジャンル（舟歌、シチリエンヌ、練習曲）の共存も、上述のミツキエヴィチの詩にみられるジャンルの混合（抒情詩、叙事詩、戯曲）と「同類」であるとみなした。したがって《バラード第二番》は、ある物語を語る音楽であり、「むかしむかし」と聴こえる冒頭数小節は「語り手」の存在を示しているがために、「純粋に音楽的な言葉では理解できない」作品である［原注17］。そして何より、亡命者の精神的傾向の典型である「病的性質、無力感、郷愁」が、ショパンの作品にもミツキエヴィチの作品にも絶えずつきまとっている。以上のことから、《バラード第二番》はポーランドを想う亡命の歌である。……とはいえこれは、初めに結論ありきの論法である。

このようなこじつけはかなり無理があるし、どれほど努力したところで、音楽による語りを言葉による語りに変容させることは不可能である。「四曲の《バラード》は物語形式で書かれてはいるが、そこに具体的な物語《プログラム》の筋はない。かりに筋があるとしても、（…）それはもはや、理解の役に立ついかなる表意作用とも無縁である。（…）物語形式を満たしているのは抒情性だけだ」と、ピアニストで音楽学者のチャールズ・ローゼンは指摘している［原注18］。言い換えれば、歴とした亡命者であるショパンの場合でさえ、その作品の中に「亡命の刻印」を求めるのは無益である。たしかに彼の音楽はしばしば、苦悩の感情や絶望感を漂わせており、彼の作品の多くには「病的性質、無力感、郷愁」が宿っている。しかし、それらが楽園ポーランドを喪失したショパンの心情に由来すると証明することはできない。タデウシュ・ジェリンスキが指摘しているように、ショパンは若かりしころ、コンスタンツィア・グワトコフスカへの恋心を募らせて絶望し、厭世感《えんせい》にさいなまれた。ショパンは死に思いをはせたが、それは彼がワルシャワの陥落を知る以前の出来事である〔原注19〕。つまりこのときもそれ以後も、彼のすべての心の痛みが、亡命者の心の痛みであるわけではない。さらに、有名な練習曲第一二番《革命》作品一〇（またしてもひどい副題が付けられている）と《スケルツォ第一番》（この曲の荒々しさは、練習曲《革命》のそれよりもいっそう悲痛である。音楽史上、この曲ほど暴力的な作品はほぼ見当たらない）が、もっぱらロシア帝国によるワルシャワ鎮圧をもとに書かれた確証はない。

おそらく、ここでシューマンの有名な言葉を引き合いに出すことは意味がある。この言葉こそ、ショパンの音楽が武装した民族主義者の行為であるという説に信憑性を与えてしまったと考えられるからだ。「ショパンの作品、マズルカの素朴な旋律の中では、凶暴な戦士がひそみ、侵略者を待ち伏せている。もしもあの恐るべき専制君主がそのことを知ったなら、彼の音楽は禁止されるはずだ。ショパンの作品は、花束の中に隠された大砲である」〔原注20〕。シューマンは美しい喩《たと》えを用いたが、それでも彼は、音楽そのものは武装蜂起のメタファーにすぎないことを心得ていた。音楽はひとつの行為であるが、その行為を精神的な次元で、言葉によって再現したり明示したりすることはできない。ところがショパンは不幸にも、音楽は言語化できるという誤解の犠牲となった。アルフレッド・

コルトーがショパンの作品に付けた悪趣味な副題はそのひとつの例であるが、ショパンの音楽にこの誤解を最初に持ち込んだのは、おそらくフランツ・リストである。

ショパンの家で催された夜会にハイネが出席したときの様子を、リストは次のように描写した。「ショパンと彼は、言葉なかばで、そして響きなかばで通じ合っていた。ハイネがささやいた問いに対して、ショパンはその驚くべき語りによって答えていった。このときハイネが知りたがったのは、消息がわからない土地の近況について、そして〝陽気なニンフ〟が、「相変わらず挑発的なまめかしさで、今も緑色の髪を銀のヴェールで覆い続けているのか?」についてだった。(…)ショパンは返答した。二人は、この妙なる祖国の魅力について長いあいだ親しく語り合ってから、郷愁にかられて悲しげに口をつぐんだ。あまりに望郷の思いに襲われたハイネは、あの幽霊船に乗ったさまよえるオランダ人にみずからをたとえた(…)」[原注21]

じつはこの文章は、ハイネ自身が書いた文章を抜き出して改変したものである。原文によれば、「ショパンがピアノの前に腰かけて即興演奏しているとき、私にはこう感じられた——まるで愛すべき祖国からひとりの同胞が私のもとを訪ね、私が不在のあいだに祖国で起こったもっとも興味深いことについて語ってくれているかのように……。時おり私は、彼の演奏の手をとめてこう問いかけたい気持ちにかられた。「そういえば、あの緑色の巻き髪を、あれほどなまめかしく銀のヴェールで覆っていた美しい水の精《オンディーヌ》は元気にしているかい？・」」［原注22］

要するにハイネは、無言で演奏するショパンの「音楽」を聴きながら夢想にふけっていただけである（ハイネも黙り続けていた）。ところが誘惑に屈したリストは、ハイネの文章を任意に書きかえて、美しい対話の場面をこしらえてしまった。そしてリストの曖昧な文章は、じつに厄介な後継作を多々生むことになる。ところで、ショパンは自作に副題（標題）をつけなかった。たったの一曲も。私たちは「ショパン、あるいは副題のない音楽」というタイトルで一冊の本を書くべきなのかもしれない！ショパンが自分の音楽に注釈や標題をつけることに対して嫌悪感を抱いていたことを、ハイネが知らなかったはずはない。リストもそのことをしばしば自著で指摘しているが、上述の文章の中では誤解を招くような表現に飛びついてしまったようだ。

しかしリスト自身が、はからずも、ショパンの音楽は音楽でしかなかったことを裏づけるもっとも強烈な手がかりを残している。リストによれば、ショパンは言葉を用いるときでさえも音楽的だった。「（…）彼はいつのときも、いわば彼の心の土壌を形成しているある感情から解放されることはなかった。この感情を表す言葉をもつのは、彼の母国語だけだった。他のいかなる言語にも、ポーランド語の〝żal（ジャル）〟に対応する言葉はなかったのである！［原注23］　じっさいショパンは、深い嘆きが引きおこす種々の感情の音階すべてを包含するこの音を、自分の耳で聴きたがっているかのように、この言葉を頻繁に口にした。この言葉が表す悔恨から憎しみまでのあらゆる感情は、あの苦い根っこから生え出た、滋養にも毒にもなる果実になぞらえられる」［原注24］

żal――それはもはや言葉ではない。あらゆる感情の「音階」を包含する「音」だ！　リストは自身の説明が核心をついていることに気づいていなかっただろう。どうやら彼の友人ショパンは、ポーランド語以外の言語には翻訳不可能な、ポーランド特有の感情にとりつかれていた。そしてショパンは、この筆舌に尽くせない言葉、żalを音楽に移しかえている。だからこそ彼のあらゆる作品は、具体的な言葉を介さずに世界中に語りかけるとき、この変容を完遂する。

こうして私たちはまた、あの本質的な概括に立ち帰ることになる。つまり、歌曲集《ポーランドの歌》をのぞけば、ショパンの音楽は何も語っていない。かりに彼の音楽が語りかけてくるとしても、それはメタファーでしかない。さらに彼の音楽がポーランドの民謡や民俗舞踊の要素を取り込んでいる場合、それらはつねに変容と超越のプロセスを経ている。ショパンの音楽が苦悩を表現しているとき、それはあらゆる種類の苦悩であり、ましてや彼の音楽は、苦悩だけを表現しているわけではない。私たちが彼の音楽の中に恣意的に読み取り、感じ取り、託しているさまざまな感情は、いわば音楽という移ろいゆく清流の結晶作用にすぎない。水は一定の場所にとどまらずに自由に流れていくものであり、私たちはその結晶によって喉《のど》の渇きを癒《いや》すことはできないのである。

第3章 さまよえるオランダ人たち

——亡命者ヴァーグナーをめぐって

リヒャルト・ヴァーグナー（1813－1883）

前章で紹介したリストの妄想では、二人の亡命者——ショパンとハイネ——が言葉を交わす。そこに読者は、もうひとりの亡命作曲家の影を垣間見《かいまみ》たことだろう。「二人は（…）郷愁にかられて悲しげに口をつぐんだ。あまりに望郷の思いに襲われたハイネは、冷たい波の上に浮かぶ幽霊船に乗って船員とともに永遠の船旅を続けるさまよえるオランダ人にみずからをたとえた（…）」〔原注1〕。そう、リヒャルト・ヴァーグナーである。

数年来、ことあるごとに如才なくヴァーグナーを褒《ほ》めそやしてきたリストが、亡命者たちの対話を書きすすめながらヴァーグナーのことを想起しても不思議はない。おまけにヴァーグナー自身、ハイネの小説をもとにオペラ《さまよえるオランダ人》を書いている〔訳注四〕。ヴァーグナーとハイネは一八四〇年にパリで出会った。彼がハイネの詩「二人の擲弾《てきだん》兵」の仏語訳に音楽をつけたのもこの年である。ハイネは一八三一年にドイツを発ったが、厳密にいえば国を追われたわけではない。ドイツ

〔訳注四〕　ヴァーグナーはハイネの『フォン・シュナーベレヴォプスキー氏の回想記』やヴィルヘルム・ハウフの『幽霊船の物語』などをもとにみずから台本を構成し、《さまよえるオランダ人》（初演一八四三）を作曲した。このオペラのフランス語タイトルは「幽霊船 Le Vaisseau fantôme（単数形）」で、本章の原題は「幽霊船 Vaisseaux fantômes（複数形）」である。

で受けた検閲や非難にうんざりした彼は、パリに移住し、長年暮らしたこの地で病にたおれ亡くなった。一方、ヴァーグナーは一八四九年にドレスデンを発った。三月革命で主犯格ではないものの派手な動きをみせた彼は、投獄を逃れるため国を脱出し、一八六〇年八月まで久しくドイツに戻らなかった。ヴァーグナーはどのような亡命生活を送ったのだろうか？　その境遇に苦悩したのだろうか？　彼の作品には亡命の痕跡がみとめられるのだろうか？

これらの問いに対して示しうる答えは錯綜しており、いかにもヴァーグナーらしい曖昧さに包まれている。亡命は彼の創作に多大な影響をおよぼしたが、それは決して負の影響ではない。一八四九年から一八六〇年までの亡命生活のあいだ、彼は《トリスタンとイゾルデ》を完成させたうえに、『ニーベルングの指環』全四作品の台本を書き上げ、その作曲にも着手しているからである。強引にこじつけようとしないかぎり、これらの作品の中に「亡命音楽」の特質を見出すことはできない。たしかに彼は、呪いによって海上へ追放された故郷喪失者を主人公とするオペラを書いている。しかしこの《さまよえるオランダ人》は、ドイツ脱出以前の作品である。

ヴァーグナーの亡命期の創作を振り返ったところで、ここからは亡命者ヴァーグナーそのひとと、その苦悩について検証しよう。彼自身の筆になるさまざまな文章のうち、真っ向から矛盾しているものをいくつか引用してみたい。「〔一八五〇年、スイスのトゥーン〕滞在中に『オデュッセイア』を再読するという幸運に浴した。ホメーロスの苦悩の英雄は、延々と続く漂泊の中で必死に故郷を探し求める。あらゆる障壁を乗り越える彼の意志に、私の魂は比類なく共鳴した」〔原注2〕。これは自伝『わが生涯』の一文である。オデュッセウスがイタケーへの帰還を切望したのと同様に、ときにヴァーグナー自身も帰郷をねがっていたようで、リストに宛てた彼の手紙にはこう書かれている。「ああ！ふるさとにいることができたなら！（…）私は、まるで牧舎と母牛の乳を恋しがる子牛のように鳴いていています」〔原注3〕。ところが彼は、リストに向かって次のように叫ぶこともあった。「あなたがいてくださる喜びは、ドイツを追われた身の上を私に忘れさせました。いや、それどころか！亡命を祝してしまいそうです。私がドイツにいたところで、あなたが私のためにしてくださることを、私自身がおこなうことなど決してできなかったでしょうから」〔原注4〕

この手紙をすみずみまで読むと、ヴァーグナーが胸を痛めていたのは、ドレスデンやライプツィヒに戻れないからではなく、《ローエングリン》の初演に立ち会えないからだったことがわかる〔訳注五〕。リストが自分の代わりに――さながら分身のように――その役割を十全に演じてくれると知ったあ

〔訳注五〕《ローエングリン》はリストの指揮で一八五〇年八月にヴァイマールで初演された。

と、ヴァーグナーの苦悩は軽減された。亡命者ヴァーグナーは、かつて別れを告げたひとびとにも土地にも未練がなかったのである。早くも一八四二年に、彼はふるさとに対する感情を邪険な言葉で表現している。彼がオデュッセウスほど郷愁にさいなまれていなかったことは明らかである。「地理に関しては何らこだわりがありません。むしろ私の故郷、その美しい山並みや谷間や森は、私に嫌悪を催させます。ザクセン人たちは忌まわしい民です——太っていておろかで不器用で、怠惰で横柄です。私と彼らのあいだに何の関係があるというのでしょう?」［原注5］

信念を曲げなかった友人ミハイル・バクーニンとは対照的に、ヴァーグナーはみずからの思想や理想を貫くべきだとは微塵《みじん》も考えていなかった。そうした性格は、彼の亡命生活をいくらか容易にしたようである。スイスへ越境した彼は、すぐさま靴についていたイデオロギーの泥を払い落とし、革命に与《くみ》した自分を躊躇なく否定した。彼は、引き続き後ろ盾が期待できる貴族たちを敵に回すのは不本意だと明言してさえいる。たしかにヴァーグナーは、亡命によって厄介な状況と気苦労を強いられたが、それは彼の心を痛めたり、彼に精神的な試練を与えたりするようなつらい別れをいっさいもたらさなかった。リストにヴァーグナーが書き送った「このうえない苦境」［原注6］という言葉は、亡命それ自体の苦難ではなく、経済的な欠乏を暗に訴えているだけであるし、彼は「祖国などどうでもよい」とはっきり書いている［原注7］。

しかしながら、これらの意思表示とはうらはらに、ヴァーグナーは愛国者——ときに熱狂的な愛国者——でもあった。リストに故郷への無関心や嫌悪を吐露したはずのヴァーグナーが、ほぼ同じ語調で、リストにこう告白しているのだ。「あなたがヨーロッパに属す国際人《コスモポリタン》であることはいうまでもありません。いっぽう私は、生粋のゲルマニアっ子です」［原注8］。言いえて妙である。リストはじっさい「国際人」であり、ベルリオーズから「頑健な遍歴者」、ギイ・ド・プルタレスから「哀愁に満ちた巡礼者」［原注9］と呼ばれるのも当然だった。リスト自身はこう語っている。「祖国は存在しない。私の祖国はいたるところである」［原注10］。なるほど、彼は〈ル・マル・デュ・ペイ（郷愁）〉（《巡礼の年第一年 スイス》）で祖国ハンガリーではなくスイスを恋しがっているし、《巡礼の年》全曲が、終わりのない「巡礼」の軌跡である。しかしヴァーグナーは、リストとは違った。

ヴァーグナーのドイツ性と民族主義の問題は、これまで数々の議論をまき起こしてきたが（ここでその内容に深入りすることはしない）、まるで彼の無限旋律のようにいっこうに解決されていない。むしろそれは、決着がつかぬよう運命づけられているのかもしれない。その理由をもっともよく認識していたのは、おそらくトーマス・マンである。彼によれば、ヴァーグナーの芸術においては、「ドイツ的な要素と世界主義的な要素が緊密に融合」している〔原注11〕。「そのドイツ的な性質は根深く、強力で、否定できない。（…）にもかかわらずそれは、世界に通じうる」。一方で「まごうかたなき世界主義の刻印」がおされた彼の音楽は、「ドイツの本質を自己批判的に表現」してもいる〔原注12〕。ヴァーグナーは結局のところ、全身全霊においてドイツ的であるわけではない。というか、おそらくドイツ性は二次的な意味にとどまるのである。

マンは一九三三年にミュンヘンで、この考察を講演の形で発表した。彼のねらいは、当時ドイツでヴァーグナーを我が物にしようとしていたひとびと、つまりナチスから、ヴァーグナーを奪い返すことだった。マンは「ヴァーグナーの民族主義的なふるまいや発言に、今日的な意味――それらが今日付与されうる意味――をもたせることは断じて許されない」と憤り〔原注13〕、ヴァーグナーの民族主義は「精神化されたものであり、政治とは無関係」であると述べている〔原注14〕。彼の主張はナチスのみならず、リヒャルト・シュトラウスやハンス・プフィッツナーといった音楽家たちからも拒絶された。マンに寄せられた激しい非難は、ドイツに永遠の別れを告げようとしていた彼の背中を押した。

しかしながらマンは、母国ドイツが戦争と残虐行為に溺れていくにつれて、自身のヴァーグナー観を修正することを余儀なくされる。一九三七年にチューリヒでおこなった講演では、彼は依然として、ヴァーグナーの思想をナチズムに結び付けるあらゆる試みに反論している。「彼にとってはドイツ精神がすべてであり、ドイツ国家にはいかなる関心も抱いていなかった」〔原注15〕。しかしアメリカにわたったマンは、一九四〇年に「ヴァーグナーの世界と国家社会主義《ナチズム》の悪のあいだに否定しがたく存在する複雑で苦々しい相関関係」を認める〔原注16〕。そしてマンは、ヴァーグナーをかつて心から敬愛し、いまだ敬愛し続けている人間にとって耐えがたい言葉を口にすることになる。「私はヴァーグナーが執筆した問題のある文章のみならず、彼の音楽の中にも、ナチズムの要素を見出します。(…)彼のオペラにみとめられる、掛け声〝ヴァガラヴァイアー〟とその頭韻法、地中に張った根と未来へのまなざしの混合、革命主義的・神話的・反動的な要素。それらすべてが、今日の世界を恐れおののかせている〝メタ政治学的〟な運動を、精神的な次元で、たしかに予示《よじ》しているのです」〔原注17〕

その五年前の一九三五年に、もうひとりの亡命者——おまけに作曲家——ハンス・アイスラーが書いた驚くべき文章は、マンの考察を先取りしている。生粋の急進的マルクス主義者だったアイスラーは、ヴァーグナーが、救済者としての英雄に、「階級闘争による解決」を諸悪の根源として対置した点を真っ先に非難している。しかしつづいてアイスラーは、ニーチェによるヴァーグナー批判を手がかりにして、「催眠術の大家」ヴァーグナーの内に、「残忍さ、策略、愚直」という興奮剤を見出し、告発する〔原注18〕。アイスラーは次のように結論づけている。「この音楽による催眠術において、ヴァーグナーは（プフィッツナーのような）音楽上の後継者を世に送り出すのみならず、ナチスという名の模倣者によって、その音楽を利用された。ナチスの目にヴァーグナーの音楽が望ましく映ったのは、その伝播力が、聴き手を陶酔状態、つまり至福と忘我と恍惚と受動性の世界へとみちびくからである。これはまさに、ファシスト運動がきわめて積極的に活用した精神状態である」〔原注19〕

しかしながら、ナチスの美学に利用されたヴァーグナーの「責任」の範囲を明確にすることなど、だれにもできないのではないだろうか？　この問題にもっとも鋭い洞察を加えているのは、おそらくチャーリー・チャップリンの映画『独裁者』だろう〔訳注六〕。ヒンケル（ヒトラー）が地球儀の風船と戯れながら世界征服を夢見る場面で聴こえてくるのは、《ローエングリン》の前奏曲である。しかしこの音楽は、ヒンケルと瓜二つのユダヤ人の床屋が、人類愛に満ちた演説をするラスト・シーンでも流れる。つまり音楽は、天使にも悪魔にもなりうるのだ。ところが二〇世紀史は、ヴァーグナーの音

〔訳注六〕　チャップリンは、ヒトラーをモデルとする独裁者ヒンケルと、その迫害を受けるユダヤ人の床屋を、一人二役で演じている。

楽を真っ先に悪魔とみなした。なぜなら、ある音楽が天使であるか悪魔であるか判断されるとき、その条件は平等ではないからである。ヒンケルを伴奏する音楽によって純化された彼の暴力性は、よりいっそう増幅される。一方、床屋を伴奏する音楽は、人類愛に満ちた演説をいっそう清らかにするが、それはすでに崇高なものをより崇高にしているだけで、さらには感傷性を持ちこんで崇高さをおびやかす危険もはらんでいる。

たしかに、『独裁者』を誹謗したテオドール・アドルノとマックス・ホルクハイマーには賛同しがたい。両者は、最後の場面が「自由を支持する反ファシズム的な弁論の否認」［原注20］であり、この映画が戦っているはずのファシスト的な美学に汚染されていると糾弾して、語気を強めた。これは極端と言うほかはないだろう。しかし、このような主張が出てくることは理解できる。そして、支配と破壊の実現に際して、ヴァーグナーの音楽が（ともに用いられたベートーヴェンの音楽よりもいっそう大々的で巧妙に）旗として掲げられたことは揺るぎない事実であり続けている。それはまさに、ヴァーグナーの音楽とナチズムのあいだに「複雑で苦々しい相関関係」が存在するからなのだ。

要するに、ナチスによるヴァーグナーの音楽の無断借用は、なかば不当でありながら必然的だった。では、本書がこの問題にまで手を広げるのはなぜか？　本書の主旨とどのような関係があるのだろうか？　ヴァーグナーはドイツを追われた身だ。しかし歴史の皮肉によって、彼の死後何年も経ってから、多数の芸術家たち、とりわけ音楽家たちは、その作品がヴァーグナーに象徴されるドイツ的な芸術にそぐわない（退廃芸術である）との理由で亡命を強いられた。まさにここに、二〇世紀の亡命の特殊性がある。なぜなら、ヴァーグナーはその作風が原因で亡命者になったわけではなかった。ショパンもまたしかり。しかしその後、人間がその芸術ゆえに祖国を追われる時代がやってくる。言い換えれば、ナチズムの犠牲となった芸術家たちの場合、彼らの芸術もまた亡命を強いられた。意図の有無にかかわらず、彼らの芸術は倫理観を遵守《じゅんしゅ》していた。そのとき、芸術そのものが権力者たちをいらだたせた。だからこそ、あれほど多くの創作者たちや音楽家たちが、ドイツに——しばしば永遠の——別れを告げ、あれほど多くのさまよえる幽霊船に乗り込んだのである。

第4章

ハリウッドでよみがえったメンデルスゾーン

――《夏の夜の夢》とコルンゴルト

フェリックス・メンデルスゾーン
（1809－1847）

エーリヒ・ヴォルフガング・
コルンゴルト（1897－1957）

周知のとおり、歴史の書きかえは全体主義の抱く強迫観念ないし幻想であり、その目的は、現在の都合に合わせて過去を改竄《かいざん》することである。ナチスの場合、彼らは現在のみならず過去のドイツも、人種的に純粋でなければならないと考えた。そのため、いま生きているユダヤ人を追い出し、あるいは虐殺するだけでなく、いまは亡きユダヤ人たちの名声をも根絶しようと躍起になったのである。早くも一九三四年に、ナチスはウィリアム・シェイクスピアの戯曲『夏の夜の夢』の付随音楽を複数の作曲家たちに新たに共作させている。「ユダヤ系」の作曲家フェリックス・メンデルスゾーンがこの戯曲のために書いた音楽の演奏を禁止するにあたり、代わりとなる楽曲が必要だったからである〔訳注七〕。ナチスはメンデルスゾーンの存在自体をも抹消しようとした。彼は生前、指揮者としても活躍し、ライプツィヒの名門ゲヴァントハウス管弦楽団のカペルマイスター（楽長）を任されていたが、その本拠地ゲヴァントハウス・ホールの前にあった彼の銅像はナチスによって撤去され、彼の名を冠した通りは改称された。たしかに、ヒトラーが政権を掌握する以前にも、さまざまな作曲家たち（とりわけ、のちに亡命するエルンスト・クシェネク）が戯曲『夏の夜の夢』にもとづく音楽を書いている

〔訳注七〕　メンデルスゾーンは一八二六年に、シェイクスピアの戯曲『夏の夜の夢』のための演奏会用序曲（作品二一）を書いている。その後一八四二年に、作品二一を含む劇付随音楽（作品六一）を作曲した。

が、彼らにはメンデルスゾーンの傑作を排除する意図はまったくなかった。しかしナチスから協力を要請された作曲家たちは、自分の音楽が偉大なる先人メンデルスゾーンの音楽の座を奪うこと、メンデルスゾーンの声をかき消すために演奏されることを知っていたはずである。

作曲者として指名されたリヒャルト・シュトラウス、ハンス・プフィッツナー、ヴェルナー・エックが、身に余る大役との理由で辞退したことを、三人の名誉のために明記しておかなければならない。彼らは、恥ずべき行為であると非難しないまでも、この企ての滑稽さを指摘している。とはいえ、なかには喜び勇んで依頼を引き受けた作曲家たちもいた。その筆頭はルドルフ・ヴァーグナー＝レゲニーという名の、当時は大物として扱われていた作曲家で、何としてもその地位を守ろうとしたようである——このもうひとりのヴァーグナーは、『夏の夜の夢』の劇付随音楽の作曲に熱意を注いだ。ただしそれは、ユダヤ人の妻を守るためでもあったのかもしれない。このほか共作者として名を連ねた多くの作曲家の中には、ほぼ無名ではあるが、ユリウス・ヴァイスマン、パウル・オスカー・ネベルジーク、ジークベルト・メース、ベルンハルト・アイヒホルンがいた。たとえるならば、つぶされたラシーヌの上に、カンピストロンのような亜流たちが放たれたようなものである〔訳注八〕。
しかしながら、メンデルスゾーンを忘却の中に埋めるための穴掘り役を引き受けた者たちのうち、とりわけ知名度が高いのはカール・オルフである。のちに彼は、（周到な）言い訳として次のような事実説明をしている。彼はすでに一九一七年に『夏の夜の夢』の付随音楽の作曲に取り組んでいたため、ナチスから依頼が舞い込んだとき、いかなる政治的な動機とは無関係に、この戯曲にふたたび向き合うことにした。たしかにオルフの事情は複雑であるが、この件に関する彼の虚偽は疑いの余地がない。引き受けたのは報酬目当てであり、彼には金銭だけでなく、良心のとがめもなかった〔原注1〕。オルフは戦後、身を潔白にしようと、「白バラ」に属していたふりをした〔原注2〕。ドイツで組織された白バラは、ナチスの卑劣な行為に対して展開されたもっともしぶとい大規模な抵抗運動のひとつで、これに参加した勇気ある者たちは処刑された。

〔訳注八〕　ヴィクトル・ユゴーの『静観詩集』に収められた詩「ある告発状に答える」の詩句「死んだラシーヌに群がる無数のカンピストロンたち！」を意識した表現。ジャン＝ガルベール・ド・カンピストロン（Jean-Galbert de Campistron, 1656-1723）は一七世紀フランスの戯曲家。ラシーヌの劇作術にあくまでも忠実であったところから、模倣者・剽窃家《ひょうせつか》として批判される場合も多く、そこからユゴーのこの有名な詩句が生まれた。

＊

こうしてメンデルスゾーンの劇付随音楽《夏の夜の夢》は、ドイツで沈黙を強いられた。だがしかし！　この音楽は大西洋の彼方で、きわめて美しい形でよみがえることになる。一九三四年に祖国ドイツを追われた名演出家マックス・ラインハルトが、渡米後、野外劇場「ハリウッド・ボウル」に大挙して来場した観客を前に、戯曲『夏の夜の夢』を上演したのである。もともとこの戯曲に愛着があったラインハルトは、一九〇五年以降、およそ三〇のプロダクションを手がけていた。その演出は、当時の主流であった自然主義をはっきりと否定するもので、メンデルスゾーンの音楽を最大限に活かすことに主眼を置いていた［原注3］。ただし自然主義の否定は、舞台美術から自然の要素を排除することを意味するわけではなく、じっさい、大成功を収めた一九〇五年版では、実物の木、葉、苔、ホタルが舞台セットに取り入れられている。ただしそれによって彼が追求したのは、リアリズムではなく、夢――この語のもっとも高尚な意味における――であった［原注4］。

　ハリウッド・ボウルで『夏の夜の夢』を上演する以前に、ラインハルトはこの戯曲をオーストリア、イギリス、イタリア（フィレンツェのボーボリ庭園）の公園で何度か屋外上演している。つまりハリウッドの丘は、トスカーナの丘の延長線上にあった。とはいえハリウッド版は、それまでの上演をしのぐ豪華絢爛《けんらん》さで、アメリカのひとびとの要求に応えようとした（何百人ものエキストラ、ホタルに見立てた何万個もの電球、百メートルの吊り橋、メンデルスゾーンの音楽を奏でるロサンゼルス・フィルハーモニック）。この国の観客もメディアも、大がかりな演出を歓迎する傾向にあったからである。

この成功に接した映画監督ウィリアム（渡米後にヴィルヘルムから改称）・ディターレは、『夏の夜の夢』の映画化を思いついた。約一五年前、彼は偶然にもラインハルト演出の『夏の夜の夢』でディミートリアス役を演じている。ディターレは、ハリウッド・ボウルでの上演とほぼ同じ舞台美術と俳優たちをワーナー・ブラザースの撮影スタジオに集めた。こうして、だれもが認める世界一美しい映画のひとつが誕生することになる。では音楽は？　——当然メンデルスゾーンの付随音楽が用いられることになったが、彼の精神《エスプリ》と才能を損ねることなく、映画の進行に合わせて原曲に手を入れ、補筆し、オーケストレーションを変えなければならない。そのためには、腕はいいが、謙虚で柔軟で誠実な作曲家が必要とされた。音楽に精通していたラインハルトは、古くからの友人エーリヒ・ヴォルフガング・コルンゴルト（一八九七－一九五七）をハリウッドに呼び寄せることを提案した。

コルンゴルトは、二〇世紀音楽史上、傑出した作曲家とみなされていたし、今もなおその評価は変わらない。メンデルスゾーンと同じく神童だった彼は、一一歳でピアノ・ソナタを書き、大作曲家マーラーを感心させた。マーラーは彼を、すぐれた教育者でもあった大作曲家アレクサンダー・フォン・ツェムリンスキー（シェーンベルクの唯一の師でもある）に推薦した。ツェムリンスキーに弟子入りしたコルンゴルトは、師の主題にもとづくすぐれたパッサカリアを、ソナタの終楽章として書き上げている［原注5］。彼が一七歳で作曲したオペラ《ヴィオランタ》は、師ツェムリンスキーの気味の悪いオペラ《フィレンツェの悲劇》にかなり近く、これに匹敵する出来栄えである。つづいて、二三歳で《死の都》を作曲。ベルギーの詩人ジョルジュ・ローデンバックの小説『死都ブリュージュ』を原作とするこのオペラは、コルンゴルトの傑作であり、彼の音楽の特長である卓越した技法、緻密さ、複雑さ、表現力がその極みに達している。

ときは、一九二〇年。コルンゴルト自身は、そのキャリアの絶頂期が過ぎたことを知る由もなかった。彼は新たにオペラ《ヘリアーネの奇蹟》の作曲にのぞんでいた。オーケストラの編成は大規模で、楽譜は音符であふれかえり、幻想的・官能的・神秘的な台本には内容があまりにぎっしりと詰込まれていた。初演は空振りに終わった。すでにこの時点で、コルンゴルトの音楽は時代から取り残されていたのかもしれない。くしくも《ヘリアーネの奇蹟》の初演がおこなわれた一九二七年は、クシェネクの《ジョニーは演奏する》が初演された年でもある。後者は、旧来のクラシック音楽にジャズの陽気な喧噪が取り入れられた型破りなオペラである［原注6］。

それから二、三年後、コルンゴルトはほとんど新作を書かなくなった。一方で彼は、ラインハルトとの実りある共同創作を進めていく。そもそもコルンゴルトがラインハルトと知り合ったのは、一九一〇年、マーラーの交響曲第八番の初演のおりだった。一九二八年、コルンゴルトはラインハルトのためにヨハン・シュトラウスのオペレッタ《こうもり》を編曲し、この舞台ははなばなしい成功を収めた。一九三一年には、ふたたびラインハルトのためにジャック・オッフェンバックのオペレッタ《美しきエレーヌ》を編曲し、この舞台も満場の観客に迎えられた。それゆえコルンゴルトは、映画『夏の夜の夢』の編曲者に指名されたのである。当初、彼は新作オペラ《カトリーン》の作曲に集中するために依頼を辞退した。しかし結局、《カトリーン》が初演されたのは一九三九年であり、初演地は――言うまでもなく――ドイツではなかった。政権は見るまにナチスに掌握され、未来には不確かなこと――あるいは暗い見通しという確かなこと――が充満した。そのときラインハルトは、映画『夏の夜の夢』のプロデューサーたちから強く説得され、コルンゴルトにハリウッドに来るよう呼びかけた。ワーナー兄弟たちがユダヤ人であるラインハルトとコルンゴルトの起用を決めた背景には、政治的な動向への懸念もあった。じっさい一九三四年に、ワーナー・ブラザースのユダヤ人の代理人がドイツで暗殺されている〔原注7〕。

＊

コルンゴルトは一九三四年一〇月二三日にヴィーンを発ち、ハリウッドに向かった。彼はアメリカでの初仕事にかなり真剣に――プロデューサーたちからみれば真面目すぎるほど――取り組んだ〔原注8〕。彼は撮影現場にほぼ入り浸り、稽古にも立ち会い、ときに俳優たちのために「指揮」することもあった〔訳注九〕。この映画にはパック役のミッキー・ルーニー、ハーミア役のオリヴィア・デ・ハヴィランドをはじめとする俳優たちのほかに、非凡な女性ダンサーが出演したが、彼女についてはあ

〔訳注九〕 コルンゴルトは撮影現場で、映像に後づけされる音楽を念頭に置きながら、韻文の台詞を言う俳優たちを指揮した。あるときなど、茂みのセットの中に腹ばいになって隠れ、プロンプターさながらオーベロン役のヴィクター・ジョリーの台詞回しを指揮したという。ジョセフ・ホロヴィッツ著『亡命芸術家たち――二〇世紀の戦争と革命が生んだ亡命者たちはいかにしてアメリカのパフォーミング・アーツを変えたのか』(Joseph Horowitz, *Artists in Exile : How refugees from twentieth-century war and revolution transformed the American Performing arts*, Harper Perennial, 2007, p.129) 参照。

らためて言及する。コルンゴルトは、特殊効果が音楽と連動していること、効果音が大きすぎないこと、オーケストラの音量を補強することにこだわった。ラインハルトとディターレは、シェイクスピアの戯曲というよりメンデルスゾーンの劇付随音楽を映画化したとさえいえるだろう［原注9］。とはいえ、もとの付随音楽の曲順は入れ替えられ、本来は間奏曲のひとつにすぎなかった〈結婚行進曲〉は、冒頭と結婚式の場面でも用いられている。さらにメンデルスゾーン自身の提言に従って、彼の交響曲第三番《スコットランド》の第四楽章が、合唱とオーケストラ用に編曲され盛り込まれた［原注10］。妖精パックのいたずらでロバに変身したボトムのためにティターニアが歌う子守歌は、〈ヴェニスの舟歌〉（《無言歌集》）にもとづいている。そして彼のピアノ曲《スケルツォ ホ短調》作品一六の管弦楽版が、二組の男女たちの夜の騒動に活気を与えている。いずれもみごとなアイデアだ。さらにコルンゴルトは、ラインハルトが演出した夜の情景に音楽をいっそうなじませるために、長調の〈夜想曲〉を短調にしている［原注11］。コルンゴルトのすべての工夫は一貫性を感じさせ、メンデルスゾーンへのこのうえなく美しいオマージュとなっている。

ラインハルトとディターレの『夏の夜の夢』は、冒頭で六分間、静止画面とともにじっくりと音楽を聴かせるが、これは映画としては世界で唯一の試みだろう。六分のあいだ続く夢幻の響きは、まるで下ろされたままの幕のように妖精の国を包み隠し、観客に心の準備をさせる。事の真相は、冒頭のために想定されていた映像が撮影されなかっただけの話なのだが［原注12］、結果としてそれは、観る者の心を強く揺さぶることになった。

しかしコルンゴルトの緻密な仕事ぶりがもっとも際立っているのはバレエ・シーンで［原注13］、その白眉は、ティターニアの侍女（妖精）がオーベロンの従者によって夜の中へいざなわれる場面だ。先に言及した非凡なバレリーナとは、侍女を演じたニニ・テイラードである。テイラードはこの映画に出演したバレエ団のプリンシパル・ダンサーで、以前にも数度、ラインハルトの演出で踊ったことがあった。彼女はとりわけ、ラインハルト演出の戯曲『夏の夜の夢』の上演の立役者で、フィレンツェ版では唯一のダンサーとして抜擢されている［原注14］。

さて、上述の夜のシーンでは、光を体現するテイラードが、魔法の闇の中へ消えていく。夜の男にとらえられた彼女は、まるで眠気に襲われたように、身動きが取れない――踊っているのは、その両手だけだ。ジャワ人の血を引くテイラードはこのとき、ジャワ舞踊から霊感を得た動きを見せるが［原注15］、それはコクトーがヴァーツラフ・ニジンスキーを評した言葉「両手は、身振りによって木の葉となった」を彷彿《ほうふつ》させる（ニジンスキーがシャム舞踊から感化されたことを想い起こそう）。

残されているラインハルト自身による入念な場面描写は、彼にとってこの夢のシーンがとりわけ重要であったことを物語っている〔原注16〕。使用音楽はメンデルスゾーンの付随音楽の〈夜想曲〉であるが、彼はこの曲を細分化し、各断片をシークエンスのリズムや壮麗な映像に合わせてきわめて緻密に反復させ、また入れかえている〔原注17〕。コルンゴルトはメンデルスゾーンの復活におおいに寄与した〔原注18〕。そしてラインハルトとディターレの『夏の夜の夢』は、ハリウッド映画の――最高傑作とは言えないとしても――傑作のひとつであり、亡命芸術家たちがナチズムの「嘘」と犯罪に対して示すことのできた、かぎりなく美しい抵抗である。この映画の奇跡は、大衆が気軽に楽しむことができるスペクタクルの中で、シェイクスピアとメンデルスゾーンを再会させ、称えたことにある。つまり至高の芸術を、エンタテインメントと結び合わせたのだ。

ラインハルトは一九四三年一〇月にニューヨークで逝去した。一二月一五日にロサンゼルスで開かれた追悼式でスピーチをおこなったトーマス・マンの回想によれば、このとき出席者たちは、コルンゴルト（ピアノ）とヨーゼフ・シゲティ（ヴァイオリン）の演奏を聴き、映画『夏の夜の夢』の抜粋を鑑賞した〔原注19〕――煎じ詰めれば、この映画もまたコルンゴルトの音楽である。

＊

さて、亡命者コルンゴルトはビヴァリー・ヒルズに落ち着いた。彼はアメリカ人の音楽家となり、ハリウッドでもっとも引く手あまたの映画音楽作曲家のひとりとなった。彼が音楽を担当した主な映画に、マイケル・カーティス監督の有名作『海賊ブラッド』（出演エロール・フリン、オリヴィア・デ・ハヴィランド）、『シー・ホーク』、『海の狼《シー・ウルフ》』（原作ジャック・ロンドン）がある。コルンゴルトは数年間で一八作の映画音楽を手がけたが、これは三〇〇作をこなしたマックス・スタイナー（マーラーの弟子で、R・シュトラウスの名づけ子）と比べると、かなり少ない。周知のとおり、コルンゴルトの「芸術音楽」の領域での創作ペースは間遠になったが、それでも彼のアメリカ時代の作品のうち、シェイクスピアの詩にもとづく歌曲集《道化師の歌》作品二九と《四つのシェイクスピアの歌》作品三一は特筆すべきだろう。エリザベス朝演劇に想を得たいずれの歌曲も、じつに素朴で美しく、感傷主義《センティメンタリズム》という名の甘い罠《わな》を避けている。このほかラインハルトとの共同企画もいくつか構想されていたが、結局、一作も実現しなかった。このころコルンゴルトが手がけたヴァイオリン協奏曲（初演ヤッシャ・ハイフェッツ）には、ハリウッド映画の影が色濃く漂っている。亡命は彼の創造の源を枯渇させ、彼の才能をそいでしまったのだろうか？　その一方で彼は、映画音楽の地位と質と威厳を高めた。おそらく彼の貢献なくして、このジャンルが脚光を浴びることはなかっただろう。

コルンゴルトに関しては、ある手厳しい言葉も世に出回っている。エルンスト・トッホ（このもうひとりのユダヤ系ドイツ人亡命作曲家については第6章で述べる）がオットー・クレンペラーとの会話の中で語ったとされる言葉だ。クレンペラーによれば、コルンゴルトは今となってはワーナー・ブラザースの作曲家として名をはせているが、トッホはヴィーン時代にコルンゴルトのことなどまったく眼中になかった、という［原注20］。残酷な言葉だが、事実無根ではない。というのも、コルンゴルトはその音響世界（華麗な曲調、苦悩の表現の中にさえ見出されるある種の甘美さ、拡張された調性言語が喚起するあらゆる感情の力の行使）ゆえに映画音楽から必要とされ、これに応えた犠牲者なのだ。彼はロサンゼルスで、シェーンベルクの家の近くに住んでいた。シェーンベルクの後妻ゲルトルートが、コルンゴルトの妻ルーツィの幼馴染だったこともあって、二組の夫婦はかなり頻繁に顔を合わせていたようで、シェーンベルクはコルンゴルトに、無調性を取り入れるよう説得したという。その努力が功を奏さなかったことは一目瞭然である。

コルンゴルトは祖国を追われた。しかし彼が経験したもっともつらい追放は、すでにヴィーンを発つ前に始まっていたのかもしれない——時代からの追放である。彼は大戦後の一九五〇年と一九五四年にオーストリアへの帰国を試みたが、故郷で自分の存在が忘れ去られていることを思い知らされる。とはいえ、彼がヨーロッパとアメリカを行き来した時期に作曲した交響曲作品四〇には、調性面での挑戦がはっきりとみとめられる。とげとげしい音色と鋭利なリズムを特徴とする第一楽章は、どこかストラヴィンスキーを想わせる。第二楽章はメンデルスゾーン風の狂おしいスケルツォで、高揚感あふれるトリオが中間部に置かれている。映画『海賊ブラッド』の旋律を聴かせる緩徐楽章は、それでもきわめて美しく、マーラーやブルックナーを彷彿させる。終楽章では、いささかわざとらしい陽気さが表現されている。この知られざる作品が、当時世界中で熱狂的に迎えられていた——たとえばショスタコーヴィチの——交響曲よりも明らかに劣っているとは、どう転んでも断言しがたい。

コルンゴルトの宣言はむなしく響く。「つい先日できあがった私の交響曲は、感興、形式、表現、旋律、美を犠牲にした無調性と聴き苦しい不協和音とに引導をわたし、それらが音楽芸術の最後の惨事となることを世界に示すだろう」。彼の言葉にも彼の音楽にも、ひとびとはほとんど耳を貸さなかった。代表作《死の都》でさえ、無関心、あるいは意地の悪い批評にさらされ（「死の都は死んだまま」［原注21］）、長いあいだ演奏されていなかった。深く自信を喪失したコルンゴルトは、結局アメリカに戻った。彼は自由な身でありながら、祖国に帰ったあとにふたたび亡命国で生きることを選択したわけだが、これは他に類を見ない亡命の事例だろう。彼は一九五七年一一月二九日、アメリカで永眠した。

コルンゴルトのピアノ演奏の録音に耳を傾けてみてほしい。彼は自作のオペラの壮大なアリアをピアノ用に編曲したものを、ときに口ずさみながら奏でている。音楽的な構想のセンスが光る闊達《かったつ》かつ繊細な演奏は、まるで彼の居間に招かれたかのようなあたたかい印象を聴き手に与える。とめどなく感情を湧出させるアリアは、彼のピアノ演奏を通じて、感動的な素朴さを私たちに差し出す。そして突如、芳醇《ほうじゅん》なハーモニーの背後から、あどけない悲しげな声が聴こえてくる。もうひとりのヴィーンっ子、シューベルトの声までも彷彿させながら。

最後に、コルンゴルトがメンデルスゾーンの名誉回復に貢献した映画の話に戻ろう。一九三四年一〇月に、アメリカの地を踏んだばかりのコルンゴルトが述べた言葉は傾聴に値する。ジャーナリストたちからヒトラーについてどう思うかと聞かれた彼は、簡潔にこう答えた。「メンデルスゾーンはヒトラーによって抹殺されないと思います」。たしかに、客観的かつ冷静に考えれば、ヒトラーはメンデルスゾーンを隠滅できなかっただろう。たとえコルンゴルトが存在せずとも。ただし、この仮説を証明することなど不可能である。加うるに、偉大な芸術家たちが結束し、美によって悪に応えようとするとき、彼らの試みは永遠にその足跡を残す。

第5章
甘いアップルと苦いオレンジ
──ヴァイルとアイスラーの明暗

クルト・ヴァイル
（1900 – 1950）

ハンス・アイスラー
（1898 – 1962）

パウル・デッサウ
（1894 – 1979）

大戦後にヨーロッパから冷たくあしらわれたコルンゴルトは、亡命国アメリカに戻って晩年を過ごしたが、クルト・ヴァイル（一九〇〇－一九五〇）の境遇にはさらに驚かされる。《三文オペラ》（一九二八）の作曲者ヴァイルは、ナチス政権が成立するやいなやドイツからの脱出を余儀なくされた。彼の一連の作品――ナチスによればユダヤ人が書いた「退廃芸術」――が、一九三三年六月に公の場で燃やされたからである。まずフランスに身を寄せたヴァイルは、声楽つきのバレエ《七つの大罪》を作曲し、コクトーとも友情を深めた。コクトーはヴァイルのために、ドイツ語の詩（本当だ！）をすすんでこしらえ［原注1］、彼のために『ファウスト』を書こうと夢見てもいた。

しかしヴァイルは、アメリカで生きる道を選んだ。一九三五年九月一〇日にニューヨーク行きの船に乗り込んだ彼は、片田舎からパリに上京した『ゴリオ爺さん』の青年ラスティニャックのように、勇んでニューヨークの地を踏んだ。もう英語でしか話さないし書かない。そう決意したヴァイルは、亡命が彼の音楽にもたらした「心機一転」を享受した。心境の変化は相当大きかったようで、一九四七年、ヴァイルは自分をドイツ人作曲家と紹介した新聞に、臆せず訂正を依頼してさえいる。彼は早くも一九四一年に、英語でしか夢を見なくなったと誇らしげに告白し、こう断言した。「自分が完全にアメリカ人であると感じています。（…）私にとってアメリカは、私がヨーロッパで成し遂げたもの発展を意味します。そしてアメリカが自分の国であることを幸せに思います！」。ヴァイルは次のような気の利いた言葉も残している。「もっともアメリカ的な作曲家アーヴィング・バーリンはユダヤ系ロシア人で、私はユダヤ系ドイツ人。そこが唯一の違いだね」［原注2］

ヴァイルの作風は――少なくとも表向きには――豹変《ひょうへん》した。そのためヨーロッパのひとびとの記憶の中ではおおむね、大西洋をわたる前までの作曲家クルト・ヴァイルしか存在していない。一方、彼はアメリカでは長いあいだ、ごくアメリカ的なミュージカル作品を書いてブロードウェイを席捲した人物としかみなされていなかった。彼の存命中、この国では《三文オペラ》さえ軽視されていた。

亡命は、過去のヴァイルとは別人の、新しいヴァイルを誕生させたのだろうか？　この問いには、作品のクオリティの問題もからんでくる。当時のヨーロッパのひとびとの多くは、ヴァイルのアメリカ時代の作品に媚《こ》びや凡庸さをみとめ、軽蔑した。彼があらゆる代価をはらって――何よりもまず芸術に対する廉潔な姿勢を犠牲にして――俗受けをねらったと非難したのである。その筆頭は、クレンペラー、アイスラー、アドルノだった［原注3］。これとは対照的に、アメリカ人たちは、ヴァイルの唯一重要な作品はアメリカ時代に書かれたものであるとこぞって主張した。しかし彼自身は、ふたつの時代のあいだに線を引くことを拒んでいる［原注4］。

この論争は、見かけよりもいっそう錯綜している。シェーンベルクは、ヴァイルの音楽の質がフランツ・レハールのそれよりも劣っていると述べた［原注5］。しかしそれは、一九二七年、つまりヴァイルの「ヨーロッパ時代」真っただ中になされた評価なのだ［原注6］。要するに《マハゴニー市の興亡》の作曲者ヴァイルは、最初から、あるいは早い段階で、自分の道を選んでいたのである。それは「芸術音楽」でありつつも、簡明で「大衆的な」表現に資するすべてを備えている道である。彼自身の発言を想い起こそう――軽い音楽と真面目な音楽の違いはない。あるのは、良い音楽と悪い音楽の違いだけだ［原注7］。

ヴァイルが良い音楽の側に立っていることは疑いようがなく、それはニューヨーク時代の作品にも当てはまる。この時期の傑作は、一九四七年にブロードウェイで初演された《ストリート・シーン〈街路の風景〉》だろう。これはジョージ・ガーシュウィンのオペラ《ポーギーとベス》と肩を並べる真のアメリカン・オペラである。原作はニューヨーク出身のユダヤ人脚本家エルマー・ライスの戯曲で、マンハッタン区のロウアー・イースト・サイドの移民たちの日々の労働、大きな夢とささやかな喜び、ののしり合い、きずな、心の痛み、恋愛沙汰を描くことで、彼らの暮らしを力強く的確に再現している。ピューリッツァー賞に輝いたこの戯曲は、すでに一九三一年にキング・ヴィダー監督によってじつにみごとに映画化されている。ヴァイルのために台本を執筆したのは、「ハーレム・ルネサンス」の指導者として知られる黒人詩人ラングストン・ヒューズだった。そしてヴァイルは、ライス、ヴィダー、ヒューズに負けず劣らずニューヨークらしい音楽を世に問うた。その響きが驚くほどアメリカ的である理由は、まったく自然な形でとけ込んでいるジャズとブルースだけにとどまらない。ヴァイルは、ミュージカルにつきものの楽天的な恍惚——甘美で底抜けの恍惚——を、巧みな塩《あん》梅《ばい》でみずからの音楽に取り入れたのである。同時にそこには、「ヨーロッパ人」ヴァイルならではの辛辣さ、精確さ、アイロニー、さらに残酷さが健在している。じつに多彩な音色と、音楽と言葉のきわめて柔軟な結びつきはとりわけ印象的であるし、その節回しや旋律構造の洗練された簡潔さが、やがてレナード・バーンスタインに継承されることも忘れてはならない。

要するに、過去との断絶はないのだ。ヴァイルのアメリカ時代は、かつてブレヒトと共作した時代（すでにこのころヴァイルは、アメリカ音楽を豊富に取り入れていた）にも、フェルッチョ・ブゾーニのもとで学んださらに遠い過去にも、通じている。《アルレッキーノ》の作曲家ブゾーニの批評眼、引用の手法、劇とオペラの意表を突く自由な融合は、ヴァイルに進むべき道を示した。その後ついにアメリカが、彼を彼自身に変えたのである〔訳注一〇〕。ヴァイルは、アイラ・ガーシュウィン（作曲家ジョージの兄）の詞にもとづくミュージカル《レイディ・イン・ザ・ダーク（闇の中の女）》以後に積極的に吸収してきたブロードウェイの精神を、《ストリート・シーン》で完全に自分のものとした。ヴァイルは一九四九年、死の一年前には、より重厚で、政治色の鮮明なジャンルに向き合うことになる。彼が「音楽悲劇」と呼んだ《ロスト・イン・ザ・スターズ（星空に消えて）》だ。この作品は、《ストリート・シーン》の完成度にはおよばないが、看過できない。南アフリカの人種差別問題を扱うアラン・ペイトンの小説『泣け、愛する祖国を』を原作とする《ロスト・イン・ザ・スターズ》は、二〇一一年、アフリカ系アメリカ人による演出でケープタウン・オペラ座にて上演され、観客の心を大きく揺さぶった〔原注8〕。

ヴァイルは、社会的な――政治的とはいえない――姿勢を決して崩さなかった。ニューヨーク到着の一九三五年から大戦終結まで、彼は作曲をとおしてヨーロッパのユダヤ人たちを援護し続けた。ヴァイルの父はユダヤ教の聖職者であったが、ヴァイル自身は当初、ユダヤ教に関心を示していな

〔訳注一〇〕　ステファヌ・マラルメの詩「エドガー・ポーの墓」の一行目、「ついに永遠が彼を彼自身に変えたように」を意識した表現。

かったばかりか、激しく批判的でもあった。しかし、ナチスの擡頭《たいとう》や数人の親族のパレスティナへの移住が、彼の自覚を呼び覚ます。そのうえ、彼自身がつらい経験を強いられた反ユダヤ主義が、ドイツの国境を越えた。パリ在住中、サル・プレイエル（プレイエル・ホール）でショーを鑑賞していたヴァイルは、自分の曲が歌われている最中に、作曲家フロラン・シュミットが「ヒトラー万歳」と叫ぶのをはっきりと耳にしたのである［原注9］。

ヴァイルは、すでにフランス亡命以前に、ユダヤ人迫害を告発する舞台作品の作曲依頼を受けている。発案者でシオニスト（ユダヤ人国家建設推進者）のマイヤー・ヴァイスガルは、この企画にもっともふさわしい演出家――その名はマックス・ラインハルト――に話をもちかけた［原注10］。台本を担当することになったのは、ユダヤ人の亡命作家フランツ・ヴェルフェルである。宗教とユダヤ教徒たちの行く末が最大の関心事だったヴェルフェルは、ヴァイスガルとラインハルトからの依頼を二つ返事で受け入れた。彼が思い描いた物語は、シンプルだが背筋を凍らせる。ポグロム（虐殺）を逃れ、シナゴーグに身を隠したユダヤ人たち。夜だ。指導者ラビは、アブラハムからエレミヤまで、モーゼの律法《トーラー》に登場する偉人たちにまつわる文章を皆の前で読み上げる。しかしついに、ラビがバビロン捕囚について話している最中に、その場にいるユダヤ人たちは捕らえられてしまう。彼らの解放への望みは、一曲の歌に託される。作品のドイツ語の原題は「約束の道 Der Weg der Verheissung」であったが、英訳されて「永遠の道 The Eternal Road」となった。

大人数の演奏者を要し、大規模な上演形態が想定された《永遠の道》は、完成までに何度も行き詰まり、一九三五年にニューヨークで予定されていた初演は、一九三七年一月まで延期された。このとき、大がかりな作風で知られる舞台美術家ノーマン・ベル・ゲディーズの意向にそって、五層に分割されたセットがお目見えした。最下段はシナゴーグ、その上の二つの階はシナイ山に見立てられ、次に神殿、最上階に天がある。多額の出費を伴ったこの上演はしかし、それなりの成功を収め、これを鑑賞する目的でわざわざプリンストンから足を運んだアインシュタインを喜ばせた。

では音楽は？　ヴァイル自身は、美しい傑作を書いたと自負し、そのことをラインハルトにも伝えている。客観的にみれば《永遠の道》は、ヴァイルが早くもナチズムの擡頭から想を得たドイツ時代の《約束》の延長線上にある［原注11］。アメリカで書かれた《永遠の道》の「詩的なクオリティ」と「叙事詩的な息吹」を称える批評もあるが［原注12］、一方で——とりわけ二〇〇〇年にヴァイルの生誕一〇〇年を記念してオラトリオとして再演されたときには——より慎重な評価も見受けられる。

なるほど、私たちはこの音楽の中に、メンデルスゾーンのオラトリオやマーラーの交響曲の余韻を聴く。柔和な合唱と輝かしい金管楽器のコントラストは、やや芝居がかっている。アカペラ合唱のフーガはヘンデルあるいはバッハを想起させ、ハープとフルートによるいくつかの子守歌は驚くほど純朴である。作曲家ヴァイルは、人間の世界、もっぱら人間の世界を扱うときには、このうえなく霊感に富んでいる。そこにはつねに奥行きが感じられ、微笑《ほほえ》みはつねにわずかな冷ややかさをまとい、冷酷さはつねに優しさにおびやかされている。しかし一方で彼の音楽は、額面どおりに何かを表現しようとするときにはどうにもぎこちない。神殿の次元の音楽では借りてきた猫のようで、天の次元の音楽ではいっそうよそよそしい。つまり、しばしば堅苦しく響くのだ。彼の音楽の原動力であるはずの粗野でスウィングするような作風を無理に抑えつけながら、気高く、神々しく、高尚な書法を前面に押し出そうとしているかのように。

言うまでもなく、ヴァイルの《永遠の道》をシェーンベルクの《モーゼとアロン》と比べることは不適切である。しかしとりわけ、民衆が金の子牛の偶像を拝む場面は、否応なしに《モーゼとアロン》を思い起こさせる。この比較はヴァイルにとって不利であるが、さいわい、ゼデキヤ（ユダヤ王国の最後の王ではなく、同名の偽予言者）の存在が、ヴァイルらしい皮肉や痛烈さに――時おり――私たちを引き戻す。とはいえ、《永遠の道》のいくつかの荘厳な瞬間が感動をもたらすとすれば、私たちの胸を打つのは音楽そのものではなく、音楽が指し示しているものなのである。

のちの大戦中、ヴァイルはふたたび社会的な劇作品――《ウィー・ウィル・ネヴァー・ダイ（私たちは決して死なない）》――を手がけることになる。台本は劇作家で小説家のベン・ヘクト（スタンバーグ、ホークス、ヒッチコックらに脚本を提供）によるもので、出演者はポール・ムニ、エドワード・G・ロビンソン、フランク・シナトラ、シルヴィア・シドニー（映画『ストリート・シーン』ではヒロインを演じた）ら錚々《そうそう》たる顔ぶれだった。歴史上の偉大なユダヤ人たちを回顧するこの音楽劇は、ワルシャワ・ゲットーの反乱のエピソードで山場を迎え、機関銃の音が鳴り響く中で幕となる。この新作は、一九四三年、数万人もの観客の前で（アメリカ主要都市、とりわけハリウッド・ボウルにおいて）大がかりな舞台演出とともに上演された。その意図は、ナチス・ドイツに対するアメリカの戦争努力を刺激することにあった。

ワルシャワのゲットー……またしても、シェーンベルクの《ワルシャワの生き残り》との比較はヴァイルを不利な立場においやる。《ウィー・ウィル・ネヴァー・ダイ》への（全体としてみればじつにささやかな）協力は、ヴァイルの社会的活動の美しい記録であるが［原注13］、音楽そのものには傑作と呼べるような要素は皆無である。要するに、私たちが彼の気高い志に頭を垂れることはあっても、それが芸術的な成功であったと断言することはできないのである。帰するところ、精神的な次元におけるナチスの掃討への最大の貢献は、やはり《ストリート・シーン》だろう。この幸福で、陽気で、燦然《さんぜん》と輝く作品は、ヨーロッパでつちかった才能を惜しみなくニューヨークに差し出したドイツ系ユダヤ人の亡命作曲家の、鮮やかな足跡である。

*

ヴァイルは甘いビッグ・アップル（ニューヨーク）にありついた。しかしハンス・アイスラー（一八九八－一九六二）がかじったビッグ・オレンジ（ロサンゼルス）は、さほど甘くはなかった。アイスラーもまた、アメリカの戦争努力を促そうと奔走したが、彼の亡命生活は、ヴァイルのそれとは対照的だった。アイスラーがヴァイルのように、アメリカ人になれた幸福を口にすることは決してなかったはずだ。ユダヤ人の父をもち、共産主義者であったアイスラーは、ナチスにとって二重の意味で「退廃した」存在であったため、一九三三年に早々にドイツを離れた［原注14］。五年間ヨーロッパとアメリカを旅し、演奏会や講義をおこなった彼は、最終的にアメリカにわたってニューヨークで作曲を教えたのち、一九四二年にロサンゼルスに落ち着いた。アイスラーとヴァイルは、たがいに良い感情はもっていなかったようで、どうやらニューヨークでも一度も顔を合わせていない。亡命以外に唯一ふたりに共通しているのは、劇作家ベルトルト・ブレヒトの共同制作者であった点である。アイスラーほど政治にのめりこんでいなかったヴァイルがブレヒトから離れ、反対にアイスラーがブレヒトとの距離を縮めていったことは示唆に富んでいる。ブレヒトのお気に入りの作曲家となったアイスラーは、早くも一九二八年に彼の詩をもとに歌曲を書いているが、一九三〇年以降、彼の戯曲の音楽をたびたび手がけるようになった。じっさい、ブレヒトとアイスラーはロサンゼルスで再会し、地図上でも距離を縮めた。アイスラーはパシフィック・パリセーズ、ブレヒトはサンタ・モニカで暮らしたため、ヨーロッパにいたころよりも拠点が近くなったのである。

アイスラーはシェーンベルクの弟子で、（ベルクとヴェーベルンに続く）新世代中、もっとも才能に恵まれていた。しかしアイスラーは、思想の違いを理由に師から離れていった。シェーンベルクの高尚なエリート主義は、大衆向けの音楽を書く必要性をかたく信じていた共産主義者アイスラーには受け入れがたかったのである。とはいえ、亡命しロサンゼルスに住むことになった師弟は、ふたたび隣人となり、ふたたび交際するようにもなった。アイスラーは、非常に人当たりが良く社交的な性格の持ち主だった。だれとでも打ち解けてしばしば親交を深め、トーマス・マンとブレヒトのように仲違《なかたが》いしていた亡命者たちの仲介役となることもあった〔原注15〕。

アイスラーは生まれつき楽観的で、ブレヒトのように失意のどん底に落ちることはなかった。それでもアイスラーは、アメリカでの亡命生活に喜びを見出すことはできなかった。フリッツ・ラング監督の『死刑執行人もまた死す』は、チェコの抵抗部隊によるナチスの親衛隊大将ハイドリヒの暗殺事件を扱う映画で、音楽を担当したアイスラーは、その理由をアメリカの戦争努力に貢献するためだと説明していた。しかし彼は、時とともにそうした言葉を口にしなくなる。「真面目な作曲家であるかぎり、生活に困らなければ映画作曲家に鞍替《くら》えする道理はない」〔原注16〕というアイスラーの発言には、おそらくあのコルンゴルトも同意せざるをえないだろう。

シェーンベルクの働きかけで、アイスラーは南カリフォルニア大学で教員の職を得ることができた。しかし共産党信奉者だったアイスラーは、やがて狂信的な反共産主義者《マッカーシスト》たちから糾弾されることになる（ハンス・アイスラーの実姉ルースが、非米活動委員会で弟ハンスが共産主義者であると証言した。もともとトロツキストであったルースは反共産主義者となり、二人の実弟ハンスとゲルハルトが、ハバナでルースの恋人〔アルカディ・マズロー〕の暗殺を助けたと信じていた。ギリシア神話のアトレウス一族を想起させるドラマである）。真相はさておくとして、トーマス・マン、チャップリン、アインシュタインの取り成しは実を結ばず、アイスラーは一九四八年にアメリカから追放された。当然、彼に未練はなかった。

アメリカ亡命前のアイスラーは、もっぱら労働者階級のために作曲することを欲した。しかしカリフォルニアで暮らした数年間は、彼をふたたび「芸術音楽」に向き合わせることになった。なかでも、すでに「はじめに」で触れた《ハリウッド・ソング・ブック》は、一風かわった力強い作品である。一九四二年五月から翌年一二月まで書きつづられたこの歌曲集は、音楽による私的な日記にたとえられるだろう［原注17］。二八曲の詞はブレヒト、一一曲の詞はフリードリヒ・ヘルダーリンとエドゥアルト・メーリケによっており、他の数曲の詞の作者はブレーズ・パスカルやゲーテ、アルテュール・ランボーなどさまざまである。このほか、アイスラー自身が作詞した曲もある［原注18］。彼が文筆に長《た》けていたことは、のちに彼がオペラ《ヨハン・ファウストゥス》（未完）のために執筆した台本からもうかがえる。

ヘルダーリンの詩の断章にもとづく数曲の歌曲は、無調で書かれているものと、そうでないものとがあるが、いずれの場合もじつに表情豊かである（アイスラーはヘルダーリンに、亡命者として、革命の理想を掲げる者として、親近感を抱いていた）。いずれも失われたヨーロッパ文化の喚起として聴くことができ、とりわけ何度か、バッハにちなんだB−A−C−H（シ♭−ラ−ド−シ）のテーマが鳴らされる。

なかでも、シューベルトに捧げられた〈ある街に〉（詞ヘルダーリン）は、ブレヒトの詩による一連の歌曲を予示している。ヴァイルが選んだブレヒトの詩は、アメリカ社会を容赦なく絶望的に批判し、この国の浅はかさ、貪欲さ、偽善、そして貧困者と弱者を見捨てる傲慢な資本主義に対する嫌悪を吐露している。当然アイスラーも、アメリカという現実を同じように受けとめていたが、それでも彼の音楽は、ときにブレヒトの視点（詩）との微妙な差異を示している。これについてはのちほど説明したい。

まずは、ブレヒトがロサンゼルス（Los Angeles）について書いた詩を紹介しよう。

天使（angel）にちなんだ名をもつこの街では
そこらじゅうに天使たちがいる。
彼らは石油の臭いを放ち、金の避妊具《ペッサリー》を装着している。
両目のまわりに青い輪を刻んだ天使たちは
自分たちのどぶ池で泳ぐ小説家たちに
毎朝、餌《えさ》をやる。

アイスラーはこの詩を音楽化した際、楽譜の冒頭に「陰鬱な感傷性をもって演奏すること」と書き入れた（直訳すれば「暗い甘ったるさ」だ）。

次に引用するのは、ブレヒトがちょうどラングの映画『死刑執行人もまた死す』にかかわっていたときに書いた詩である（彼はもともと脚本の制作に協力したが、その後に身を引いた。彼にはこの映画があまりにハリウッド的だと感じられたからである）［原注19］。

毎朝、自分のパン代を稼ぐために
私は市場に行く
嘘を売る市場に。
私は期待に胸をふくらませ
売り子たちに加わる。

以下の詩でも、ブレヒトはロサンゼルスの街を批判している。

この街は教えてくれた
ひとつの街が天国にも地獄にもなりうるということを。
何ももたぬ者たちにとって
天国は地獄であるから。

この詩につけられたアイスラーの音楽は、シューベルト——とりわけ《冬の旅》の終曲〈辻音楽師〉——を想起させる。また〈自殺について〉の音楽にも、シューベルトの〈おやすみ〉（《冬の旅》）と〈ドッペルゲンガー〉（《白鳥の歌》）の影が見え隠れする。ブレヒトの詩「自殺について」を引用しよう。

この国と　この時代には
陰気な夜があってはならない
川のうえに高い橋が架かっていてはならない。
夜から朝にかけてさえ

そして冬のあいだはずっと
危険なんだ！
なぜならひとは　貧しさを直視して
この耐えがたい人生を
一瞬にして遠くへと投げ捨ててしまうから。［原注20］

この詩はシューベルトの歌曲に通底する絶望に包まれているが、じっさいにシューベルトの音楽が亡霊のように響くことで、絶望は二重になっている。この蒼ざめた世界の中で、前に進むことはほぼ不可能である。おまけに、もはや敵は死だけではなく社会——ここではアメリカ社会——でもあり、変革の希望は完全に絶たれているように見える。ところがヴァイルの音楽は——それが音楽であるがゆえに——、ブレヒトの詩の手厳しさと嫌味を、存分に和らげている。もっとも、アイスラーは知っていた。ブレヒトが「ムジーク die Musik（音楽）」に対抗する「ミズーク die Misuk」というジャンルを考案してしまうほど、あらゆる音楽を警戒していたことを。ブレヒトによればミズークは、もっぱら理性に語りかける音の芸術であるという。この定義は明らかに矛盾をはらんでおり、アイスラー自身もそれをユーモラスな語り口で指摘した〔原注21〕。いずれにしても、悲観的で湿っぽい表現はアイスラーの得意とするところではなかった。ブレヒトの不機嫌で絶望的な詩にもとづく鬱々たる歌曲でさえ、その音楽には傍観者としてのある種のユーモアがみとめられる。（上述の「暗い甘ったるさ」はそれを物語っているし、ブレヒトの詩による苦渋に満ちた他の歌曲にも、「優雅に」演奏し歌わなければならないという指示が記されている）。詞とは別の意味を創出するアイスラーの音楽は、いささかも矛盾していない。むしろそのような、音楽によるテクストの批判的な読解は、ブレヒトが信じていたほど音楽が「理性の敵」であるわけではないことを裏づけている。

この「音楽による」——あるいは作曲者による——詞の批判的読解は、突き詰めればアイスラーの生来のヴァイタリティを示している。その例をもうひとつだけ挙げよう。一九四四年、恩師シェーンベルクの七〇歳の誕生日を記念して、アイスラーはある室内楽の傑作を彼に贈った。おおいなる活力と創意と軽やかさを湛えた十二音技法（252頁の〔訳注三五〕参照）によるこの室内楽曲は、師の《月に憑《つ》かれたピエロ》の器楽パートと同じ編成で書かれているうえに、シェーンベルクの姓のつづりにちなんだ音名を響かせる〔原注22〕。さらに師の年齢に合わせて、作品番号は七〇だ。「雨を描く一四の方法」というタイトルは、この曲にはそぐわないように思える〔原注23〕が、後日アイスラーは、別のタイトル――「誇り高く悲しむための一四の方法」――にするべきだったのかもしれない、と告白している。しかしながらこの作品では、踊り出したくなるような陽気な穏やかさが、悲しみにまさっている。知的・政治的・倫理的な亡命を強いられたアイスラーは、その暗澹たる状況の中で、つねに生き抜こうとした。

＊

地理的にも思想的にもアイスラーとブレヒトからそう遠くない場所にいたもうひとりの亡命者に言及しないのは、不公平だろう。この人物もまた、闘い、生き、創作することに全身全霊をささげた。その名は、パウル・デッサウ（一八九四－一九七九）。彼もアイスラーと同じく、大衆が理解できる音楽を理想として、シェーンベルクと距離を置いた（友人ではあり続けたが）。そしてアイスラーと同様、彼もまたブレヒトのために作曲した。ユダヤ人で共産主義者だったデッサウは、早くも一九三三年に祖国を脱出し、まずはフランスに身を寄せて、この地でマックス・ブロートの台本によるヘブライ語のオラトリオ《ハガダー・シェル・ペッサフ》を書いた。まもなく大戦は、彼をアメリカへと追いやる。ニューヨークに着いたデッサウは貧困にあえぎながら数年を過ごしたが、それでもパリで着手した《声》（詞ポール・ヴェルレーヌ）を完成させた。力強さと豊かな表現力を兼ね備えたこのオラトリオは、知られざる傑作である。

しばらくして彼は、一九四三年にロサンゼルスに移った。彼もこの街に対して、ブレヒトやアイスラーと同種の感情を抱いたはずだ（彼もまたこの地で、映画のために作曲や編曲をした）。しかし結局のところ、彼の気がかりはアメリカよりもドイツだった。波打つ太平洋を眺める彼の念頭から、とめどなく憎悪をかきたてる祖国が消え去ることはなかった。このころ彼が作曲したのが、ブレヒトの詩にもとづく合唱曲《ドイツ・ミゼレーレ》である。この作品は、のちのアイスラーのカンタータ《ドイツ交響曲》と同じように、あの恐ろしい呼びかけではじまる――「おおドイツ、青ざめた母よ！」〔原注24〕。《ドイツ・ミゼレーレ》は一九六〇年代にようやく初演され、ひとびとはその力強さに心を揺さぶられた。そう、この作品は、苦難の時代に立ち向かった勇敢な人間の不滅の記録なのである。

第6章
《「創世記」組曲》
――シルクレットと六人の亡命作曲家たち

アレクサンデル・タンスマン（1897－1986）。妻アンナ・エレオノーラと

ダリウス・ミヨー（1897－1974）

マリオ・カステルヌオーヴォ＝テデスコ（1895－1968）

エルンスト・トッホ（1887－1964）

第二次世界大戦中、好むと好まざるとにかかわらず、ロサンゼルスには無数のヨーロッパの芸術家たちが身を寄せていた。ハリウッド・ボウル（第4章と第5章で述べたように、ラインハルト演出の戯曲『夏の夜の夢』とヴァイル作曲の社会的な音楽劇《ウィー・ウィル・ネヴァー・ダイ》は、この巨大な野外劇場で上演された）は、その名のごとくロサンゼルス北東部のハリウッドの丘の上にある。そこから南に下りていけばすぐに、あのサンセット大通りが広がっている。太平洋岸のサンタ・モニカまでくねくねと伸びている、約四〇キロメートルの長大な道だ。ただし直線距離では、ハリウッド・ボウルから海岸まではその半分ほどの長さである。いずれにせよ、大戦中にはこのエリアに多くの亡命芸術家・作家たちが暮らしていた。その主な名を挙げるだけでも長文になる。シェーンベルク、ストラヴィンスキー、セルゲイ・ラフマニノフ、アイスラー、コルンゴルト、アレクサンデル・タンスマン、マリオ・カステルヌオーヴォ＝テデスコ、トッホ、デッサウ、ルービンシュタイン、ブルーノ・ヴァルター、クレンペラー、グレゴール・ピアティゴルスキー（以上、音楽家）、トーマス・マン、ハインリヒ・マン、ヴェルフェル、オルダス・ハクスリー、アルフレート・デーブリーン、ブレヒト、フォイヒトヴァンガー、ヴィッキー・バウム（以上、作家）、アドルノ、ホルクハイマー、ルートヴィヒ・マルクーゼ（以上、哲学者）、ラインハルト、エルンスト・ルビッチ、ビリー・ワイルダー、ラング、ウィリアム・

ワイラー、ジャン・ルノワール、チャールズ・ロートン（以上、映画監督ないし演出家）。

そう、サンセット大通りは「ヨーロッパ大通り」、ロサンゼルスとその近郊は「ニュー・ヨーロッパ」と名乗っても何ら違和感はなかった［原注1］。今日、超億万長者のスターたちのなわばりとなったこの一帯には、新品の欄干がついた薔薇色の豪邸が並んでいる。しかしかつてこの界隈は、たいていはみすぼらしく貧しい、幻滅し絶望したクリエイターたちが、ヨーロッパで栄誉をきわめた思い出を抱えてたどりついた場所だった。小説家のハインリヒ・マンやデーブリーンは、アメリカの映画産業を牽引するメトロ・ゴールドウィン・メイヤー（MGM）と契約を交わして自由の国への入国許可証を手に入れた。薄給で雇われた彼らは、まるで三流作家のように、ハリウッドのスタジオの一番奥にあるみじめな小屋に追いやられ、だれも演出するつもりも読むつもりもないシナリオを書かなければならなかった［原注2］。作曲家たちもしばしば似たような境遇にあったが、彼らが書かされた映画音楽は、少なくとも採用されることが多かった。だからこそ、そのほとんどは彼らにとって不本意な作品だった。

おまけにロサンゼルスは、不幸にもこの地に逃れてきたすべての芸術家や作家たちが仲睦まじく暮らす、テレームの僧院〔訳注一二〕のような楽園というわけでもなかった。この街に住み着いた亡命音楽家たちの中でもっとも高名なシェーンベルクとストラヴィンスキーのように、ほとんど顔を合わさなかったり、敵視し合ったりする者たちもいたのである。さらには血のつながった兄弟さえ、同じ運命をたどるとはかぎらなかった。たとえばマン家の場合、弟トーマスは裕福で、兄ハインリヒは極貧に近い生活を送った〔原注3〕。とはいえ、ステイタスの違い、嫉妬、不和はあったにせよ、亡命者たちはそれなりに連帯した。多くは定期的に会い、夕食をともにし、たがいに支えあい、戦争の成り行きを一緒に見守った。すでに第4章で触れたシェーンベルクとコルンゴルトのように、もともとは立場がまったく異なる芸術家たちが、妻同士の交流をきっかけに知り合ったり友情を深めたりした例もある。そして、亡命者たちが力を合わせてひとつの作品に取り組むこともあった。本章では、そのもっとも風変わりで心揺さぶられる事例を紹介することにしたい。

ナサニエル・シルクレットという人物をご存じだろうか。アメリカでユダヤ系オーストリア移民の家庭に生まれ、作曲家、クラリネット奏者、編曲家、指揮者として活動した彼は、ＲＣＡレコードのプロデューサーを経て、ハリウッドのＭＧＭで音楽監督を任されていた。一九四三年、シルク

〔訳注一二〕　フランソワ・ラブレーの物語『ガルガンチュワとパンタグリュエル』に登場する架空の理想郷。

レットは、普通であれば突拍子もない、しかし彼ならば実現できる企画を思いついた。なぜなら彼は、新曲を委嘱して、たんまり謝礼金を支払うことができる立場にあったからである。亡命作曲家たちを集めて、共同作品を書かせてはどうだろう？　その作品が迫害されたユダヤ民族たちに敬意を表するものであったなら？・〔原注4〕　そう考えたシルクレットは、『創世記』（『旧約聖書』）の六つのエピソードを音楽化し、その内容を曲に合わせて語り手が朗読する連作を思い描いた。冒頭に管弦楽の前奏曲を置こうとはりきったシルクレットは、なんとこの〈前奏曲〉のためにベーラ・バルトークに連絡をとった。ふたりのあいだでいくどか交わされた手紙の中で、シルクレットは参考にすべき作曲家まで推薦している（《ローエングリン》の前奏曲のような音楽……と書き送っているのだ）。それでもバルトークは、この依頼を承諾して仕事にかかった。しかし彼を死にいたらせることになる病が、作品の完成をはばんだ〔原注5〕。

そこでシルクレットは、みずから〈前奏曲〉を作曲することを前提に、『創世記』のエピソードを六つから五つに減らして、タンスマン、ダリウス・ミヨー、カステルヌオーヴォ＝テデスコ、トッホ、ストラヴィンスキーに作曲を打診し、あのシェーンベルクに〈後奏曲〉を書いてもらおうと考えた。ストラヴィンスキーがすぐに返事をよこさなかったため、シルクレットは代わりにヒンデミットの起用を考えていた……［原注6］。しかしシルクレットは、息子に宛てた手紙の中でストラヴィンスキーにこだわっている。「彼が承諾すれば大ニュースになる！」

シルクレットの願いはかない、みんなが依頼を引き受けた。シェーンベルクとストラヴィンスキーが作曲料に惹かれたことは確かだが、信仰心の篤いふたりが、この企画の深い意義に無関心でいられたはずはない。こうして犬猿の仲であるシェーンベルクとストラヴィンスキーが、共同作品を手がけることが決まった！　ふたりがじかに連絡を取って衝突するような事態はさけなければならない。そこでシルクレットは結局、シェーンベルクに〈前奏曲〉を、ストラヴィンスキーに最後のエピソードを任せることにした。五人（シルクレット、タンスマン、ミヨー、カステルヌオーヴォ＝テデスコ、トッホ）が間に入り、二大巨匠を引き離す作戦である。

全員がこれに賛同し、全員が楽譜を提出した。したがって《「創世記」組曲》は実在しているし、広く知られる価値を有している。とはいえこの組曲は、さまざまな作風のごった煮である。おまけにシルクレットは、この曲集のレコーディングを視野に入れて、シェーンベルクが提出した音楽を当初のアイデアどおり〈後奏曲〉として最後に回してしまった。前衛的な彼の作風がレコードの売り上げに影響することを懸念したのである。結果として、シルクレットの担当箇所は組曲の幕開けを飾ることになった。彼はじつに得意げに、自分の音楽がもっとも大きな喝采《かっさい》を浴びたと回想している。しかしそれは、当然といえば当然である——ハリウッド映画の響きがするのだから。おまけにシルクレットは、妻にこう報告している。「批評家たちには、二大巨匠ストラヴィンスキーとシェーンベルクをけなす勇気はなかったよ。彼らには、ふたりの音楽はちんぷんかんぷんだからね」〔原注7〕

組曲が初演されたのは一九四五年一一月一八日で、その後一カ月もたたないうちにレコーディングがおこなわれた。この録音は後世にとってきわめて貴重な資料となった。というのも、数年後にシルクレットの家が焼け、すべてのオーケストラ・スコアとパート譜が失われたのである。さいわい、シェーンベルクとストラヴィンスキーのオーケストラ・スコアの写しは別の場所で保管されていた。後にはカステルヌオーヴォ＝テデスコとミヨーの自筆譜が発見されている。さらに近年、シルクレット、タンスマン、トッホの担当箇所の簡易版スコアが、著作権申請のために作成されていたことが明らかになった。この三人のオーケストラ・スコアが復原され、二〇〇〇年に新たな録音が実現した〔原注8〕。

今日、私たちが聴くことのできる《「創世記」組曲》の録音は、シルクレットが商業的な理由で改めた曲順ではなく、もとの曲順に従っている。その流れを以下に記そう（音楽とともに、各エピソードに関係する『創世記』からの引用文が語り手によって朗読される）。

前奏曲「地は形なく（混沌）」アルノルト・シェーンベルク
第一エピソード「天地創造」ナサニエル・シルクレット
第二エピソード「アダムとイヴ」アレクサンデル・タンスマン
第三エピソード「カインとアベル」ダリウス・ミヨー
第四エピソード「大洪水（ノアの方舟《はこぶね》）」マリオ・カステルヌオーヴォ＝テデスコ
第五エピソード「誓約（虹）」エルンスト・トッホ
第六エピソード「バベルの塔」イーゴリ・ストラヴィンスキー

シェーンベルクとストラヴィンスキーの担当箇所については、それぞれ第12章と第7章で論じる。ここでは、シェーンベルクが基本的に十二音技法を用いながら、かすかに調性を交えることで無調の印象をわずかに和らげていること、ストラヴィンスキーの作風も同程度にいかめしいということだけ指摘しておく。ちなみに舞台稽古の日、「二大巨匠」はウィルシャー・エベル劇場のとある列の両端の席に陣取って、念入りに距離を置いたという。ロバート・クラフトとの対話で語られたストラヴィンスキー自身の証言によると、ふたりは録音の際にも同じ行動をとったようである［原注9］。ただしはっきりさせておくなら、ふたりが暗黙の了解で離ればなれに座ったという事実は、相手への敬意を欠いていたことを意味するわけではない。たしかにふたりは時おり、たがいの音楽を批判し合った。しかし、往々にしてそうであるように、当事者間の不和や軽視というものは、めいめいの信奉者たちが抱き合う敵視に比べれば微々たるものである。しかもシェーンベルクは、アドルノによる攻撃的なストラヴィンスキー批判を快く思っていなかった［原注10］。

シルクレットの〈天地創造〉には手短かに触れておこう。彼は亡命者ではなくアメリカ生まれではあるが、彼の音楽と他の作曲家たちの担当箇所を聴き比べてみる価値はある。〈天地創造〉からは、ハリウッド風の華美な音楽がおしげもなく流れ出る。熱弁をふるう弦楽器、荘厳に呼びかける金管楽器、ハープの妙《たえ》なるささやき、お涙頂戴の連続。神は、地を、海を、空を、星々をお創りになる——映画のキスシーンのように。そしてそれを終えた神は、単にやり遂げただけでなく、悦に入っているような印象を与える。要するに〈天地創造〉は、シルクレットにふさわしい出来栄えである。そして、この音楽の存在ゆえに、《「創世記」組曲》は、古きヨーロッパの音楽と「ハリウッド音楽」の仲介におおむね成功した試みであると言える。

＊

タンスマンは第二エピソードの中で、「男女の創造」「エデンの園」「善悪の知識の木の実」「蛇」「原罪と罰」のテーマを音楽化した。冒頭で不安げに上行し下行する音の動きはすぐさま消え、ドビュッシー風のエデンの園の描写がはじまる。(音楽にのせて語り手が読み上げる)神の言葉は、より暗く重々しい色彩をもたらす。しかし女(エヴァ)が創造されるとき、音楽はふたたびフランス的な優雅さに包まれる。這いまわるようなクラリネットの旋律が蛇の誘惑を喚起し、これに応える弦楽器群の柔らかな音楽が、誘惑に屈した女を暗示する。神が介入すると、弦楽器群は震えあがる。冒頭の不安げな音の動きが、より動揺しながら回帰し、やがて息を切らせて怒り狂う。当然ながら、エデンの田園詩は悲劇と化すのである。

いましがたドビュッシーの名を挙げたが、タンスマン(一八九七－一九八六)の経歴を振り返れば、これは驚くに価しない。ユダヤ系ポーランド人のタンスマンは一九一九年にパリに移住して、名高いがつかみどころのない「パリ楽派」に属した(他にボフスラフ・マルティヌー、アレクサンドル・チェレプニン、マルセル・ミハロヴィチなど）。彼は一九三八年にフランスに帰化したが、躍進するナチスから逃れるために一九四一年にパリを離れ、まずはニースに滞在して弦楽四重奏曲第五番を書いた。この作品には彼の境遇が色濃く映し出されており、なかでも、悲痛な第二楽章〈インテルメッツォ・リリコ〉は聴く者の胸を引き裂く。終楽章のフーガはその語源どおり「遁走曲《とんそう》」であり、音楽は取り乱し、途方に暮れるが、最後には速度をゆるめて悲嘆のうちに消える。この作品と同年（一九四一）に書かれたピアノのための《バラード第一番》は、ショパンのきわめて悲しい追憶のように響く。

タンスマンは、奇遇にもチャップリンから手を差しのべられてアメリカに向かった［原注11］。しかし彼は、新たな土地で映画音楽を書くことを余儀なくされ［原注12］、幻滅や心労を味わう──彼自身が、ミヨーに宛てた手紙の中でそう語っているのだ［原注13］。それでもタンスマンは、みずから名づけたヨーロッパ人たちの「小ゲットー」［原注14］で、アメリカ社会とのあいだに一定の距離を保ちながら、どちらかといえば幸せに暮らした。ロサンゼルス（「このノワジー＝ル＝セックの郊外よりもへんぴな田舎町」［原注15］）で、彼は室内オーケストラのための《ディヴェルティメント》を作曲し、シェーンベルクに献呈しているが、この曲にはむしろ、ストラヴィンスキーからの影響と彼との親交の跡が深く刻まれている（タンスマンはストラヴィンスキーについて一冊の本を上梓してもいる）。タンスマンは、一九四二年に数週間にわたって、とある映画音楽のためにストラヴィンスキーと仕事をともにしたが、この映画は残念ながら完成にいたらなかった［原注16］。したがって、タンスマンとストラヴィンスキーが芸術的に協力（あるいは同舟）して世に出した唯一の作品が、《「創世記」組曲》なのである。

しかしタンスマンのアメリカ亡命後の創作活動は、これにとどまらない。ロサンゼルスで作曲された交響曲第六番は、フランスのために命を落とした戦士たちにささげられている。たしかにこの作品にはストラヴィンスキーの影響がみとめられるが、いっそう印象的なのは、音色と楽器編成に対するタンスマンのきわめて繊細なこだわりである。第一楽章は、管楽器、打楽器、ピアノだけに託されている。第二楽章は弦楽器のみ（ソロとして扱われる弦楽四重奏と、弦楽アンサンブル）、第三楽章はオーケストラ全体によって演奏され、第四楽章ではさらに合唱が加わる。葬送曲である第一楽章は、荘厳でうつろな足取りであり、木管楽器群がオルガンの音色を再現する。恐怖に襲われる第二楽章は、やがて静まり、おぼつかない平穏にいたる――ストラヴィンスキーの作風からは、かけはなれている。ここでは音楽が、人間の情動をきわめて力強く表現しているのだ。狂おしい逃走のようにはじまる第三楽章は、ややバルトークを彷彿させる夜想曲風の音楽に行き着く。遠方で鳴るファンファーレ、あまりにも無邪気な田園の静けさ……。

終楽章では、タンスマンがみずから書いたフランス語の詞を合唱が歌う。正直に言えば不思議な詞で、決して流麗ではなく、文学的な質が十分に高いとはいえない。ある意味で、ランボーの詩「谷間に眠る者」をぎこちなくしたようにも感じられるが、タンスマンがフランスのために命を投げうった者たちとフランス語そのものを称えようとしたことに思いをはせて読めば、感動的である。

憎しみ、恐怖、激怒、
魂と肉体にとっての快さ
それらが死をとどけ　あちこちで人間たちの愛という
まことしやかな畝《うね》を荒らす〔原注17〕

この「まことしやかな畝」は、〈ラ・マルセイエーズ〉に歌われる不浄な血に染まる畝を連想させる。おそらくタンスマンは、フランス国歌を平和の歌に戻したかったのだろう〔訳注一二〕。この作品の音楽の美しい奥行きは、安らかな死の祈願と暴力の記憶との交差を、言葉以上に巧みに表現している。

〔訳注一二〕〈ラ・マルセイエーズ〉のルフランは「進もう！／不浄な血が／われらの畑の畝を浸すまで！」で終わる。

他の多くのユダヤ教徒たちと同じように、若かりしころのタンスマンはみずからのユダヤ人としてのルーツにいささか無頓着だった。しかし一九三五年、彼は亡き母親の思い出をしのんで《ヘブライ狂詩曲》を書く。その後、言うまでもなく戦前と戦中のおぞましい出来事に衝撃を受けたタンスマンは、迫害されたユダヤ人たちの地位と文化を絶えず擁護することになる。つまり、シルクレットからの作曲依頼を金銭的な理由で引き受けたタンスマンは、同時に、そして何にもまして、宗教的な使命感と、失われつつある人間性への憂慮――交響曲第六番もこれを訴えている――に突き動かされていたのである。

＊

ミヨーは「カインとアベル」のエピソードを委託された。彼の音楽は概して穏やかに物語の筋をなぞっていくが、ところどころで粗野な衝撃が不意に生じ、稲妻が走る。そして、激しい殴打音が響きわたる――カインによるアベル殺害の場面だ。神がカインに説明を求めに現れるとき、曲調はしばしのあいだ静まる。しかしふたたび現れる耳障《ざわ》りなリズムが、神の呪いの言葉を伴奏する。さらに神は、「弟をあやめた恥ずべき男を殺してはならない」と周囲に告げ、カインは久しく苦しむことになる。終結部のとげとげしいシンコペーションは、ぞっとするような休符によって何度かさえぎられるが、これはベートーヴェンの序曲《コリオラン》を連想させる。

ところで、このカインとアベルの反道徳的な物語が、バイロン〔劇詩『カイン』〕とボードレール〔詩「アベルとカイン」〕以前にはほとんど反撥《はんぱつ》を招かなかったことには、つねづね驚かされる〔訳注一三〕。周知のとおり、そもそも神はカインの供物を無視し、アベルの供物だけを受け取った。にもかかわらず神は、この不公平な扱いに嫉妬した兄が弟を殺したことに怒る。しかしミヨーは、バイロン的あるいはボードレール的な解釈を自分の音楽にはもちこまなかった。ミヨーはカインに同情するにはあまりに敬虔だったのである。プロヴァンス地方のユダヤ人家庭に生まれたミヨーは、セファルディ系でもアシュケナージ系でもなく、南フランスの教皇領に古くに移り住んだユダヤ教徒たちを祖先とし、自身のことを「プロヴァンス地方出身のユダヤ教を信じるフランス人」と定義していた。早くも一九一六年に《ユダヤの詩》を作曲した彼は、《「創世記」組曲》の一曲以外にも、『旧約聖書』にもとづく多くの作品を書いている。ナチスの脅威が高まる中、ミヨーは一九四〇年にアメリカに避難し、サンフ

〔訳注一三〕 バイロンやボードレールをはじめとするロマン派詩人にとって、カインは「不正なる神」に対する反逆者であった。

ランシスコ湾に面したオークランドの――つまりロサンゼルスから近い――ミルズ・カレッジで教鞭をとった。アメリカ行きの船で一緒になった乗客のひとりに、作家ジュリアン・グリーンがいたという〔原注18〕。ヨーロッパを発つ直前にも、ミヨーはソロモン・イブン・ガビーロールのテクストと友人アルマン・リュネルが翻訳したユダヤ教の典礼文を用いて《栄光の冠》作品二一一を書いた。このカンタータには、被迫害者たちにささげる祈りの曲が含まれている〔原注19〕。そしてタンスマンと同様、ミヨーも戦死者たちの追悼曲を残した。ジャン・カスーの詞による、暗く、激しく、荘厳なカンタータ《炎の城》作品三三八である。

ミヨーはアメリカの地で手がけた自作を「オペラ・アメリカーナ（アメリカ作品）」と呼ぶことにし、**opus americanum** という独自の作品番号で分類した。「アメリカ作品一」は大西洋横断中に書いた弦楽四重奏曲、「アメリカ作品二」は管弦楽のための交響的バレエ《モーゼ》である。後者は比較的ほがらかな作品であり、悲壮な結末を別にすれば、〈カインとアベル〉のほうがいっそう深刻で荒々しい。不思議なことにミヨーは、回想録の中で《「創世記」組曲》について一言も触れていない。一方、ロサンゼルス滞在については詳しく語り、モーパッサンの小説『ベラミ』を原作とするアルバート・ルーウィン監督の映画のために音楽を書いたと述べている（しかもこの経験を好意的に振り返っている）。ミヨーは《「創世記」組曲》に寄せた自作に納得していなかったのだろうか？　とはいえ、〈カインとアベル〉は、何ら恥じ入る必要のない出来を誇っている。

いずれにせよ、亡命がタンスマンの創作に大きな影響をおよぼしたように、アメリカに避難した経験は、ミヨーの創作に永続的で深い刻印を残した。ミヨーの複数の伝記は、《二台のピアノのための協奏曲》作品二二八（一九四一）の第二楽章に、戦争の恐怖が反映されていると指摘している〔原注20〕。その可能性はあるだろう。しかしより確かなのは、ミヨーの中で、自身のルーツに対する信念を表現する必要性と欲求が、絶えず強まっていったということである。すでにカイン、アベル、モーゼをよみがえらせたミヨーは、つづいて《ダヴィデ》（台本リュネル）を手がけた。イスラエル建国三〇〇〇年を祝して作曲されたこのオペラは、エルサレムで初演され、熱烈な聴衆に迎えられた〔原注21〕。ミヨーは一九七二年、死の二年前には、ガス室で虐殺されたひとびとの追憶にささげるカンタータ《アニ・マーミン、失われふたたび見出された歌》（詞エリ・ヴィーゼル）を完成させている〔原注22〕。したがって、ミヨー自身は《「創世記」組曲》について何も語らなかったとはいえ、彼がこのプロジェクトへの参加を一種の対独抵抗運動とみなしていた可能性はきわめて高い。

＊

カステルヌオーヴォ゠テデスコ（一八九五－一九六八）は、「大洪水」と「ノアの方舟」のエピソードを任された。組曲完成までのプロセスを彼自身が説明している文章を、以下に引用したい。

「（MGMで私の同僚であった）ナサニエル・シルクレットが、語り手、オーケストラ、合唱のための《「創世記」組曲》の作曲を思いついたのは一九四四年である（…）。シルクレットは私にこの話をもちかけ、「大洪水」のエピソードを私に託した。やがて彼は、このプロジェクトを拡大することにし、他の著名な作曲家たちにも協力をあおいだ。こうして私は、自分が書いた第四エピソードのノアの物語の結末（虹）の音楽を、トッホ（第五エピソード担当）に伝えた。シルクレット（第一エピソード担当）には、タンスマン（第二エピソード担当）と連絡を取ってもらった。タンスマンがミヨー（第三エピソード担当）に連絡した。（組曲はまるで「雪だるま」［原注23］のように少しずつ大きくなっていき、）ミヨーがストラヴィンスキー（彼は第五エピソードの「バベルの塔」を選んだ！）とやり取りをした。最後にシルクレットがシェーンベルクに連絡したところ、彼は「カオス（混沌）」（冗談のような話だが、実話だ！）を描写する前奏曲を書くことに決めた！」［原注24］

先に述べたとおり、組曲完成までの経緯はもう少し複雑だった。とはいえ、カステルヌオーヴォ゠テデスコがハリウッド映画界でシルクレットと近しい関係にあったという点は興味深い。フィレンツェ出身のユダヤ人であるカステルヌオーヴォ＝テデスコは（同郷のニッコロ・マキャヴェッリの喜劇『マンドラゴラ』を原作とするオペラの作曲者でもある）、ファシズムによって就職口も仕事も奪われてアメリカに移り、MGMに重用されて数多くの映画のために作曲した（彼の名がクレジットに載っているのは一一作だけだが、じっさいは作曲者あるいは編曲者として二〇〇以上の映画の制作にかかわっている）。彼の後期ロマン主義的で描写的な筆致が、映画音楽が求める表情の豊かさ——それも過度な表情の豊かさ——にぴたりと合致したことをかんがみると、コルンゴルトと事情はやや似ている。彼はコルンゴルトと同様、ひとの心と感覚にじかに語りかける音楽を好み、「シェーンベルクの作品は聴かれるためではなく読まれるために作曲されている」と言って腹を立てていた！〔原注25〕　異端者らしい発言である。カステルヌオーヴォ＝テデスコはコルンゴルトと並び、後に続くあらゆる世代の映画音楽作曲家たちを育て、あるいは彼らに霊感を与えた。その筆頭は、ジョン・ウィリアムズとアンドレ・プレヴィンだろう。カステルヌオーヴォ＝テデスコは、音楽と第七の芸術（映画）の結合の価値を心から信じていた。

カステルヌオーヴォ＝テデスコが《「創世記」組曲》のために書いた音楽は、はじめに漠とした不安を漂わせるが（大洪水の予兆）、その後、映画音楽としか形容しようのない甘美な牧歌が惜しげもなく展開される（神がノアに与えた親切な助言）。これらふたつの曲調は交替し続けるが、大洪水がもたらす世界の崩壊（雨とともにおしよせる風の音を歌手たちが再現する）は、聴き手に真の恐怖を感じさせるにはいたらない。そしてオリーヴの枝をくわえた鳩が戻ってくると、輝かしいエンディングが、ラヴェルの〈日の出〉（《ダフニスとクロエ》）をわずかに想起させる。独創的な声楽パートをのぞけば、カステルヌオーヴォ゠テデスコの作風はシルクレットのそれにきわめて近いのである。

そう考えると、カステルヌオーヴォ゠テデスコが、この組曲を「映画音楽のように」統一性を欠いた曲集だと批判している点は興味深い（彼はこの組曲を「ハリウッドのアリア」と形容してもいる）。他の六人の評価としては手厳しいが、自己評価としては冴《さ》えた指摘である。

とはいえそれは、彼が――この語の表面的な意味で――ハリウッド的であったことを意味しているわけではない。彼は、ヨーロッパ人、そしてユダヤ人としてのみずからのルーツを重視していた。その最たる例が、ハイフェッツ（亡命中のカステルヌオーヴォ゠テデスコを助けた）に献呈された胸を打つヴァイオリン協奏曲第二番《予言者たち》である。さらにカステルヌオーヴォ゠テデスコは、一九四三年一二月に作曲された《安息日の前夜のための聖なる典礼》、終戦後まもなく書かれた大作オラトリオ《ルツ記》を筆頭に、本格的な宗教曲も残している［原注26］。彼はその鋭い洞察力によって、

《「創世記」組曲》に寄せた自作をみずから映画音楽に分類したが、だからといって——彼自身、作曲当時そう理解していたように——ノアの物語がホロコーストと象徴的な関係にあることは揺らがない［原注27］。

＊

トッホ（一八八七－一九六四）は、「新しい契約と虹」のエピソードを割り振られた。彼が冒頭に並べた音符は……ヴァーグナーの《パルジファル》の前奏曲のはじまりを連想させる（シルクレットがバルトークに提案した《ローエングリン》以上に）。トッホの音楽は、流麗でおごそかに開始したあと、やや乗りのよいフーガにいたる。作品の背景に照らせば、意表を突く展開である。その後、紋切り型の心地よい音楽が続くが、これはひっかけだ。なぜならやがて、木管楽器群が例のフーガのテーマを回帰させ、おどけたような雰囲気の中で、神との新しい契約のしるしである「虹」が描写されるのである。終結部に入ると、厳粛と呼ぶにはあまりに騒々しい音楽が響きわたる。

とはいえ、この真面目半分、冗談半分のアプローチは、予想どおりである。トッホの音楽がユーモアに欠けることはほぼ皆無であるからだ。彼の代表作で、ジョン・ケージに強烈な印象を与えた《地名によるフーガ》を想い起こそう［原注28］。この作品で、歌手たちは「チチカカ、ホノルル、トリニダード、マラガ、ポポカテペトル山はカナダにはない」といった珍妙な詞を操らなければならない。さらにトッホは《ビッグ・ベン――ウェストミンスター大聖堂の鐘による変奏曲》や《ワルツ》も書いている。後者は、パシフィック・パリセーズの自宅で彼の妻がパーティーを催したときに彼が耐え忍んだ退屈で癇《かん》にさわる会話を、三拍子のリズムに乗せて表現した作品である。

ところがこのユーモアのセンスさえも、トッホを苦悩から守ることはできなかった。ユダヤ系ドイツ人であった彼は、アメリカに亡命した多数の作曲家たちと同じように、一九三六年、ヘンリー・ハサウェイ監督の映画『永遠に愛せよ』（原作『ピーター・イベットソン』）の音楽を書くことを余儀なくされる。それは少なくとも経済的な面で、新生活の順調な始まりを意味した。しかしコルンゴルトやカステルヌオーヴォ＝テデスコとは異なり、トッホは映画音楽の作曲に嫌気がさし、すぐにやめてしまった［原注29］。やむなく彼は、シェーンベルクやアイスラーのように教育の仕事で糊口《ここう》をしのぐ。しかしとりわけ孤独を求めた彼は、マリブ近くのコーラル・ビーチにある簡素な小屋に仕事場を移した。戦時中、ヨーロッパにとどまった親類や知人たちの身を案じてトッホは苦悩にさいなまれ、しだいに創作することができなくなっていった。妻の近親には、ナチスがテレジーンに設けた強制収容所で命を落とした者もいた。

一九三八年、芸術庇護者のエリザベス・スプレイグ・クーリッジが、この人里離れた小屋にトッホを訪ね、作曲を依頼した。のちのピアノ五重奏曲作品六四である［原注30］。この力強く不安に満ちた作品には、時代背景と、彼の苦悩が反映されている［原注31］。私たちの手元には、トッホ自身がピアノ・パートを弾くこの曲の演奏録音も残されている。トッホが《「創世記」組曲》に提供した音楽においては、彼らしいユーモアや創意を読みとることができるが、いずれにせよ彼はこのプロジェクトに、時代の証言としての意義を見出していたはずである——この奇妙で、統一感を欠いた、しかし貴重な合同作品にかかわった他の作曲家たちと同じように。大戦中、トッホはバッハとメンデルスゾーンの面影を呼び起こす《ビター・ハーブ・カンタータ》を書いている［原注32］。これはユダヤ教の過越《すぎこし》の祭を祝う作品であると同時に、より広い意味で——トッホの言によれば——あらゆるひとびとの自由を称えている。このように人間愛と博愛を重んじるトッホの天性は、やがて大戦終結後に交響曲第二番を生むことにもなった。この作品を献呈され、感銘を受けたアルベルト・シュヴァイツァーは、トッホに次のように書き送っている。「あなたの音楽は、生命と人類を尊ぶ理念へと道を拓くものです」［原注33］

第7章 ロサンゼルスのスフィンクス

——ストラヴィンスキーの場合

イーゴリ・スラヴィンスキー（1882－1971）

《「創世記」組曲》の終曲〈バベルの塔〉の作曲にとりかかることになったストラヴィンスキーは、まず依頼主の意向を無視することからはじめた。彼はシルクレットから、合唱がバベルの塔を建造する民衆の言葉を歌い、語り手が神の言葉を読みあげるという、しごくまっとうな方針を伝えられた。ところがストラヴィンスキーにとって、そんなことはもってのほかだった。たとえ演奏会用の楽曲であったとしても、神が人間の口を介して発言するなど論外である、というのが、ストラヴィンスキーの言い分だった。結局のところ神の意向を伝える役目は、自我をもたない匿名の存在としての合唱が担当することになった。彼らはこう歌う。「さあ、われわれは〔地上まで〕下りて行き、そこで彼らの言語を乱して、たがいの言うことが理解できないようにしよう」〔原注1〕

そう、この不思議な設定において、神は特別なだれかではなく複数いるのだ。むろんストラヴィンスキーにとっては、「ひとりの」語り手が主《しゅ》の声色をまねるよりはよほどましだった。ロサンゼルスでほぼ毎日ストラヴィンスキーと顔を合わせ、彼に関する著作を残したタンスマンは、ストラヴィンスキーとシルクレットの話し合いの場におり、その一部始終を見ていた。タンスマンの証言によれば、ストラヴィンスキーは神の言葉を匿名の集団の発言として扱うだけでは満足できなかったようだ。彼は音楽が、みずからの「信仰」〔タンスマンによる強調〕の表現や発露の場になることをも拒んだのである。なぜなら正教徒であったストラヴィンスキーにとって、いわゆる宗教的な音楽作品は「職業を通じた神への捧げもの、（…）一種の音楽の形をした奉納物でしかなかった」からである。そもそも、音楽は描写的であってはならないという原則がある以上、神を描写することなど絶対にありえなかった。彼が《パルジファル》の宗教性に強い嫌悪を抱いたのも、そのような信念によるところが大きい［原注2］。

《「創世記」組曲》を合作した全作曲家のうち、ストラヴィンスキーはただひとりユダヤ人ではない。しかしごく控えめに言っても、このとき彼がみだりに聖書の神の名を引き合いに出していないことは確かである。彼の後年の作品のうち群を抜いて胸を打つ《カンティクム・サクルム》や《トレニ》も、新約・旧約聖書（前者）と『エレミアの哀歌』（後者）にもとづいている。〈バベルの塔〉よりも先に着手されていた《ミサ曲》（一九四八年初演）は、中世と現代の様式が入り混じる作品で、なぜか田園風でありながら、きわめて儀式的でもある。いずれにせよその音楽は、典礼文に奉仕することだけを目ざし、聴き手――いやむしろ信徒――をもっぱら詞に対峙させようとしている。ただひたすらに。

低音弦楽器のパッセージが陰鬱に爬行《はこう》する〈バベルの塔〉の冒頭には、どこか《火の鳥》の影が漂っている。しかしそこで暗示されているのは、おとぎ話の世界ではなく、むだにあくせくと働く勤勉な人間たちである。つづいて、神（男声のみの合唱）の介入が、冷酷で悲痛で複雑な、まるで拷問のような多調音楽によって表される。要するに、神の声は純然だが、その意図は測りがたいというわけである（言語を混乱させて人間たちの意思疎通をはばもうとする神の意志は、カインからの供物を無視したときと同じくらい気まぐれに思える。それでもひとは、「不公平であるがゆえに神を信じる」〔訳注一四〕べきなのだ）。言語が枝分かれし、人類が離散するとき、音楽は原始的な——あるいは祭儀的な——舞踊を連想させる。そして最後に、すべては不吉に静まる。神はバベルの塔を壊したわけではなかったことを想い起そう。民衆は単に、塔の建設を続けなかっただけである。余談だが、〈バベルの塔〉を聴いたシェーンベルクは一言だけ所見を述べた——この音楽は終止しておらず、ただ中断されている、と〔原注3〕。しかしそれは、この曲に欠落があることを意味していない。おそらくストラヴィンスキーは、塔の成り行きを忠実になぞっている……。

〔訳注一四〕　著者は、二世紀の神学者テルトゥリアヌスが述べたと俗に伝えられるラテン語表現 Credo, quia absurdum est（不合理であるがゆえに信じる）をもじっている。これは理性を介さずすべてを受け入れるキリスト教の信仰第一主義を要約する言葉である。

しかしここで、ストラヴィンスキーが与えられた仕事を真面目にこなしたと結論づけるだけでは、あまりに説明不足である。彼は信仰心を拠りどころとして、このミッションに全身全霊で向き合った。彼の担当箇所が《「創世記」組曲》の中でもひときわすぐれていることは言うまでもないが（当然シェーンベルクの〈前奏曲〉はこの比較から除外する）、一方で彼は、聖書のテクストを尊重することによって、他の作曲家たちと足並みをそろえている。しかしながらその事実は、ストラヴィンスキーが他の亡命作曲家たちとまったく異質であったことまでは覆い隠さない。ロサンゼルスのサンセット大通りから目と鼻の先に位置するノース・ウェザリー・ドライヴ一二六〇番地に居を構えたストラヴィンスキーは、ペテルブルクやパリやクララン（スイス）時代と何ら変わらず、何事もなかったように作曲していた。彼が亡命——正確を期するなら二度の亡命——に至ったいきさつは、他の亡命作曲家たちの事情とはあまりに異なっている！ ［原注4］ そして作品の傾向も！ 敬虔さや宗教的な立場を別にすれば、ストラヴィンスキーは徹底的に特異な亡命作曲家なのである。それでも、この時期の彼の人生の浮沈や世界情勢を、いくばくか反映している作品があるのではないか？ 大小にかかわらず、彼が一九三五年から一九四五年までに作曲した作品のうち、ヨーロッパとロシアの惨事から多少なりとも影響を受け、それを示しているものはないのだろうか？

ここで私たちが直面するのは、完全に納得のいく答えは永遠に得られないであろう、あの無邪気で気が遠くなるような問いである。ブクレシュリエフから音楽のプロテウス〔原注5〕——あるいは偽プロテウス——と呼ばれた男ストラヴィンスキーの、本当の姿はどれであったのだろう？〔訳注一五〕《春の祭典》によって芸術界に雷を落としておきながら、稲光のあとにやってくる轟音《ごうおん》におびえるひとびとに、皮肉にも晴れわたる青空の下で《ミューズを率いるアポロ》の甘美なヴァイオリンの音色を聴かせたあの男の正体は？　タンスマンは、その著作（一九四八年）の中で、ストラヴィンスキーは人間としても芸術家としても終始一貫していると熱弁した。しかしそのタンスマンでさえ、数年後、ストラヴィンスキーの最近の作風の変化は理解しかねると告白している〔原注6〕。

ストラヴィンスキーに関する、じつに霊感に富んだ名著を残したブクレシュリエフは、この作曲家のめまぐるしい作風の変転の中に、一貫性を見出すことに成功していると思われる。彼は、ストラヴィンスキーのさまざまな作曲様式の中には、ふたつの隠された共通点——「儀式」と「原型」——

〔訳注一五〕プロテウスはギリシア神話の海神で、あらゆるものに姿を変えることができた。音楽史上では、作曲家オリヴィエ・メシアンにならって、いくども作風を変えたストラヴィンスキーを「カメレオン作曲家」と呼ぶことが多い。

がみとめられると説いた。つまり作曲家ストラヴィンスキーは、つねに儀式的なものと人間の無意識下に秘められた原型とを追い求め、あるいはそれらに従っていたというわけである。それは、謎めいた深部への降下、聖なるものからの要請への服従、もっとも抑えがたく規則的な律動への服従を意味する。巨大であればあるほど暗い地中にいっそう深く根を伸ばす樹木のように、音楽の深奥に根を下ろす音楽。原始的な血を多分に含むことによって、このうえなく抽象的で、ときにほとんど非人間的ともいえる精神性の高みへと近づく音楽。彼の作品がその描写をみずから禁じながらも、無意識に「そうである」ことを希求している神聖な存在にも似た、痙攣《けいれん》していながら平然とした、熱烈でありながら冷ややかな音楽……。ストラヴィンスキーとシェーンベルクは、いずれも他の追随を許さない天才である。しかしストラヴィンスキーの音楽は、シェーンベルクの音楽よりも、近づいて理解し、愛《め》でることがいっそう難しい。ストラヴィンスキーは、つねにスフィンクスのように鎮座している。

＊

ストラヴィンスキーは、亡命生活やロシア革命をどのように受けとめていたのだろう？　それを知ることは容易ではない。彼は実生活やみずからの心情について語るときには言葉少なであったし、そうした姿勢は彼の有名な主張にも呼応している——音楽は音楽以外の何ものをも表現できない。それでも、ここではごくわずかな手がかりを集めてみたい。一九一七年一〇月、彼はペトログラード（ペテルブルク）にいる家族にスイスから電報を打ち、「解放されたわれらが愛するロシア」に感極まっている［原注7］。彼のロシア革命に対する当初の熱狂ぶりは、当時、彼とかなり親しくしていた作家シャルル＝フェルディナン・ラミュの回想からうかがい知ることができる。《兵士の物語》の台本を手がけたラミュは、ロシア革命の「偉大な春」に言及しながら、「そのとき私は、ストラヴィンスキーとともに期待（と幻想）を分かち合いました」と書いている［原注8］。しかし、ストラヴィンスキーの熱は長くは続かなかった。おそらくその第一の理由は、作曲家ニコラス・ナボコフが指摘しているように［原注9］、もともとストラヴィンスキーが無秩序状態を忌み嫌っていたからである。

さらに着目しておくべきは、政治にも音楽にも関係する、ローマでのある出来事である。彼は自作の《花火》と《火の鳥》の上演に立ち会うため、バレエ・リュス（ロシア・バレエ団）に（ピカソとコクトーとともに）同行してローマに滞在した。この間の一九一七年三月、ロシア皇帝が退位する。それまで、バレエ・リュスの興行のはじめにはロシア帝国の国歌が奏でられるのがつねであったが、このときをさかいに、「神よツァーを護り給え！」と高らかに歌うことはできなくなった。さて、どうする？　ディアギレフの提案で、ストラヴィンスキーは国歌の代わりとしてロシア民謡〈ヴォルガの舟歌〉を吹奏楽オーケストラ用に編曲することにし、公演の前夜にエルネスト・アンセルメにオーケストレーションを書きとらせた［原注10］。とはいえこのエピソードから、ストラヴィンスキーが深い愛国心を抱いていたと決めつけるのは軽率だろう。彼は後年、〈ヴォルガの舟歌〉と同じくらいに平然と、アメリカ国歌のオーケストレーションを手がけてもいる。

いずれにせよその後、ストラヴィンスキーは長いあいだ祖国に帰ろうとはしなかったし、比較的すみやかに、そのまま亡命者になる道を選んだ。そもそも彼は、すでに一九一〇年に、バレエ・リュスによる《火の鳥》のパリ初演のために、だれからも強制されずにロシアを離れている。以来、彼は遍歴者、ヨーロッパ人、そして国際人として生きることになった。この一九一〇年に、彼はスイスと南フランスに滞在したのち、一瞬ペテルブルクに立ち寄っている――次にこの街に戻るのが半世紀も後になるとは夢にも思わずに。スイスとイタリアにいたストラヴィンスキーにとって、第一次世界大戦とロシア革命の勃発は寝耳に水だった。要するに、彼は一度たりとも祖国ロシアを「追われて」はいない。音楽にたとえるならば異名同音的転調《エンハーモニック》のように、旅行者であったはずの彼は、突如「事実上の」亡命者に転身したのである。おまけに彼は、回想録の中で一九一七年を振り返るにあたり、帝政ロシアの死よりも、「ニャーニャ〈乳母〉」と呼んで慕っていた老女ベルタの死に、より多くの紙筆をついやしている［原注11］。

彼が革命政府について書いているのは、純粋に個人的で金銭的な事柄にかかわる不満である。「ロシアで圧倒的な勝利を収めた共産主義革命のせいで、私になお時おり祖国からの収入をもたらしていた最後の財源が失われた」［原注12］。この後、彼は「〔私の〕愛国的な感情を侮辱」した「おぞましいブレスト＝リトフスク講和条約」に「嫌悪を催す」と書いている［原注13］。この条約によって旧ロシア帝国の領土は大きく割譲されたため、ソ連当局から土地を没収されたストラヴィンスキーにとっては看過できない歴史的出来事だったようである。しかしながら彼の回想録は、革命に関してこれ以上は口をつぐんでいる［原注14］。では、彼の作品は？　そこには革命の影響がみとめられるのだろうか？あるいは少なくとも、一九一七年をさかいに祖国から離れて暮らさざるをえなくなった彼の心情が映し出されてはいないだろうか？

深いメランコリーを湛える〈異端派の歌〉（《四つのロシアの歌》、一九一五‐一九一九）は、祈りの詞とともに、追放された者たちの苦しみを表現している［原注15］。ところで一九一七年、ストラヴィンスキーの長男テオドールは、父の「人生」と「作品」を結びつけずにはいられなかった。「このとき以来、イーゴリと（その最初の妻）エカチェリーナは、祖国との接触が絶たれた人生を痛ましく送っている。十月革命のあと、ふたりは祖国との別れが――悲しいかな！――決定的であるということを自分たちに言い聞かせる必要があった。それはおそらく、当時のストラヴィンスキーが、しかるべき郷愁の念からロシア民謡詩に熱中し、この無尽蔵の宝庫を愛《いと》おしげに掘りおこした経緯を、十分に説明している。この民間伝承をもとに、彼は真に独自の表現を形づくっていく。《プリバウトキ》《猫の子守唄》《四つのロシアの歌》《結婚》《きつね》。これらすべての声楽作品が、創造者としての彼のロシア民謡詩への心酔を物語っているのではないだろうか？［原注16］

テオドールの語調はしかし、慎重である。「おそらく」「しかるべき郷愁の念」……。言い換えれば、その証拠はなかった。しかしそれは当然である。彼が列挙している作品の「ロシア的」な性格は、明白でありながらとらえがたいのだ。これらの作品の源泉とみなされているフォークロアは、（ショパンの場合と同様に）本物よりも「理想化され」「新しく作り直されて」いる［原注17］。タンスマンはこれを指摘した際に、「匿名のフォークロアの再創造」という表現を用いている［原注18］。その実、ストラヴィンスキーのあらゆる作品がロシア的であること、彼のいかなる作品もロシア的でないこと、そのいずれも、確固たる論拠によって証明されうるのである。

ロシア民謡集をもとにした［原注19］台本による《結婚》を例にとろう。彼はこのバレエ・カンタータで、失われた祖国を称えているのだろうか？　そうとも言えるし、そうでないとも言える。たとえば一曲目は、過剰にロシア的で民俗的であるがために、結果としてロシア的でも民俗的でもなくなっている。たとえるならば、太古の中国から抜け出してきた音楽のようなのだ……。この音楽を聴くと、空間の彼方へといざなわれるような、あるいは、時の深淵の中にもぐり込んでいくような感覚を抱く。それは単に音楽であるだけでなく、全音楽、そして全人類にさえ先んじる生の神秘を、容赦なく、陶然と、正確に突きとめようとする考古学であるように思える。《結婚》は時おり、私たちが苦悩あるいは郷愁と呼べるような何かを表現している。とはいえ、この苦悩、この郷愁は、名づけようのないものである。この苦悩と郷愁は、船を沈没させ、大木を根こそぎにし、草々の上をかすめる嵐の一吹きのように、ただひとびとの心を通り過ぎる。それは、ある特定の国、定められた時代、何がしかのフォークロアからはあまりにかけはなれている！　そう、結局のところ、ストラヴィンスキーの作品の中に亡命の痕跡を探しても徒労に終わるのだ――ミラン・クンデラのように、その痕跡を求めながら深読みしようとしないかぎりは。

「まちがいなく、他のあらゆる者たちと同じように、ストラヴィンスキーは海外移住の傷を心に負っていた。まちがいなく、もしも彼が生地にとどまることができていたならば、彼の芸術の発展は異なる道をたどっていたはずである。じっさい、彼が新古典主義へと作風を変えて音楽史の縦断の旅を開始した時期は、彼が祖国を喪失した時期とほぼ一致する。いかなる国も母国の代わりにはなりえないと悟った彼は、音楽の中に唯一の祖国を見出した。なにも私は、美しく抒情的な言い回しを振りかざしているわけではなく、このことについてきわめて具体的な考えをもっている。彼の唯一の祖国、彼の唯一のわが家、それは音楽であり、あらゆる作曲家たちのあらゆる様式の音楽であり、音楽史であったのだ（…）」［原注20］

ストラヴィンスキーは、ペロティヌスとジェズアルドから、バッハ、ジャズ、チャイコフスキーを経て十二音技法にいたるまで、あらゆる様式やジャンルを採用して自分のものとした。そしてクンデラは、この「音楽史の縦断の旅」がストラヴィンスキーの故郷喪失の結果であり、あかしであると説いた。熟考に値する説ではある。

しかしこの説は、論理的必然性の上に成り立っているわけではない。音楽を「唯一の祖国」にしたからといって、「あらゆる作曲家たちのあらゆる様式の音楽」から霊感を得るということにはならないからである。それどころか、ロシア的な作品しか書けなくなり、もっぱら祖国の音楽を再創造することしかできなくなるという、正反対の結果が生じることも十分にありうる。言い換えれば、音楽を「唯一の祖国」にした者が、必ずしも折衷主義に行き着くわけではないのである。いくつかの点においてストラヴィンスキーと似た運命をたどったもうひとりのペテルブルクっ子、ウラジーミル・ナボコフの例を想い起こしてみよう。（クンデラがフランスにわたってフランス語で表現したように、）ナボコフはアメリカ亡命後に英語で執筆するようになった。しかし彼はアメリカ時代の代表作『アーダ』で、祖国ロシアを本物よりも本物らしく理想化し、再創造することに夢中になっているのである。とはいえクンデラは、ある重要な点については正しかった。彼によれば、おそらく亡命はあまりに強烈な影響を創作者に与えるために、かえってその影響は外部からはみえない。亡命経験は極度に深い次元で作品を形づくり、あるいはゆがめるために、かえってその動きは音を立てないのだ。

*

一九二〇年にスイスを発ちフランスに向かったストラヴィンスキーは、一九三四年にフランスの市民権を得た。これはいうなれば、一度目の亡命の最終段階である。ヨーロッパからアメリカへの、つまり二度目の亡命にのぞむ一九三九年までの短期間に、彼は一連の作品によって自身の支持者たちを当惑させ、誹謗者たちを喜ばせた。その書法は、パロディ、引用、「～への回帰」、新古典主義的な罰課〔訳注一六〕、といった言葉とともに批判されることになる〔原注21〕。

ストラヴィンスキーは、過去への回帰という意外な道を選んだ唯一のロシア人亡命作曲家ではない。アルテュール・ルリエという不思議な作曲家がいた。本名は、ナウム・イズライレヴィチ・ルリヤ（一八九二－一九六六）。彼もまた、ソ連からフランス、そしてアメリカへと二度の亡命を経験し、おまけにタンスマンと同様、ストラヴィンスキーの友人であり信奉者だった。ルリエはストラヴィンスキーに関する多くの論文を残しており、巨匠のいくつもの楽曲をピアノ用に編曲した。ストラヴィンスキーほどのセンセーションは巻き起こさなかったものの、ルリエは当初、大胆な未来派音楽を書いていた。たとえばピカソに献呈されたピアノ曲《空気のかたち》は、音楽自体もさることながら、キュビズムから着想を得た記譜法も革新的だった（ルリエは絵画にも造詣が深かった）。革命に熱狂した彼は、しばらくのあいだアナトリー・ルナチャルスキーの右腕としてソ連教育省の音楽部門に勤めていたが、やがて祖国に失望し、一九二二年、ベルリン出張中に亡命した。

〔訳注一六〕　原文はラテン語の pensum。罰として課される宿題を意味し、ここではとくに、規則を破るなどした学生が命じられる古典文学の筆写を連想させる。

まもなくパリに定住したルリエは、新古典主義を熱烈に取り入れ、熱烈な宗教作品を手がけることになる。言うなれば、ストラヴィンスキーに先駆けてストラヴィンスキーをまねたわけである。じっさい、ルリエの合唱、ピアノ、管弦楽のための《霊的協奏曲》（一九二九）は、その一年後に書かれたストラヴィンスキーの《詩編交響曲》を多くの点で予示している［原注22］。ただし当然ながら、折衷主義の効果は同日の談ではない。ルリエのような単なる才子の作品ではかろうじて容認できる程度であったものが、真の天才ストラヴィンスキーの作品においては神秘の域にまで達している。

この時代のストラヴィンスキーの作風をもっとも的確な言葉で形容したのは、ポール・ヴァレリーだろう。一九三四年に（アンドレ・ジッドの台本による）《ペルセフォーヌ》を聴いたヴァレリーは、ストラヴィンスキーにこう書いている。「私は一介の素人ですが、あなたの作品の神々しい超然主義に心を動かされました。私がときに詩的な言語の道を通じて探求してきたものを、あなたはあなたの芸術において追い求め、手にしていらっしゃるように私には思えます。それは、意志によって純粋さへと到達することを意味します」［原注23］。「神々しい超然主義」「意志によって到達される純粋さ」！つまり不屈の天才作曲家の作品は、いかに表面的にはくすんで、あるいは二番煎じにみえても、以下の意味しかもちえない――無装飾、禁欲。

ヴァレリーとストラヴィンスキーの関係については、おそらく言及すべきことが山ほどある。ヴァレリーは『カイエ』で、両者の詩学の類似を指摘しているし〔原注24〕、ストラヴィンスキーも、ヴァレリーにかなりたいそうなオマージュを捧げている。なぜならヴァレリーは、ストラヴィンスキーの著作『音楽の詩学』の原稿に目を通し、校正したのである〔原注25〕。押し隠されたとは言わないまでも、内に秘められた同質の感性がふたりを結びつけたことは想像にかたくない。ストラヴィンスキーはジッドの『ペルセフォーヌ』よりも、ヴァレリーの『若きパルク』を選ぶべきだったのではないだろうか?

一九三八年、ナチス・ドイツはストラヴィンスキーの名を「退廃」作曲家のリストに加えた。同じ年に彼は、妻、長女、実母を相次いで亡くす。つまり少なくとも、このころの彼にとって死は身近であったといえる。一九三九年九月二五日、大戦勃発の直後に、彼はアメリカへわたった。ただしフランスを追われたわけではないため、厳密には亡命とはいえない。むしろ彼に渡米を決断させた理由は多岐にわたる。亡き家族の思い出が染み込んだ場所を離れる必要性、アメリカですでに広げていた仕事の人脈(作曲と講義を依頼されていた)、大戦の脅威、カリフォルニアの空気が自身の健康に資することへの期待……。そしてブクレシュリエフが述べたように、「彼(ストラヴィンスキー)の創作者としてのエゴイズムと、平穏な環境で創作したいという欲望」［原注26］も、彼をアメリカに引き寄せた。

ストラヴィンスキーは晴れてアメリカの作曲家になった。ロサンゼルスを選んだ彼は、しばしビヴァリー・ヒルズに住んだあと、ノース・ウェザリー・ドライヴ一二六〇番地に落ち着いた。ここで暮らすことが、ハリウッドの映画人たちの目を逃れる唯一の方法だ——ストラヴィンスキーはそう考えたはずである［原注27］。彼はさらにうまく立ち回った。ディズニー社がアニメーション映画『ファンタジア』として映像化したあわれな《春の祭典》を、眉《まゆ》一つ動かさずに受け入れた。どうせなら思い切ったことをしよう——彼はバーナム・サーカス団の象たちのために《サーカス・ポルカ》を書き、アメリカ国歌を勝手にオーケストラ用に改変した（それは彼にとってトラブルの種となった。当時アメリカでは、国歌『星条旗』の編曲は、オーケストレーションさえも禁止されていたからである）。当然それらの活動は、アメリカへのうわべの同化を物語っているにすぎない。より深い次元では、彼はクラリネット奏者ウディ・ハーマンから依頼されて書いた《エボニー協奏曲》で、ジャズを徹底的に我が物とした。このささやかな音楽は真の傑作であり、そこには本物以上に本物らしい——つまり純粋にストラヴィンスキー的な——ジャズが濃縮されている。《エボニー協奏曲》は、音楽の手品師による驚異の芸当、さらには離れ業にたとえられる。曲の完成は一九四五年の終わりで、この年、彼は三つ目の国籍、つまりアメリカ国籍を取得した。

ストラヴィンスキーの作品は、多少なりともアメリカでの亡命生活の痕跡をとどめていると言えるのだろうか？　たとえジャズという仲介物によって、彼の音楽に新天地のしるしが刻まれているとしても、それは本書が追いかけている種類の亡命の痕跡ではない。私たちが彼の作品の中に探しているのは、「亡命の感情」と呼びうるもの、つまり故郷喪失者の苦悩、郷愁、狼狽《ろうばい》、あるいはみずからのルーツを再確認しようとする意欲である。それらすべては、異なる形を取るとはいえ、ヴァイルやタンスマンやミヨーの音楽に見出された。しかしストラヴィンスキーの作品の中に、その感情は含まれていないようだ。アメリカ本土が第二次世界大戦の直接の脅威にさらされたときでさえ、彼の音楽には、不安、あるいは動揺すら、まったく反映されていないようにみえる（彼がいた場所から数マイルしか離れていない海岸の小屋に住んでいたトッホは、日本軍の攻撃を警戒して電気の使用が禁じられたため、夜に作曲することができなくなった）。

その意味では、一九四二年から一九四五年にかけて書かれた《三楽章の交響曲》は、特殊な存在である。ストラヴィンスキーはまず、「《三楽章の交響曲》のそれぞれのエピソードは、私の想像の中で具体的な印象と結びついており、その大部分は戦争映画に由来する」ことを認めた。しかし彼はすぐさま、次のように付け加えている。「この《交響曲》に標題はない。作曲家たちは音をくみあわせる。それがすべてだ。どのように、どのような点で、この世界にあるものがその音楽に刻まれているのかを述べるのは作曲家たちではない」[原注28]。《三楽章の交響曲》は、それ以前に書かれたあらゆる作品以上に、《春の祭典》の大胆で荒々しいリズムを多用している。それゆえに私たちは、いくつもの山を越え海をわたって二重亡命者となった作曲家が、ロシア時代の過去を懐古しているのではないかと想像できる。しかしながら、この仮説を実証するすべはない。第一、痛烈な表現がみとめられるとはいえ、《三楽章の交響曲》の精神は、《春の祭典》の精神から何千マイルも離れている。音楽学者ハリー・ハルプライヒは皮肉を含んだ感嘆の念をこめて、《三楽章の交響曲》を「史上もっとも偉大なアメリカ音楽」と評した[原注29]。そしてとりわけこの交響曲には、ストラヴィンスキーの他のすべての作品と同様に、彼自身の感情とみなされるものはいっさい見当たらない。いわんや、そこに彼の実生活の浮沈の兆候を探そうとしても徒労におわる。

ただしストラヴィンスキーは、一九六六年に受けたインタビューにこう答えている。「しかしながら、祖国が恋しくなったのはごく最近のことです。一〇年ほど前まで、私はロシアに関するいかなる言及をもみずからに禁じ、自分の過去のあらゆる思い出から目をそむけていました」[原注30]。じっさい、時は彼を変えた。一九六二年、八一歳のストラヴィンスキーは、ソ連からの招きに応じたのである。そして、二度も亡命を経験し二度も国籍を変えた世界人ストラヴィンスキーは、公然と、そして粛々と宣言することになる。「人間には、出生地、祖国、故郷は、ひとつしか存在しません——人間はひとつの故郷しかもつことができないのです。そして出生地は、人生を規定するもっとも重要なファクター（要素）です」［原注31］

これは彼自身が口にした言葉だ……。とはいえ、この「ファクター」が、スフィンクス作曲家の創作においてどのような役割を演じたのかを明確に知ることはだれにもできない。しかしおそらく私たちは、ストラヴィンスキーがソ連での演奏会のために選んだアンコール曲を、この謎の象徴とみなすことができる。それは一九一六年にローマで、彼が寝る間を惜しんでオーケストレーションをしなければならなくなったあの曲なのだ。思い出そう。皇帝を称えるロシア国歌でもなく、新生ソ連の国歌でもない歌。白か赤かを問わず、あらゆる権力者たちの翼下にいたロシアのひとびとが、その苦悩を託しつづけてきた歌。そう、〈ヴォルガの舟歌〉である。

第8章

亡命がまねいた悲運

——バルトーク／ツェムリンスキー／エネスク／ラフマニノフ

ベーラ・バルトーク（1881 – 1945）

アレクサンダー・ツェムリンスキー（1871 – 1942）

セルゲイ・ラフマニノフ（1873 – 1943）

ジョルジェ・エネスク（1881 – 1955）

ストラヴィンスキーについて論じた前章からの流れで、つづいて《「創世記」組曲》の〈前奏曲〉を担当したシェーンベルクについて語るのが自然だろう。しかし、彼が亡命時代に手がけた一連の作品がこのうえなく重要で傑出しているからこそ、急がば回れである。よって本章では、亡命中に息絶えるという運命をたどった作曲家たちの群像を描いてみたい。たしかに、新大陸でその生涯を終えたシェーンベルクとストラヴィンスキーも、広義にはこのグループに分類される。とはいえ、シェーンベルクの死は大戦終結から六年も後、ストラヴィンスキーの死にいたっては二六年も後である。つまり両者の終戦以後の亡命生活は、もはや選択の余地のない運命であるというよりは、自由意思によるものだった。しかし本章で取り上げる四人の作曲家たちは、ふたりとは事情が異なる。この四人については、単に亡命地でこの世を去ったと考えるだけでは不十分なのだ。彼らの場合はおそらく、その死因が「亡命」だった。

これはかたよった表現であるし、厳密には不正確な言い回しである。なぜなら、四人の作曲家たちは亡命先で病に倒れ、帰らぬひととなったが、その病は彼らがたとえ亡命せずとも、彼らの命を奪ったかもしれないからである。では、四人の亡命と創作の関係は？　――たしかに故郷喪失は、四人の芸術家の霊感に多大な影響をおよぼした。しかし、不幸な出来事は、彼らから根こそぎに創造力を奪ったわけではない。彼らの霊感は、より幸せな状況に置かれていたならばかきたてられ、あるいは強化されたのかもしれないが、言うまでもなく、それは仮説にすぎない。しかし他の作曲家たちと比べて、亡命が四人の創作活動にいっそう暗い影を落としたことは確かである。

*

バルトークが《「創世記」組曲》の作曲者のひとりとなる予定であったことは第6章で触れた。しかも彼は、一九四五年の夏にカリフォルニアを訪れるつもりだった。ひょっとしたら、彼は西海岸でストラヴィンスキーと出会っていたかもしれない。そうであれば彼もストラヴィンスキーと同様に、シルクレットから依頼された曲を完成させ、《「創世記」組曲》の合作者たちとともに、ロサンゼルスでの初演に立ち会っていただろう。しかし歴史はそれを許さず、一九四五年九月二六日、バルトークは白血病のためニューヨークで逝去した。しかしそもそも彼は、どうして一九四〇年にアメリカにわたったのだろう?

この問いは、不適切とは言わないまでも、蛇足に思えるかもしれない。とはいえ私たちは、バルトークがユダヤ人ではないことを思い出さなければならない。つまり彼は、じかに命の危険にさらされたわけではなかった。たしかにハンガリーは、一九四〇年一一月にドイツの同盟国となったが、ドイツに占領されるのは、数年後の一九四四年三月である。したがって彼にとって、国外脱出と亡命は死活にかかわるものではなかった。これは当時の他の大作曲家たちにはほとんどみられない稀な事例である。

彼が移住を決意した理由はいくつかあるが、ブクレシュリエフがストラヴィンスキーの亡命理由として挙げた「創作者としてのエゴイズム」を、そのひとつに数えなければならないだろう。すでに戦前から、ハンガリーでは平穏な創作環境は期待できなかったのである。ただし、この利己的な動機だけが彼の決断を後押ししたと主張すれば、偉大かつ誠実で、徹底した人道主義を貫いたバルトークという人間を完全に見誤り、侮辱することになる。彼はファシズムを憎み、一九三八年にはナチスを「盗人と殺人者たちの政体」と非難した［原注1］。彼はヒトラーに率いられたドイツが、芸術家のみならず、あらゆる人間たちの自由をどれほど踏みにじっているのか強く実感していた。彼のナチズムへの憎悪は、ドイツ語を筆頭に、ドイツにかかわるあらゆるものへの反撥に拡大されていく。やがてバルトークは、ドイツで自作が演奏されることも拒否した。とはいえ、バルトークの反ドイツ主義がより早い時期から育まれ、彼の心の中にハンガリー文化のドイツ化への反感を植えつけていたことを念頭に置く必要はある。若きバルトークは、リストがドイツ語で教育を受け、指揮者エルネー・ドホナーニがドイツ名エルンストを署名に用いたことに不満を抱いている［原注2］。

バルトークは、行き先がはっきりしない段階で、今後は「全ヨーロッパに背を向ける」［原注3］ことを望んでいた。ブダペストにいた母の死（一九三九年末）は、彼をハンガリーに結びつけていた最後の糸が切れたことを意味した。このとき彼は、亡命を視野に入れたアメリカ旅行を企て、一九四〇年四月にニューヨークに到着した。彼は現地で人脈を広げ、東欧の民俗音楽について講義をおこなったことをきっかけに、コロンビア大学から、音楽学学科所蔵のセルボ＝クロアチア民謡の資料研究を依頼される［原注4］。亡命先での定職が保証されたバルトークは、ハンガリーに戻って最後の演奏会をおこない、国を離れる決意を固めた。このとき彼は、ベートーヴェンが弦楽四重奏曲第一六番の楽譜に記した文言をもじってこう書いている。「じっさい、そうあるべきかを知ることに意味はない。そうあらねばならないのだから！」［原注5］

バルトークは一九四〇年一〇月二九日にニューヨークへ移った。彼はこの街でピアニストの妻ディッタとともに数度の演奏会をおこない、翌年の初めにはコロンビア大学での研究をさっそく開始している。しかし彼は、大学での仕事で最大限の自由を謳歌《おうか》することができた一方で、孤独をつのらせていく。次男ペーテルがまもなく（一九四二年）バルトーク夫妻に合流することへの期待さえも、この孤独を和《やわ》らげることはなかった。教鞭をとっていなかった彼は、大学のコミュニティに属していなかったし、聴衆の好みとは無縁の作品を取り上げる彼の演奏会は、大きな成功を収めなかったのである。一九四三年三月、彼は「私たちの状況は日を追って悪化している」とつづっている［原注6］。さらに健康状態への不安がこれに拍車をかけ、当初は原因が特定できなかったこともあって、病は深刻化した。心配した友人たち、フリッツ・ライナーやヨーゼフ・シゲティらは、セルゲイ・クーセヴィツキーにかけあってバルトークへの作曲依頼を取りつけた。こうして生まれたのが《管弦楽のための協奏曲》である。病状がいっとき快方に向かったため、バルトークは円滑に作曲をすすめることができた。一方、彼がユーディ・メニューインから作曲の依頼を受けた《無伴奏ヴァイオリン・ソナタ》も、一九四四年三月に完成した。ちなみにバルトークが予定していたカリフォルニア旅行の目的は、この新作に関するメニューインとの話し合いだった。メニューインの回想によれば、「亡命は彼を、避難場所をもたない孤独で内向的な人間に変えた。彼は物質的な援助としてベッドと書き物机しか要求せず――しかしおそらくそれらさえ、贅沢品《ぜいたく》とみなされていた――、そのほかに要求したものといえば、彼が集中して仕事に向き合うために必要であった完全な静寂である」［原注7］。バルトークは創作においても、東欧の民俗音楽の研究においても、孤独を感じていた。彼は、みずからの研究論文の出版先を見つけられず絶望したが、研究者としての仕事、さらにいえば使命は、彼にとって作曲と同等に重要であったのである。

一九四四年八月、バルトークはパリ解放に歓喜するも、祖国ハンガリーがナチス・ドイツに屈服したことを知る。彼はこのころふたたび、今度はヴィオラ協奏曲の作曲依頼を受けたが、これは完成にいたらなかった。彼は妻ディッタのために書きすすめていたピアノ協奏曲第三番を終えることもできなかったが、未完部分は数小節のみで、ほぼ完成していた。実用化されたばかりのペニシリンの注射は功を奏さず、彼の病状は日に日に悪化し、そのかたわらでディッタもふさぎこんでいった。一九四五年九月二六日、バルトークは息を引き取る。埋葬費はアメリカ作曲家協会が工面し、ニューヨーク郊外まで葬列にかけつけたのは四人だけだった。これはモーツァルトの悲惨な最期を連想させる。たしかにバルトークは、亡命前から病を抱えていた。どれほどの困難に直面しても、アメリカでのつらい日々の中でさえも、彼のそばにはつねに、彼のために奔走してくれる友人たちがいた。それでも故郷からのへだたりと亡命地での絶望は、十中八九、バルトークの死を早めたといえるだろう。

ここからは、彼の晩年の作品について考察してみたい。それらは彼のアメリカでの悲運を映し出していると言えるだろうか？　彼の作品が表現しているものの中に、そしてともすればその質の低さ――それをみとめる場合――自体にも、不幸な亡命の形跡が残されているのではないだろうか？　私たちは本書において、この種の問いがどれほど微妙であるのかを痛感してきた。バルトークに関する熱意のこもった労作を著した音楽学者ピエール・シトロンは、この作曲家のアメリカ時代の作品の特異性に注目している。シトロンは《管弦楽のための協奏曲》について次のように書いた。「しかしもしも私たちが、これを〝亡命の協奏曲〟として聴くのであれば、いっそう心揺さぶられるのではないか？　そこでは最後の奮励が、すでに死の接近によって弱められた声を押し出している」［原注8］。この解釈と「亡命の協奏曲」という表現は、シトロンが《管弦楽のための協奏曲》に浴びせた批判（密度の欠如、多くの楽想の無意識な借用、息切れ、以前の傑作に比べて精緻さに欠ける管弦楽法）を和らげている。シトロンは、この作品におけるややぎこちない生の肯定さえも、バルトークに死が迫っていたしるしとあかしであると説く［原注9］。

とはいえ、シトロンも強調しているとおり、アメリカ時代の《無伴奏ヴァイオリン・ソナタ》には確実に、そしてピアノ協奏曲第三番にもかろうじて、バルトークの霊感の減退の跡は見受けられない（ピアノ協奏曲第三番における古典派音楽への回帰も、ストラヴィンスキーに比べれば控えめであるし、非難には当たらない)。驚くべき緊迫感に貫かれた《ソナタ》の幕開けを告げる〈シャコンヌのテンポで〉は、バッハの傑作に比肩する。これに続く〈フーガ〉もまた、バッハに引けを取らない。気品ある緩徐楽章は、瞑想的で霊妙だ。陽気で不気味な妖精たちの舞曲のような終楽章は、ラヴェルの〈スカルボ〉(《夜のガスパール》)の予測不可能な気まぐれさを時おり連想させるが、そこには非の打ち所のないエネルギーと、あらゆるものをひれ伏させるような威厳がある。

ピアノ協奏曲第三番は、しばしばモーツァルト風の雰囲気を漂わせるが、バッハ、さらにはブラームスの追憶もはしばしに現れる。有名な第二楽章〈アダージョ・レリジオーソ〉は、ベートーヴェンの弦楽四重奏曲第一五番作品一三二、とりわけその第三楽章〈病が癒えた者からの神への感謝のうた〉に、まさしく呼応している。病が癒えた……? このときバルトークが死のまぎわにあったことをかんがみれば、これは自虐的なユーモアかもしれない。しかし彼の音楽は、穏やかで、平静で、澄み切っている。交互に発言するピアノとオーケストラの対話もまた、ベートーヴェンの音楽、おそらくとくにピアノ協奏曲第四番の緩徐楽章を彷彿させる。いずれの協奏曲においても、独奏者は、対等なパートナーとしてのオーケストラ奏者たちと、幸福に、そして円満に手を取り合う。

ここで私たちは、ある音楽の中に「亡命」の気配を嗅ぎ出そうとする試みが、どれほど危険であるかということに気づく。なぜなら晩年のバルトークが作曲したのは、高貴で悲痛な作品（《無伴奏ヴァイオリン・ソナタ》）、快活で陽気な作品（《管弦楽のための協奏曲》）、共存と安らぎを体現する作品（ピアノ協奏曲第三番）なのだ。亡命は彼の霊感をひとえに曇らせたわけではない。たしかに亡命は、おそらく彼の創造力にわずかな足かせをはめた。しかし、彼のインスピレーションを鎮めたのは、死だけである。

＊

亡命中に二五歳の若さでこの世を去ったある女性作曲家（指揮者でもあった）の人生にも触れておきたい。その名は、ヴィーチェスラヴァ・カプラーロヴァー（一九一五－一九四〇）。ドビュッシーとレオシュ・ヤナーチェクの作風を彷彿させるその作品はしかし、独創性にあふれ、彼女のきわめて輝かしい将来を約束していた。ブルノ（現在はチェコ共和国領）で生まれたカプラーロヴァーは、奨学金を得て一九三七年にパリに留学し、エコール・ノルマル音楽院で学んでいた。しかし彼女は、一九三九年三月にナチス・ドイツがチェコスロヴァキアを制圧して以来、帰郷を拒んだ。その後まもなく、彼女はモンペリエで突発的な病——原因ははっきりと特定されていない——に倒れ、命を落とした。たくさんの作品（管弦楽曲、室内楽曲、ピアノ曲、歌曲）を残して。カプラーロヴァーの亡命期間の短さと、死の直接の原因となった病は、彼女の悲劇的な運命においてて亡命がはたした役割を相対化しているように思える。たとえば、彼女の晩年の作品のうち《はるか彼方で歌われる歌》作品二二は、亡命よりも、ボフスラフ・マルティヌーの音楽への愛によって方向づけられている印象を受ける。そして彼女の最後の歌曲《手紙》もまた、モンテヴェルディの《恋文》（『マドリガーレ集』第七巻）の精神を受け継いだ「愛の手紙」である［原注10］。しかし、これらの音楽に亡命の影がひそんでいる可能性は皆無とは言いきれない。苦悩は、別の苦悩を呼ぶのがつねであるから。

＊

すでに「はじめに」で触れたように、ツェムリンスキー（一八七一－一九四二）が亡命以前に書いた《抒情交響曲》は、きわめて壮麗かつ悲痛に、故郷喪失について歌っている――「私は異国の地にいる異邦人」。というのも彼には、そのように感じるあらゆる理由があった。彼は若いころからすでに、ふたつの世界のはざまにいた。つまりいずれの世界にも属すことができなかった。彼はマーラーとシェーンベルクのあいだで、いうなれば身動きが取れずにいたのである。ツェムリンスキーは音楽史上で、継承者にして先駆者であるという、一人二役を演じているが、そうした立ち位置が、彼もまた独自の卓越した創作者であったという事実を覆い隠し、おそらくその事実の真実味を損ねてもいる。

あたかも私生活が、作品を拡大・歪曲して映し出す鏡であるかのように（まるで人生が、作品の悲劇を茶番のように再現するかのように）、ツェムリンスキーは偶然、弟子だったアルマ・シントラーを熱烈に愛した（アルマは彼の手引きで歌曲を作った）。ところがアルマは、結局マーラーと結婚した。ツェムリンスキーが崇めていた、彼よりもはるかに年長の巨匠を選んだのだ。ツェムリンスキーからみれば過去の人だったマーラーが、いまやツェムリンスキーの座を奪い、彼よりもいっそう生き生きとした存在感を放つようになった。そのうえ、この拡大と歪曲の鏡は、ツェムリンスキーにさらなる試練を与えた。妹のマティルデが、弟子のシェーンベルクと結婚したのである。過去を象徴する作曲家（マーラー）は、ツェムリンスキーが身内（妻）にしたいと望んだ女性を連れ去った――その後、未来を象徴する作曲家（当然、芸術的な意味において。なぜなら義弟となったシェーンベルクは、じっさいにはツェムリンスキーよりも四歳若いだけだった）が、ツェムリンスキーから身内（妹）を奪ったのである。要するに創作においても実生活においても、ツェムリンスキーの運命は、マーラーとシェーンベルクから二重に略奪された被害者のそれだ。そしてそこには確実に、亡命者のように疎外された人間の心情がついて回る。無理解に対する苦しみ。いや、それ以上の――「そこにいない者」として扱われる苦しみ。

ツェムリンスキーの音楽作品は、多少なりとも直接的に、この苦しみを絶えず表現し続けた。それはおとぎ話のヴェールをまとうこともあれば（ハンス・クリスチャン・アンデルセンの童話にもとづく交響詩《人魚姫》）、喜劇の仮面をつけることもあった（ゴットフリート・ケラー原作のオペラ《馬子にも衣装》）。しかし何にもまして《フィレンツェの悲劇》が、この苦しみを率直かつ暴力的に表現している。ツェムリンスキーは、あのラインハルトの演出をきっかけにオスカー・ワイルドの同名の戯曲に出会い、このオペラを書き上げた。妻から愛されていない夫は、妻に公然と浮気をされる。夫は浮気相手を挑発して殺す。はからずも夫は、この殺人によって、そしてこの殺人の過程で、自分が浮気相手よりも魅力的であることを妻に知らしめる。結末はハッピーエンドと言えないでもないが、おぞましい展開である。さらにオペラ《こびと》の場合は、そのようなわずかな幸福すら残さない。残酷なスペイン王女に誕生日プレゼントとして差し出されるこびとは、限りない愛情と高潔な魂の持ち主だ。彼は明らかに自分の醜さに気づいておらず、王女に夢を語り、燃える想いを告白する。王女は女中に、不格好だとこびとに伝えるよう命じる。女中は憐れに思い、これを拒む。しかし、鏡が女中の代わりに真実を伝えてしまう。おのれの姿を見てしまったこびとは、悶絶して息絶える。王女は死んだこびとに同情すらしない……。あまりに不愉快な内容ゆえに、アルバン・ベルクはこのオペラの上演に耐えられなかった。

話題をツェムリンスキーの亡命に移そう。一九三八年、オーストリアはドイツに併合された。彼は「ナチスの計算によれば四分の一ユダヤ人」［原注11］であったが、すでにクォーターであることは致命的だった。彼には国外脱出しか選択肢はなかったが、その実行は大きな困難を伴った。同年一二月に妻とともにニューヨークに到着した彼の健康は、一連の出来事、不安、疲労のせいで、激しく損なわれていた。意気消沈し、すっかり弱った彼は、指揮をすることも音楽を教えることもできなくなってしまう——彼はもともと、卓越した指揮者であり、卓越した教育者であった（かつての恋人アルマのほかに、神童コルンゴルト、そして言うまでもなくシェーンベルクが、彼のもとで作曲を学んでいる）。ツェムリンスキーは、アメリカで新作オペラ《カンダウレス王》が上演されることを望んだ。しかしすでに《サロメ》を取り上げて袋叩きにあっていたメトロポリタン歌劇場の首席指揮者アルトゥル・ボダンツキーは、ツェムリンスキーに、王の妻ニュッシアのヌードシーンがある以上、このオペラの上演は許されないだろうと伝えた［原注12］。ナチスの暴力によって祖国を追われたツェムリンスキーは、アメリカ特有の性のタブー視にはばまれて、収入と名声を得る機会を逃したのである。グロテスクなものは、悲劇を助長する。

このとき高齢のツェムリンスキーは、疲労と病と絶望にさいなまれながらも、新たなオペラ《キルケー》に取りかかった。彼が抱えていた孤独は計り知れない。ましてや彼は、英語をまったく話せなかったのだ！ ホメーロスにちなんだこのオペラの完成（結局、未完となった）に期待しながら、彼は「アル・ロバーツ Al Roberts」という偽名を用いて、大衆歌や、音楽学校のための二曲の室内楽を作曲して生計を立てた。まもなく彼は、心臓発作で左半身が不随となる。バルトークのように、彼はカリフォルニアに行くことを望んでいた。それは、西海岸の気候がツェムリンスキーの病状を快方に向かわせると予想していたシェーンベルクを、おおいに喜ばせるはずだった［原注13］。しかしツェムリンスキーは、この旅行を実現できなかった。彼と妻は、あまりに絶望的な状況の中で、自殺も考えている［原注14］。その後ふたりは、ニューヨークの北にある郊外ラーチモントに移った。緑に囲まれた快適な場所であったが、ツェムリンスキーは十分にそれを楽しむことができないまま、残されていた最後の体力を肺炎に奪われて、一九四二年三月一五日に永眠した。

彼の遺作となったオペラがオデュッセウスを扱っていることに、感動を覚えずにはいられない。追放され、「先祖たちの地」への帰還を待ち焦がれた、あの英雄である。もともと、ツェムリンスキーの知り合いでもあったヴァルター・フィルナーという人物とその妻で女優のイルマ・シュタインが、映画化を想定して脚本を執筆した。その後、夫妻は、これをもとにオペラの台本を作り、リヒャルト・シュトラウスに作曲を持ちかけた。シュトラウスは強い関心を示したものの、ユダヤ人が手がけた台本を用いることに躊躇した。ユダヤ人であるフーゴ・フォン・ホーフマンスタールとの協力でオペラ《影のない女》を作曲したことで、厄介な事態に巻き込まれたからである。シュトラウスはチューリヒ・オペラ座にこの企画を推薦し、それがツェムリンスキーの心をとらえた。アメリカへわたったフィルナーとシュタインは台本を修正し、キルケーが暮らすアイアイエー島に、アテナの像が高くそびえ立つことにした。もちろんこれは、ニューヨークの自由の女神像をほのめかしている。夫妻の設定では、男たちを誘惑して豚に変えてしまうのは、キルケーではない。それどころかキルケーは純真な若い娘で、豚たちにねらわれる役どころであった。この台本に、ツェムリンスキーがオペラ化する価値があったのかという点については疑問が残る。というのもこの台本は、どうみても「無定見と陳腐のあいだ」を揺れ動いているし、最後にはいかにもハリウッド的なハッピーエンドが待ち受けている。豚たちは人間に戻され、英雄は処女キルケーをめとる。そしてふたりは、この魔法の島に残ることを望むのだ。「愛は時の流れも／目的も知らない／愛は無限！」［原注15］

ツェムリンスキーがこのような台本を手に取ったのは、どうやら金銭的な事情ゆえであったようだ。とはいえ、追放――悲しいかな、それは彼の全創作を象徴する語である――をテーマとするオペラの作曲にのぞんだ背景には、彼自身の内なる欲求があったにちがいない。ツェムリンスキーを苦しめた追放のひとつは、いまもなお続いている。今日でさえも、彼の輝かしい音楽作品は、当然それらが手にするべき地位を与えられていないのだ。方々で引用されているシェーンベルクの有名な文章は、早くも一九二一年に書きあげられている。そのタイトルは、「ツェムリンスキーは待つことができる」。しかし音楽学者アントニー・ボーモントが強調しているように、これを正反対の意味にとらないよう気をつけなければならない［原注16］。ツェムリンスキーは他者に機会を譲ることができる、という意味ではないのだ。シェーンベルクはただ単純に、ツェムリンスキーには待つ「能力」が備わっていると言いたかった。彼の音楽は、時の流れに耐えられるだけの価値がある。遅かれ早かれ、彼の音楽は重んじられることになるのだ。

《抒情交響曲》に耳をかたむけよう。「私は異国の地にいる異邦人」という詞と、とりわけこれを伴奏する音楽は、祖国喪失のあらゆる苦悩だけでなく、ツェムリンスキーがこの苦悩それ自体の中から引き出すことができたあらゆる美をも、私たちに伝えてくれる。アメリカ亡命は彼の身体をむしばみ、彼の心を深い悲しみに染め、彼の創作の足かせとなった。しかし亡命は、作曲家ツェムリンスキーを完全な忘却の淵に沈めてはいない。ツェムリンスキーはたしかに、待つことができる。なぜなら、いつの日か彼の時代がやってくるからだ。

＊

ツェムリンスキーがたどった運命は、ジョルジェ・エネスク――二〇世紀のもうひとりの不遇の作曲家――の運命に似ている。しかしエネスクは、第二次世界大戦中には亡命せず、ルーマニアにとどまる道を選んだ。ただし彼は、祖国で力をふるっていた民族主義や反ユダヤ主義を支持していたわけではない。エネスクは、イオン・アントネスクの軍事独裁政権を一時的であるにせよ認めたことに負い目を感じていた。とはいえ、みずからそう証言しているように、友人バルトークの前で恥じるような人間だけにはなりたくないと考えていた［原注17］。大戦中（一九四〇年）、エネスクはヴァイオリンとピアノのための《幼時の印象》を書いている。おそらく彼はこの作品において、もっとも豊かで感動的で具体的な方法を駆使して、過ぎ去った喜びと失われた世界を歌った。もっとも具体的な方法――弱音器つきのヴァイオリンが超高音域で、複雑なリズムのアポッジャトゥーラ、トリル、打音を展開する書法は、メシアンもうらやむであろう正確さで（籠《かご》の中の）鳥の歌を模倣している。作品の最後に現れる日の出は、闇に対するすさまじい戦いによって赤く染まった果実にたとえられる。

エネスクは一九四一年に交響曲第五番を作曲した。その終楽章はルーマニアの詩人ミハイ・エミネスクの詩「もしも夜に戻ったら」にのせて、愛する土地で穏やかに死ぬことへの憧れを歌う。一九四四年の作であるピアノ四重奏曲第二番は、私たちの予想を裏切らず、暗澹《あんたん》としている。このときルーマニアはナチス・ドイツを敵に回し、ソ連に占領された。エネスクが亡命を決心するのは、一九四六年に入ってからだ。彼は妻のマルカ、つまりマリー・カンタキュゼーヌ（ルーマニア公女であった彼女は、共産主義体制下で危険な立場にあった）の身を案じたのである。翌年パリに落ちつき、作曲を続けた彼は、その傑作のひとつ《室内交響曲》を完成させた。しかし異国での晩年は苦労続きだった。彼は生活費をかせぐために演奏会やレッスンをすることを余儀なくされたが、体調の悪化により、十分に仕事ができなくなった。妻の精神的なもろさも、エネスクに重くのしかかる［原注18］。病気のエネスクのもとには友人たちが駆け付け、彼をおおいに助けた。そのなかには、バルトークを支援し続けたメニューインも含まれている。しかし彼らの努力はおよばず、エネスクは貧苦の中でこの世を去った。

まぎれもなく、エネスクとツェムリンスキーは、その才能が長いあいだ過小評価されてきたという類似点で結ばれている。しかしその原因はじっさいの亡命ではなく、むしろ精神的な亡命にあった。作品の美しさはあまりにも内に秘められてしまい、そこに注がれた彼らの才能は傍目《はため》からは気づかれにくいのだ。意味深いことに、あるエネスクの伝記作者は、シェーンベルクがツェムリンスキーについて用いた表現で、その著作を結んでいる。「偉大な作品は待っている」［原注19］

＊

ラフマニノフは、本章で論じてきた三人の作曲家たちとはまったく異なる亡命生活を送った。ストラヴィンスキーと同様、彼は二度の亡命を経験した。すでに「はじめに」で触れたとおり、ラフマニノフは、一九一七年三月の時点ではロシア革命を歓迎している。彼は革命でけがを負ったひとびとのためにリサイタルを開き、芸術家＝軍人評議会に公開書簡を送った。「自由な芸術家セルゲイ・ラフマニノフは、いまや解放された祖国において初めておこなった演奏会の収益を、自由軍に寄付する」［原注20］。彼は当局が地域ごとに設置した委員会に――すでに当初の熱意はおさまっていたものの――参加してさえいる。その後すぐさま、貴族であり、あらゆる暴力におびえた平和主義者ラフマニノフは、こう理解した。祖国ロシアは、もはや自分の心の中にしか存在しない……。ともすると、彼にとってもっとつらく決定的であったのは、モスクワの南にあるイワノフカの領地で、飼い犬が死んだ事件であったかもしれない。地主であるラフマニノフへの見せしめのために、彼の犬を、農民たちが殺したのである［原注21］。この悲惨な出来事は彼を震撼《しんかん》させ、イワノフカが安全ではないことを悟らせた。彼はモスクワ、つづいてペトログラードで身をかがめるようにして、国外への逃亡のチャンスをうかがった。

その機会は、一九一七年の終わりにやってくる。ストックホルムで開かれる演奏会にソリストとして出演することになったのだ。彼はイワノフカの大切な土地と全財産を残したまま、数冊の楽譜だけを携え、妻と二人の娘とともにクリスマスの日にそりでスウェーデン国境にたどり着いた［原注22］。ストラヴィンスキーよりも年長のラフマニノフは、このときすでに四四歳だった。愛するロシアで暮らすことを何よりも好んだ彼の音楽につねに寄り添い、崇高さを与えていたのは、まさしくロシアの雄大な国土であった。それゆえ亡命は、彼にとって魂の死に等しく、以後、喪失感が解消されることはついぞなかった。その後すぐにロシアから届いた便りは、聞くに堪えない内容だった。皇帝の親族は処刑され、ラフマニノフの友人であったミハイル大公も同じ運命をたどった。

コペンハーゲンとストックホルムにしばし滞在し、演奏会をおこなった彼は、渡米の道を選ぶ。一〇年ほど前に行ったアメリカでのリサイタル・ツアーが大成功を収めたことが、彼の決心を促したのかもしれない［原注23］。彼は一九一八年、ちょうど休戦条約が結ばれた日にヨーロッパを出発した。アメリカでのピアニストとしての旺盛な活動は、彼の生活に経済的な安泰を約束することになる。彼がつねに、亡命者である同胞たちを金銭面で支えたことは、特記に値する。彼に助けられた者のひとりが、ほかでもない、あのウラジーミル・ナボコフである［原注24］。ラフマニノフは、ロシアにとどまっていた近しい者たちをも——とりわけ一九二一年の大飢饉《ききん》の際に——支援した。一九三〇年、ヨーロッパに戻った彼は、ルツェルン湖畔に有名な別荘を構え、セナール Senar と名付けた（セルゲイ Sergei の Se、妻ナターリア Natalia の Na、ラフマニノフの頭文字 R にちなむ）。彼によれば、別荘地は祖国を想起させた。とはいえロシアの広大な草原を懐古するには、同胞の亡命作家アレクサンドル・ソルジェニーツィンが暮らした米ヴァーモント州のほうが適していることは確かだ……。

この間、ラフマニノフはランブイエの森（フランス）のクレールフォンテーヌでも数夏を過ごした。そして一九二三年には、パリのラフマニノフ・ロシア音楽院の設立にたずさわる。パレ・ド・トーキョーのすぐそばに位置するこの音楽院は、そう遠くない未来に創設一〇〇年を迎える。開校の目的は、ソ連によってなおざりにされ、否定され、あるいは誹謗された古きロシアの偉大な伝統音楽を後世に伝えることだった。ラフマニノフの音楽は、祖国で引きつづき演奏されていたにもかかわらず、一九三一年にボリシェヴィキ政府によって禁止処分の代償を払わされた。というのも、彼はこの年に、インドの詩人ラビンドラナート・タゴールの文章に抗議して当局の怒りを買ったのである。あろうことかソ連諸国の識字教育の発展を称えたタゴールに対して、一月一五日に『ニューヨーク・タイムズ』紙に反論記事が掲載されたとき、ラフマニノフは共同執筆者として署名していた。「ボリシェヴィキ政府ほど、残虐行為、集団殺人、重大な人権侵害に責任を負う政府は、いまだかつて、いかなる国にも、存在しなかった」[原注25]。『プラウダ』紙は見せしめとしてすぐにラフマニノフの傑作《鐘》を酷評した。そしてまもなく、ソ連当局はラフマニノフの作品の演奏を禁止したのである。

一九三九年八月、第二次世界大戦の開戦まぎわに、ラフマニノフはふたたびアメリカへ向かう。そして一九四三年に死を迎えるまで、この国を離れなかった。彼は健康上の理由から、一九四二年にニューヨークからロサンゼルスに引っ越し、ストラヴィンスキーの家の近くに住んだ。ふたりを隔てていた距離はほんの二ベルスタ（ロシアの昔の里程。一ベルスタは約一〇六七メートル）だ。居住地以外のふたりの共通項は、無国籍難民のための身分証「ナンセン・パスポート」の保持者であること、チャイコフスキーを敬愛していたことである。これら三点を除けば、ふたりはまるきり異なっていた。ストラヴィンスキーはピアニストとしてのラフマニノフに一目置いていたが、その音楽作品に対しては辛口だった。一方ラフマニノフも、《火の鳥》以後のストラヴィンスキーの作品を許容することはできなかった［原注26］。

ラフマニノフと美学を共有していたのが、亡命仲間だった作曲家・ピアニストのニコライ・メトネル（一八八〇－一九五一）である。メトネルは《春の祭典》に耐えられず演奏途中で席を立ち、ストラヴィンスキーを「愚かな能なし」扱いするほどだった［原注27］（さらにメトネルは、プロコフィエフの《スキタイ組曲》を聴いたあとに、「もしもこれが音楽なら、私は音楽家ではない」［原注28］とため息をついている）。たしかにメトネルは、ラフマニノフとコルンゴルト以上に二〇世紀音楽史から取り残された作曲家である。彼のもっとも有名な作品のひとつには、そのことをうかがわせる懐古的な曲名、「追憶のソナタ」がつけられている。彼は、一九四四年に書きあげた自作のピアノ協奏曲第三番に「ラフマニノフの協奏曲第三番への追憶」という副題をつけることもできたのではないか？　ノスタルジーへのノスタルジーとして……。ラフマニノフは、前年に亡くなっていた。メトネルはラフマニノフの妻にこう書いている。セルゲイは現代音楽の砂漠にあるただひとつのオアシスであり、ぺてん師がうずまく世界でただひとりだけ芸術家・音楽家であった、と［原注29］。

一九四二年の話に戻ろう。このとき芸術家ラフマニノフとぺてん師ストラヴィンスキーはロサンゼルスで顔を合わせた。妻たちの不安げなまなざしをよそに、ふたりはキャヴィアに舌鼓をうち、ロシアで出版したものの革命後には一銭にもならなくなった自作の曲名を挙げて、時を過ごした。最後にふたりが打ち解けたとき、ふたりの永遠のロシアは何にもまして強大になった［原注30］。ラフマニノフは、ストラヴィンスキーが大の蜂蜜好きだと知ると、彼の家の扉の前に蜂蜜を一壺届けたという［原注31］。以来ストラヴィンスキーは、それまでずっと嫌っていたラフマニノフの甘美な作品を受け入れるようになった、と言いたいところだが、ふたりはその後ほとんど会わなかった。どのみちラフマニノフには、死期が迫っていた。

作曲家としてのラフマニノフにとって、亡命は大きな痛手だった。祖国喪失後の二五年間に、彼は生涯のわずか六分の一の数の作品しか書いていない。亡命の初年から大凶作が一〇年続いたあと、彼はようやく一九二六年に《三つのロシアの歌》作品四一を作曲した。それは当時の心情をそのまま映し出しているかのように、ロシアの民間伝承、農村の音楽、幼年時代への追憶に捧げられている。あるジプシーの歌手による演奏録音（ピアノ伴奏はラフマニノフ自身）には、胸を打たれる。そこからは、しゃがれた声にのって、奔放で、嘲笑的で、官能的で、悲痛な表現が聴こえてくる。しかしこの歌曲集は既存の民謡を編曲したものであり、ラフマニノフがその唯一の作者とはいえない。一九二七年、彼は真にその作者と名乗ることのできる作品にようやく着手するが、そこには私たちを熱狂させるような要素はいっさいみられない――支離滅裂なピアノ協奏曲第四番は、ラフマニノフが自分の世界の中で途方に暮れている印象を与える。

この失敗作のあとに、新たな沈黙の五年間が続いた。しかし一九三四年、彼の筆から突如、《パガニーニの主題による狂詩曲》があふれでる。あのバルトークが絶賛した、まぎれもない成功作だ。さらに死の直前に、重要な二作品《交響的舞曲》と交響曲第三番が生まれる。後者について語ったジャンケレヴィチの言葉には、だれも反論できないだろう。「(…)私たちは、このロシアの郷愁の交響曲の中に、失われたロシアの悲痛な思い出と、もう二度とロシアを目にすることはないという確信を感じ取る」[原注32]

じっさいラフマニノフは、彼の心の傷を雄弁に物語る発言を残している。「私はロシア人作曲家であり、祖国は私の気質と思考様式に影響をおよぼした。(…)音楽は、その作曲家が生まれた国の精神、その愛、その信仰を表現しなければならない」。彼はこう断言する。「祖国を離れたとき以来、私は創作することができないと感じている。(…)ロシアを発ったとき、私は作曲したいという欲望を置き去りにしてきてしまった」〔原注33〕。彼はすでに母国を発つ前に、ピアニストのアレクサンドル・ジロティにこう書き送っている。「私を取り巻くすべてのものが、私にあまりに大きな影響をおよぼします。それゆえに私は仕事をすることができないでいるし、霊感を完全に失うことを恐れてもいるのです」〔原注34〕。この恐れは、ストラヴィンスキーの事例に照らせば、まったく根拠がないわけではない。ただしそれは、次のような主張を――こうした見解はもはや時代遅れだが――肯定する可能性をはらんでいる。亡命中のストラヴィンスキーが、旺盛な創作活動をしていたにもかかわらず、血の気のない新古典主義にうつつを抜かしたのは、まさに祖国の血が彼から抜けていったからだと。

一九四〇年、ラフマニノフはやや奇妙な形で、自身の《ユモレスク》作品一〇の第五番を改訂した。原曲にはなかった不協和な響きを書き加えたのである。批評家たちはそこに、「過度な不協和」の現れを見出そうとした。そしてそれは「この曲のロマン主義的な芳香を客観化するものであり、さらにそこには、微妙ではあるが明白な方法で、ラフマニノフの祖国ロシアが戦争と革命のせいでこうむった取り返しのつかない変貌が反映されている」〔原注35〕のだと結論づけた。本書では、これほど論理を飛躍させるつもりはないし、彼のアメリカ時代の作品の中に、亡命や過去への没入の痕跡を探すこともしない。私たちは、ラフマニノフがアメリカでの創作活動において、過去の自作に奇妙な不協和音を加えるだけで満足したという定説を、塩をつまみながら〔訳注一七〕疑ってみることさえできる。彼は、もっとも野心的な作曲技法を自作に取り入れることさえできたのだ。そう、あのシェーンベルクの技法を！《パガニーニの主題による狂詩曲》の有名な一八番目の変奏曲（突如、このうえなく美しく、このうえなく不意に、このうえなくラフマニノフらしい旋律のひとつが花開く）は、じつは「セリー」として扱われている主題の構成音の「反行形」に単にもとづいているのである……。

いずれにせよ、ラフマニノフの郷愁は、亡命を待たずして彼の音楽に浸透していた。それは彼が故郷を離れるはるか以前から、彼に取りついていたのである。私たちはこの郷愁こそが、彼のすべての音楽作品の雰囲気と精神《エトス》を要約するものであると言えるかもしれない。ひとつだけその例を挙げよう。傑作である〈夜更けに私の庭で〉（《六つの歌曲》作品三八第一曲）は、革命に踏みにじられた予言者アレクサンドル・ブロークがロシア語訳した詩〔訳注一八〕にもとづいている（予言者としてのブロークについては、第10章であらためて言及する）。失われた祖国、あらゆる国のかなたにある祖国に向けられた悲痛

〔訳注一七〕　ラテン語の格言 cum grano salis（一つまみの塩をもって）。解毒剤として塩を振って食事を口にした往古の習慣にちなんで、疑って物事に向き合うことを意味する。

〔訳注一八〕　原詩はアルメニアの詩人アヴェティク・イサハキアンによる。

な激情は、この作品を数ある亡命の歌の中でも群を抜いて美しいものにしている。しかしながらこの歌曲（一九一六）は、亡命先ではなく、ラフマニノフがこよなく愛したイワノフカの邸宅で作曲された。それはツェムリンスキーの《抒情交響曲》と同様に、亡命を予示しているのだ。要するに、その後に現実世界でラフマニノフが強いられた亡命は、彼の歌を本質的に変化させたわけではない。亡命はただ、彼の喉をわずかに締めつけただけなのである。

第9章

遺伝子に刻まれた郷愁

――プロコフィエフと祖国

セルゲイ・プロコフィエフ
(1891 – 1953)

ストラヴィンスキーとバルトークの亡命理由のひとつに数えられる「創作者としてのエゴイズム」……それが本章の主題である。一九一八年、プロコフィエフは二七歳にして、祖国で演奏家としても作曲家としてもかがやかしい成功を手にしていた（この時すでに《古典交響曲》《賭博師》《束の間の幻影》《スキタイ組曲》、数曲のピアノ・ソナタと二つのピアノ協奏曲が完成している）。しかしだからこそ、革命と戦争の混乱の中に置かれた彼には、みずからの音楽家としての行く末が曇って見えた。芸術家たちが頼りにしていた教育人民委員ルナチャルスキーは、比較的ものわかりのよい、真の教養人だった（彼はルーヴル美術館の案内係をしていたこともあり、ショパンについての随筆も一冊書いている）。ルナチャルスキーは恐るべき子ども《アンファン・テリーブル》プロコフィエフのもっともよき理解者で、彼の記念碑的なピアノ協奏曲第二番の第一楽章のためにイタリア語の演奏記号「colossale（巨大に）」を考案し、作品一七のピアノ曲集を「サルカズム（風刺）」と名づけた人物でもある。彼はプロコフィエフがロシアにとどまることを望んでいたが、希望どおりアメリカに行く許可を出した。こうして彼は、一九一八年五月に祖国を発ったのである。

　ペトログラードがドイツの脅威にさらされていたため、彼はウラジオストクを経由しなければならなかった。道すがら、経由地の日本でリサイタルを開いた彼は、その神業で現地の聴衆を仰天させている。最終目的地に到着した彼は、一一月からリサイタルを重ね、アメリカの聴衆の度肝を抜く。そのうちの一公演は、もうひとりのセルゲイ、つまりラフマニノフが来場するという光栄に浴した（ただし、眉をひそめながら聴いていたようである）。プロコフィエフはこのころ、ロシアへの郷愁を感じていたのだろうか？　もしもそうであれば、彼はその感情を音楽に翻訳したのだろうか？　彼がニューヨークで書いたピアノ曲《年老いた祖母の物語》に関するフランシス・プーランクのコメントを引用しよう。「パリにいたショパンがそれまでになくポーランド人であったように、当時ブロードウェイにいたプロコフィエフは、ロシアにいたころよりもいっそうロシア人であることを実感していた」［原注1］。真相はわからない。だが少なくとも、まもなくニューヨークを離れたプロコフィエフは、モスクワには戻らなかった。彼が一九二〇年四月にパリに到着した時には、ストラヴィンスキーの強力なサポートを得ながら、ディアギレフがこの街の芸術界を牽引していた（ちなみにストラヴィンスキーとプロコフィエフの関係は、つねに生ぬるいか冷え切っているかのどちらかだった）。当時のプロコフィエフにとって、お蔵入りになりかけていたバレエ《道化師》の上演をディアギレフに約束させることは最優先事項だったのである。

パリではプロコフィエフの《スキタイ組曲》が演奏された〔訳注一九〕。ドビュッシーの言を借りるなら、この「未開人の音楽」は、《春の祭典》よりもわずかに多くの「現代的な安楽」を備えている。いずれにせよ、《スキタイ組曲》はこの街から歓迎された。そして《道化師》もまた、いくらかの批判を受けながらも、おおむね好評を博した。以後パリの批評界は、プロコフィエフをストラヴィンスキーと同等に扱うようになる。要するにプロコフィエフは、この街で認められた。しかしパリでたびたび住所を変えた彼は、フランス定住を望んではいなかったようである。つづいて彼は、《三つのオレンジへの恋》の初演のために、シカゴ、つまりもう一度アメリカにわたる。さらにこれが失敗に終わると、またもやフランスへ向かった……。彼はようやく、フランスに落ち着くことになるのだろうか?

この時期、ソ連当局はプロコフィエフのご機嫌とりに努めていた。当時のソ連は、前衛芸術に対してまだ比較的、寛容だった。たとえば一九二五年に、レニングラードではベルクのオペラ《ヴォツェック》が上演されている。同年春、プロコフィエフは（戯曲『どん底』の作者として知られる）マク

〔訳注一九〕ディアギレフのために書きはじめたが最終的に却下されたバレエ《アラとロリー》を、管弦楽組曲として書き直した作品。

シム・ゴーリキーのソレントの別荘を訪ねた。長年この楽園に通ってゴーリキーと親交を深めた詩人ウラジスラフ・ホダセヴィチは、ゴーリキーの「真実と嘘に対するきわめて複雑な態度」を明敏に描写している［原注2］。この二面性のある男、ゴーリキーこそ、プロコフィエフにソ連への帰還を勧めた人物である。しかし残念なことにソ連では、とりわけ芸術の領域において、真実と嘘に対する単純な態度が強いられていた。それは時とともにいっそう徹底されていく……。だがそうした風潮の中にあって、かつてシカゴでそっぽをむかれた《三つのオレンジへの恋》がレニングラードで大成功を収めた勢いは、とどまることがなかった。いずれにせよ、祖国を離れてから約一〇年後の一九二七年に、プロコフィエフは感動的な（そう伝えられている）一時帰国を果たす。三カ月間の滞在中、彼は丁重なもてなしを受け、ルナチャルスキーの自宅にまで招待された。そして作曲家セルゲイと演奏家セルゲイは、ピアノ協奏曲第三番を披露して拍手喝采《かっさい》を浴びたのである。

ところが一九二九年、ふたたび祖国に短期滞在した彼は、思いがけない幻滅を味わう。ボリショイ劇場で上演された《鋼鉄の歩み》がプロレタリア音楽家協会の怒りを買ったのだ。彼らは、このバレエを支持し奨励した「ユダヤ人フセヴォロド・メイエルホリド」を糾弾し、おまけにプロコフィエフをファシストとして扱った。彼は憤慨して国を去るが、次の一九三二年のソ連訪問では晴れ間も広がり、プロコフィエフは再度の歓待への謝意を表して「ソ連の巨大な成功」を称えている［原注3］。ソ連への完全帰還をみすえて、彼は積極的にマルクス・レーニン主義の信条表明を繰り返し、大衆に理解される簡明な旋律を備えた音楽を大真面目に称賛している。ボリシェヴィキ政府は彼に、完全帰国後も希望すればいつでも出国できると（口）約束をした。意を決したプロコフィエフは、一九三六年六月末にモスクワに引っ越した。大粛清《エジョフシチナ》が始まったこの年は、ソ連史上もっとも悲惨な時期に当たる。

初めはすべてが順調だった。プロコフィエフはスターリンを喜ばせようと、大作《十月革命二〇周年のためのカンタータ》を作曲しさえした。彼はウラジーミル・イリイチ・ウリヤノフ（レーニンの本名）を、まるで正教会の聖金ロイオアン（聖ヨハネ・クリゾストモ）のように扱っている。「指導者レーニンの言葉はこのうえなく表情豊かで生き生きとしており、説得力がある。だからこそ私は、彼の思想を韻文に書き替えることを望まず、原文を活かして彼の言葉をそのまま用いるほうがよいと考えた」［原注4］。とはいえこの時期には、《ロメオとジュリエット》や《ピーターと狼》といったすぐれた成功作も産声を上げている。プロコフィエフは一九三八年初頭にヨーロッパとアメリカを旅したが、これは結局、彼にとって人生最後のソ連出国となった。この間、三月一三日に映画監督ルーベン・マムーリアンがハリウッドで彼の歓迎パーティを主宰している。招待客の中には、女優のグロリア・スワンソン、マレーネ・ディートリヒのほか、シェーンベルクもおり、ボリス・モロスという人物もいた。チェロ奏者だったモロスは、パラマウント映画で音楽プロデューサーをしていたが、じつはこのときソ連のスパイとしてプロコフィエフを見張っていた［原注5］。彼は四月一六日にソ連に帰国した。公然の侮辱を受ける日々がはじまる。

一九四〇年にスターリンの命令で逮捕された多数のひとびとの中には、作家イサーク・バーベリとメイエルホリドも含まれていた。後者は、プロコフィエフの作品の上演に何度か携わった卓越した舞台演出家で、ふたりは親しい間柄にあった。トロツキストおよびスパイとして糾弾されたメイエルホリドは、長い拷問を受け、その後すみやかに処刑された。以後、プロコフィエフがメイエルホリドの名を口にすることはなかった。それどころか彼は、スターリンの六〇歳の誕生日を記念してカンタータ《祝杯》を書いている。これとほぼ同時期に、三曲から成る「戦争ソナタ」の第一曲、傑作ピアノ・ソナタ第六番が完成する。そして一九四一年、ドイツ軍のソ連侵入によりトビリシに疎開していたプロコフィエフは、《戦争と平和》に着手した。このオペラを検閲に提出した彼は、戦闘のエピソードを精神分析の場面に書き換えるよう求められて従った。一九四五年以後、事態はさらに悪化する。彼が西側諸国で書いた全作品と、ピアノ・ソナタ第七番、同第八番がジダーノフ批判の対象となり、演奏禁止処分を受けたのである。

彼は、ひどくみじめな自己批判文を提出することになった。それは「西側で感染した」形式主義を誤りとみとめ、「作品の旋律的な質の向上に努めた」〔原注6〕ことを訴える内容であり、これを証明するために作曲されたオラトリオ《平和の守り》は、「最大限の音楽的な妥協」〔原注7〕であった。完成した最後のピアノ・ソナタ第九番は、疲弊したプロコフィエフが、自分自身を模倣するまでに落ちぶれた印象を与え、その簡素さは貧困としか聴こえない。最後の第七番の交響曲は、体制の美学的規律に則った作品である〔訳注二〇〕。しかも彼は終結部の修正を勧められて従い、一九五二年一〇月の初演で拍手喝采を浴びた。そして一九五三年三月五日、彼はスターリンと同じ日にこの世を去った。つまりこのうえなくひっそりと。当然、プロコフィエフの葬儀には花がなかった。唯一重要な人物のためにすべての花が徴発されたからである。

ところで、彼に関係する、おそらくもっとも悲惨な出来事——彼のソ連帰国後の最悪の汚点——に

〔訳注二〇〕　若者向けのラジオ番組のために書かれたこの交響曲で、プロコフィエフはソ連の未来をになう青年たちの「生きる喜び」を表現している。

ついてまだ言及していない。妻リーナがたどった運命である。プロコフィエフの人間的な弱さは、常軌を逸したスターリニズムの残忍さと結びついて、リーナの悲劇を生んでしまった。歌手リーナは、ウクライナ人のソプラノ歌手とスペイン人のテナー歌手の両親のもとにマドリードで生まれ、少女時代の大部分をニューヨークで過ごしている。そして同地でプロコフィエフと出会い、一九二三年に結婚した。夫婦がソ連に定住後すぐに、リーナは当局から目をつけられた。彼らはあらゆる外国人に警戒していたのである。有名作曲家の妻という身分は、リーナをねらう当局の魔の手から彼女をかろうじて守っていた。その後しばらくして、プロコフィエフはリーナと二人の子どものもとを去り、愛人と同居を開始した。彼はリーナとの離婚を望んだ。一方、ソ連では、いかなる人民も外国人と結婚してはならないという法律が発布される。この法律は過去にさかのぼって適用されたため、プロコフィエフ夫妻の結婚も無効とされた。それはプロコフィエフにとって好都合だった。書類上、独身者となった彼は、さっそく愛人と籍を入れた。

彼には思いがけないことではあったが、この重婚のあと比較的すぐ（一九四八年二月二〇日）に、今やただの外国人となったリーナは罠にかかって自宅から無理やり連れ出され、ルビャンカ監獄に監禁された。息子たちが帰宅すると、アパートは無惨に荒らされており、母親は姿を消していた。知らせを受けたプロコフィエフは弁護士に仲介を求め、ショスタコーヴィチにも助力を頼んだが、すべては無駄な努力だった。スパイと断定されたリーナは、禁錮二〇年の刑を言いわたされた。

リーナが、睡眠を妨害され、冷気にさらされ、さらにもっと残酷な拷問を受けたことが、今日明らかになっている。彼女は、移送されたレフォルトヴォ刑務所で数カ月にわたり誘導尋問を受け、スパイとして自白を強要された挙句、他の多くの逮捕者たちと同じように、嘘の告白書に署名をした。リーナがその体験について語ることは、その後いっさいなかったが、これらのおぞましい、しかし想像にかたくない一部始終は、彼女の孫のもとにあった資料をまとめた一冊の本によって、近年、明るみに出ている［原注8］。異国で夫に見捨てられたリーナは、強制労働収容所で生きるという苦難を強いられることになった。「フルシチョフの雪解け」によって、一九五六年に自由の身となったが、それでも、一九七四年までソ連を離れることは許されなかった。北極圏のヴォルクタで囚人として暮らしていた当時、リーナは息子たちに楽譜を送らせ、他の囚人たちに歌を教えた。なぜなら収容所の責任者たちには、文化を通じて囚人たちの再教育をおこなう義務があり、各分野の専門家たちを指導者として利用したのである。リーナがレッスンで用いた楽譜の中には、彼女がとりわけ愛していた亡命作曲家ショパンの歌曲の譜も含まれていた［原注9］。

一九八五年一一月一一日、《ピーターと狼》が、作曲から五〇年の節目を記念してニューヨークで上演された。このとき語り手として舞台に立ったのは、リーナ・プロコフィエヴァという名の女性である。その声はきめ細やかで、穏やかで、わずかに震えている［原注10］。彼女は、重婚した夫を恨んではいなかった。私たちは、プロコフィエフ自身の数奇で、輝かしくも暗鬱な人生から、どのような結論を引き出すことができるのだろう？　彼が真の祖国喪失者であったのはいつなのだろうか？　一九一八年から一九三六年までの彼は、政府から許可を得、自主的にソ連を出国して諸国を遍歴した芸術家にすぎない。しかしソ連に拠点を戻した一九三六年以後、彼が亡命者のような心情に苦しめられた可能性はあるのではないか？　「生まれ故郷にいながらにして、祖国ロシアへの郷愁」にさいなまれつつ……［原注11］。

いずれにせよ彼は、何にも強制されずに自由に作曲することができる世界へ郷愁を抱いたはずだ。たしかに彼は、ソ連で過ごしたもっとも困難な時代にさえ、政治的・思想的な規制に雁字《がんじ》搦《がら》めにされた作品とは別に、「戦争ソナタ」のような芸術性の高い作品を書いていた。しかしながら、クロード・サミュエルの次のような発言には疑問を呈さざるを得ない。サミュエルは、プロコフィエフは作曲家としてつねに自己に正直であったし、彼自身は西側時代とソ連時代の作風の相違に、あくまで

「無自覚」であった、と主張している。さらに、プロコフィエフの奔放な作風はソ連帰国後に穏やかになったが、それは共産主義体制からの圧力よりも、どちらかといえば年齢相応の成熟に起因するのだと明言している。サミュエルはまた、この作曲家の美学はがんらい、「ソ連的な正統の主柱、つまり旋律の優先、リズムと和声の簡潔性、調性の肯定」に一致していたのではないか、と問いかけている〔原注12〕しかしサミュエルは、スターリンとジダーノフが掲げた音楽的な「正統」が、美学ではなく、思想上のプロクルーステースの寝台〔訳注二二〕であったことを見過ごしている。この種の偽美学は、美学と呼ばれうるものと決して相いれないのである〔原注13〕。

*

ポール・モランの小説『東方の尖端 Flèche d'Orient』（一九三二）は、一九一五年に一五歳でロシアを離れて以来、パリで暮らす男の物語である。祖国喪失から一五年の歳月が流れ、骨の髄まで西洋化された主人公は、望郷の念とは無縁の生活を送っている。しかし彼は、「パリからブカレストまで一

〔訳注二二〕プロクルーステースはギリシア神話に登場する悪者。彼は通りすがりの旅人に寝台を提供しては、これに縛りつけた。そうして旅人の体が寝台より短ければ手足を引き伸ばし、逆に長ければその分だけ切り落とした。

日で行けるか?」という他愛もない議論の中で賭けに負け、飛行機でブカレストまで旅することになる。とある事情で、彼はさらに東方へと進み、ドナウ川下流のブライラにたどり着く。ソ連との国境はすぐそこだ。その瞬間、祖国が発散するものものが、主人公の嗅覚、視覚、聴覚を刺激しはじめる。心動かされ、やがて陶然とした彼は、まるで夢遊病者のように小舟で川をわたり、徒歩で国境を越えてしまう。それは、何よりも強い、遺伝子に刻まれた郷愁が引き起こした無意識の行動であった。自分の出自を忘れようとした主人公の一五年間の努力は、この郷愁によって一晩で霧散する。

語り口は秀逸であるが、やや出来すぎているようにも思えるこの物語は、ひとびとが血統や人種という宿命に強い関心を寄せた一九三〇年代初頭の主潮を、ある種の皮肉めいた客観性を交えながら映し出している。とはいえこの物語は、どうやらプロコフィエフの人生には当てはまらない。たしかに彼は、西側で約二〇年を過ごしたあと、祖国への帰還を決断した。しかし彼は、ロシアの大地に愛着を抱き続け、あるとき不意にその思い出にとらえられた愛国者にはみえないのだ。むしろ私たちの目には、自作が演奏される機会を欲し、何とかして芸術で生計を立てようとした男に映る。突如わいた愛国的な情熱のために、キャリア・プランを犠牲にした音楽家とは思えないのである。思い返せば彼の当初のソ連出国も、帰国したときと同様に、段階——言い換えればいくつかの機会——を踏みながら計画的に進められた。かりに彼が、故郷を離れる際に胸を痛めたとしても、それはささやかな傷でしかなく、徐々に治癒したはずである。ともすれば彼は、胸の痛みとも治癒とも無縁であったかもしれない。彼は革命勃発後すぐさま、ソ連出国が妥当であると判断した。しかしラフマニノフやストラヴィンスキーのように亡命者になって退路を断つことはせず、祖国の状況を外から観察し続けた。

どうして彼は、ソ連に戻ったのだろうか？　一説には、彼が西側で作曲家ストラヴィンスキーと演奏家ラフマニノフの影に完全に隠れてしまったからだと言われている。当のストラヴィンスキーは、プロコフィエフがつねに「きわめてロシア的な精神をもっていた」ことが理由のひとつであると述べながらも、こう断言している。彼のソ連帰国は「下劣なプルートスへのいけにえ」〔原注14〕〔訳注二二〕を意味するのだと。興味深いところでは、「クリスチャン・サイエンス」への帰依を、ソ連帰国の理由に挙げるひとびともいる。彼はこの新興宗教を深く信じていたために、あらゆる試練に対して楽観的な態度を貫いたのではないか、という推測である。また、彼の甘い考えと傲慢《ごうまん》さも、ソ連帰国の理由と目され、批判されている。つまり彼は自分のことを、ソ連当局から破格の待遇を受けるに値する大音楽家だと過信していた、というわけである。もっとも、チェロ奏者ムスティスラフ・ロストロ

〔訳注二二〕　プルートスは、ギリシア神話に登場する富と収穫の神。

ポーヴィチの言葉どおり、プロコフィエフは「あきれるほど能天気」〔原注15〕であっただけかもしれない。彼は一九一八年のインタビューの中で、すでにこう発言している。「私は政治には関心がありません。芸術は政治とは無関係です」〔原注16〕。この無邪気さと、あの「創作者としてのエゴイズム」ゆえに、彼は移民の友人にこう熱弁したのではないだろうか。「私が平穏に作曲でき、私が書いたすべての作品がインクの乾かぬうちに出版され、私の筆から出たすべての音が演奏されることを可能にしてくれる政府であれば、どんな政府でも私にあつらえむきだ」〔原注17〕。ただし現実は違った——スターリンの政府は、プロコフィエフに長いあいだ平穏に作曲させてはくれなかった。

しかし、この能天気で無責任で臆面のない言葉の裏に、そして彼のソ連帰国を後押しした「創作者としてのエゴイズム」とキャリア第一主義の裏に、遺伝子に刻まれた郷愁がひそんでいたとしたら？この郷愁が、プロコフィエフを突き動かしていたとしたら？『東洋の尖端』の主人公のように、彼がみずからの音楽作品の腐植土であった祖国を、本能的に恋しがった可能性は皆無とはいえない。セルゲイ・エイゼンシュテインは、プロコフィエフが音楽を担当した映画『イワン雷帝』と『アレクサンドル・ネフスキー』を手がけた名監督であるが、彼はプロコフィエフのことを、祖国に深く根づいた芸術家だと語っている。「プロコフィエフは芯までロシア的である。（…）彼は、未開のスキタイ人たち〔《スキタイ組曲》〕、一三世紀の石工たちの比類ない作品〔《石の花》〕、ウラジーミル・スーズダリ大公国の教会美術〔《アレクサンドル・ネフスキー》〕、これらに起源をもつ伝統を厳密に表現することによって、ロシア的である。フレスコ画に注がれた民衆の英知や聖像画家アンドレイ・ルブリョフの技法の中に見出される国民的な魂を、それが形成された源泉まで遡行することによって、ロシア的である」[原注18]。ここでエイゼンシュテインは、音楽ではなく造形芸術の伝統を引き合いに出している――しかし、時と魂の深奥において、芸術は唯一にして不可分だ。そしてプロコフィエフを支えたのは、この遠い昔の、ロシアの民衆たちの真実であったのかもしれない。だからこそ彼は、スターリンとジダーノフが虚偽の「人民」のイデオロギーの鞭《むち》を振りかざしていた暗黒の時代にも、おのれの才能を完全に否定して台無しにしてしまうことを免れたのではないだろうか。

第10章
ショスタコーヴィチと予言の鳥
――ソ連の作曲家たちの精神的亡命

ドミトリー・ショスタコーヴィチ
（1906 – 1975）

一九一七年のロシア革命以降にソ連にとどまった芸術家・作家たちの悲劇――絶対的な期待から途轍もない幻滅への暗転――の実情は、どのように理解されうるのだろう? 本章が、この悲劇の象徴として詩人アレクサンドル・ブローク（一八八〇‐一九二一）を取り上げる第一の理由は、彼の鮮烈な人生が、あまたのソ連の芸術家・作家たちの運命を端的に示し、また予示しているからである。当初、彼らが革命に対して抱いていた熱烈な信念は、やがて革命が光明（「太陽」）であると同時に殺人（「切られた首」）であることが明らかになるにつれて、踏みにじられていく〔訳注二三〕。第二の理由は、ブロークの詩にもとづくショスタコーヴィチとミェチスワフ・ヴァインベルクの歌曲が、精神的亡命の真っただ中にあったこのふたりの作曲家の自由を、雄弁に、しかし内密に物語っているからである。つまり彼らは、表向きには護身のためにソ連当局の意向に従いながら、心中ではこれを軽蔑し自由を希求していた。

ブロークが代表作『十二』を発表したのは一九一八年一月である。この長編詩は、一二人の赤軍兵士をキリスト教の「十二使徒」に見立てながら、革命の姿を超越的に、激しく、神秘的に浮かび上がらせる。一二人の前を歩いているのは、一三人目の男イエス・キリストだ〔原注1〕。つまりブローク

〔訳注二三〕 アポリネールの詩「地帯」の最終行にある有名な表現、「太陽、切られた首」をふまえている。

にとって至高の理想である革命は、世俗化された宗教ではなく、宗教そのものを具現するものだった。しかし彼は、やがて革命に幻滅した。そして『十二』からわずか三年後の一九二一年、プーシキンの没後八四年の記念祭のおりに、重病のブロークは最後に公衆の面前に姿を現した。彼はみずからの境遇を次のように嘆いている。「そしていまや私たちは平和と自由を奪われている。そのささやかで穏やかな生活だけでなく、あらゆる創造が必要とする魂の平和を。話す自由、言葉を発する自由だけでなく、創造する自由、ひそやかな自由を。そしていま詩人は死ぬ、なぜならもはや息ができないから。詩人は生きる意味を失った」[原注2]。ブロークは同年八月七日に逝去した。あるいは現実世界においても息絶えたといおうか。その三日前には、詩人アンナ・アフマートヴァの元夫で同じく詩人のニコライ・グミリョーフが秘密警察《チェーカー》組織に逮捕され、でっちあげの罪状によって裁かれ銃殺された。これを皮切りに、スターリン体制下で芸術家・作家たちが次々に処刑されていく。血まみれの大テロルの幕開けである。

それから三二年後、スターリンの死の直後に、はたして革命への期待から何が残っていただろう? ショスタコーヴィチは、この世を去った愛すべき全人民の父を公の場で称えるに当たり、盲目的で愚鈍な言葉を用いることをみずからに強いているが、これには文字どおり面食らうしかない。「何千年もすぎれば、私たちのはかない人生の出来事の多くは忘却の淵に沈んでしまうことだろう。しかしスターリンの名と業績は永遠に生き続ける。レーニンと同様、スターリンは不滅である」。だがショスタコーヴィチはひそかに、友人ロストロポーヴィチに本音を語っている。「ご存知でしょうが、私たちはここでは息ができません、ここでは生きられないのです」〔原注3〕。ブロークが三二年前に口にした、あの言葉だ！　ブロークの台詞を繰り返したショスタコーヴィチは、さいわいにしてその後、ブロークの詩をみごとに音楽化することになる……。

一九〇六年生まれのショスタコーヴィチは、革命が起こった時にはまだ子どもだった。彼はプロコフィエフのように、はじめはルナチャルスキーの庇護のもとで作曲したが、一九二八年から、彼の創作上の自由は制限されていく〔訳注二四〕。同年に書き上げられた《鼻》は、翌年の試演で「形式主義的」であると問題視された。彼は一九三〇年の初演に向けて、このオペラの擁護に努めたが、結局、初演期間中も猛烈な非難にさらされることになる。この間に彼をこきおろすために取られた手段は、以後

〔訳注二四〕　同年、スターリンは、農民の集団化を中核とする第一次五カ年計画を発表。ソ連は事実上、スターリンの独裁体制となり、音楽界でもプロレタリア音楽家協会を中心に厳しい作風統制が推しすすめられていった。ルナチャルスキーは一九二九年に教育人民委員の職を追われている。

もさかんに活用された。公開書簡の形で、労働者や農民たちが、民衆にはわかりづらい音楽に対する憤りをあらわにするのである。言うまでもなく、このような書簡は大量に出回った。

このときショスタコーヴィチは屈服したが、自分が「地獄の歯車に巻き込まれていく」［原注4］ことまでは予想していなかった。やがて恐怖の年、一九三六年がやってくる。そもそも、彼が独創的な手法で卑俗な題材を悲劇に結びつけた《ムツェンスク郡のマクベス夫人》は、初演（一九三四年）から二年間、ソ連はもとより世界中の劇場で好評を博していた。しかし一九三六年、突如として共産党中央委員会機関紙『プラウダ』の社説「音楽の代わりの荒唐無稽」で、このオペラが非難されたのである［原注5］。茫然として震え上がったショスタコーヴィチは（この種の批判がどのような結果を招くのか彼は知っていた）、長年のあいだ自分のよき理解者であった赤軍元帥トゥハチェフスキー（ヴァイオリンをたしなんだ）のとりなしもあり、あやうく難を逃れた。しかしそのトゥハチェフスキーも、軍内で強硬派であったことがあだとなり、一九三七年六月、スターリンに対する反逆罪をでっち上げられて逮捕、自白を強要されて銃殺された。失脚したトゥハチェフスキーと親しかったショスタコーヴィチ自身も、ＮＫＶＤ（内務人民委員部）に身柄を拘束され数時間にわたり尋問されている。運よく釈放されたショスタコーヴィチは確信した。彼らはいずれまた何か理由を作って自分を捕まえに来る……。逮捕の顚末《てんまつ》を家族が目の当たりにすることを危惧した彼は、夜な夜な荷造りをし、玄関で何時間も待機することさえあった。

交響曲第五番(一九三七)の成功による名誉挽回を経て、ショスタコーヴィチは第二次世界大戦中に栄光を手にする。ナチス・ドイツ軍に対するレニングラード市民の果敢な戦いを賛美する交響曲第七番《レニングラード》が、ロシアのみならず世界各地——とりわけアメリカ!——で空前の成功を収めたからだ。しかしこの国際的な栄誉に、一九四八年のさらなる統制を忌避する力はなかった。「ジダーノフ批判」である。プロコフィエフと同様、ショスタコーヴィチも芸術的なあやまちを自己批判して更生することを迫られ、音楽学校の教授職も取り上げられた。翌年、彼はアメリカの学会に出席してソヴィエト音楽を紹介するよう、スターリンからじきじきの要請を受ける。それは、彼がニューヨークで西洋批判にまみれた演説をおこない、何よりも敬愛するストラヴィンスキーの音楽を非難しなければならないことを意味した。一九五六年の「雪解け」は、彼を——少なくとも死の脅威から——解放した。それでも、一九六〇年代初頭の彼は、公の場でシェーンベルクを糾弾することがみずからの義務だと信じていた。さらに一九七八年、死の直前にも、反体制的な運動を展開した物理学者で、一九七五年にノーベル平和賞を受賞したアンドレイ・サハロフを非難する共同文書に署名している。

これらのエピソードはすべて、ショスタコーヴィチがモデルとなったジュリアン・バーンズの小説『時代の騒音』の下敷きとなった。バーンズは適度な感情移入によって、命つきるまでじっと屈辱に耐え、おのれの弱さを反芻《はんすう》し続けた人物として、人間ショスタコーヴィチを描いている。「彼は臆病の星のもとに生まれた――あるいは少なくとも洗礼を受けた――といえるだろう」〔原注6〕。しかしそれは、ソ連当局の残虐性を前にすればだれしも陥る臆病さである。いずれにせよ、恐怖は徹底して彼につきまとった〔原注7〕。ショスタコーヴィチの作品は、明らかに、そして深く、この精神的亡命の跡をとどめている。そのあかしに彼は、ジダーノフ批判の時代の真っただ中に、スターリンとその手先たちを嘲笑する作品をこっそりと書き、一九六〇年代にふたたびこの作品に手を入れている。そのタイトルは、「反形式主義的小楽園《ラヨーク》」〔訳注二五〕。即興の戯文にたとえられるこの作品は、一九八九年一月、ロストロポーヴィチの指揮でようやく日の目をみた〔原注8〕。

しかしながら、これとはまったく異なる次元で、ショスタコーヴィチの精神的亡命を裏づけている

〔訳注二五〕 ソ連の作曲家たちに次々と「形式主義者」のレッテルを貼ったソ連作曲家同盟（旧プロレタリア音楽家協会）の荒唐無稽な議論をからかうカンタータで、歌詞にはジダーノフの文章も引用されている。

ものがある。彼の音楽のグロテスクさ、サルカズム（あざけり）、そして——ときに真意と見分けがつかない——偽りの楽観主義である。バーンズは、交響曲第五番の終楽章が「勝利のパロディ」であり、それは「〔交響曲第五番という〕死体に向けられた道化師の冷笑を描くに等しい」と書いている［原注9］。これに関して、一九三七年にエフゲニー・ムラヴィンスキーの指揮でおこなわれた交響曲第五番の初演が、巨大な成功を収めたことを思い出さなければならないだろう。演奏が終わるやいなや、聴衆たちは躊躇なく立ち上がって拍手喝采し、当局は「形式主義的な」あやまちから脱したショスタコーヴィチを褒めちぎった。当然このとき、聴衆と時の権力者たちは、作品にひそむ「道化師の冷笑」を称えようとしたわけではない。つまり、聴衆も検閲者たちもだまされ、道化師の冷笑を歓喜と取り違えたのではないか？　そして全員が、この桁《けた》はずれの悪ふざけにひっかかったのではないだろうか？

ショスタコーヴィチの音楽の曖昧な性格〔訳注二六〕を体現しているもうひとつの有名な例は、上述の交響曲第七番《レニングラード》である。この作品は、当のレニングラードで、ドイツ軍による包囲のさなか（一九四二年八月）に初演された。悲劇的なことに、オーケストラはこの街で響く大砲の音を

〔訳注二六〕　音楽学において「二重言語」「イソップ的言語」といった言葉で説明されることが多い。

しのぐ大音量で演奏しなければならなかった。したがって、このうえなく深刻な交響曲であるといえる。ところで、第一楽章には「侵攻のエピソード」がある。これはナチス・ドイツ軍を音楽的に描写している、ということになっており、なるほど、その絶え間ない足踏みはラヴェルの《ボレロ》をわずかに彷彿させる。ところがこのエピソードの中には、レハールの《メリー・ウィドウ》から借用された野暮で単純な旋律が隠されている〔訳注二七〕。ヒトラーがレハールの作品を好んだからだろうか？いやしかし、ショスタコーヴィチは非公式に、この侵攻のエピソードが、ファシズムのみならずソ連の全体主義体制をも意味すると語ったようである〔原注10〕。つまり、私たちはふたたび自問するしかないのだ――この音楽はいったいだれをからかっているのだろう？〔原注11〕

彼の交響曲において、厳粛なものと旧弊なもの、心底からの熱狂と辛辣なカリカチュア、輝かしい勝利と騒々しい破局を聴き分けることは、ほぼ不可能である。彼の音楽には、いうなれば分裂病質がみとめられるのだ。それはおそらく、権力によって巧妙かつ残忍に翻弄され続けたショスタコーヴィチの悲惨な境遇がもたらした、もっとも明白で、恐ろしく、痛ましい結果である。フランス一七世紀

〔訳注二七〕　引用元は《メリー・ウィドウ》第二幕で、酒に酔ったダニロ・ダニロヴィッチ伯爵が「（パリの料亭）マキシムで女たちと戯れ、祖国を忘れよう」と歌うアリア。

のモラリストのひとり、レッス枢機卿が、自己を犠牲にしないかぎり曖昧さから抜け出すことはできない、と述べたことは有名であるが、これはまさにショスタコーヴィチの人生を言い当てている。とはいえこの言葉は、芸術の本質とは相いれない――曖昧さにとどまる覚悟なら、芸術作品の真意を犠牲にするしかない。なぜならここでいう曖昧さは、芸術作品本来の豊かさを約束する多義性とは別物だからである〔原注12〕。私たちは、ショスタコーヴィチの特定の作品を前にすると、「パヴロフの犬」のようによだれを垂らすだけで、真意にはありつけない。それはつまり、スターリンが権力を振りかざし、パヴロフが犬たちを扱ったようにショスタコーヴィチを処遇したことを意味するのである〔原注13〕。

さいわいにしてショスタコーヴィチは、他の作品、とりわけ室内楽の分野においては、仮面をはずして「道化師の冷笑」を手放し、率直に表現している。胸を打つ素朴さが印象的な歌曲集《ユダヤの民族詩より》作品七九はその好例であり、晩年の《アレクサンドル・ブロークの詩による七つのロマンス》作品一二七（編成はソプラノ、ヴァイオリン、チェロ、ピアノ）は、そのもっとも顕著な例である〔原注14〕。ショスタコーヴィチは、ブロークの詩、とりわけ『十二』を愛読していた〔原注15〕。秘められた抒情性と陰鬱な暴力性が交替する作品一二七の音楽は、ブロークの詩を的確に直訳しており、私たちはパヴロフの犬にならずに心安く聴き入ることができる。ところで、ショスタコーヴィチがこれら七つの詩を、美しいという理由だけで選んでいないことは確かだ。たとえば第二曲〈ガマユーン、予言の鳥〉の一語一語、そして一音一音は、彼が生きた時代——そして彼が生きた場所——の真実をありのままに伝えている。

鳥は予言する　恐ろしい血の海を
大地の震撼と飢えと災禍を
極悪の支配と廉潔の壊滅を……

悲惨なお告げを覆い隠すかのように
鳥はその美しい顔を愛で赤く染める
しかし身の毛もよだつ予言が
血にまみれたくちばしから発せられる……［原注16］

この〈ガマユーン、予言の鳥〉と終曲〈音楽〉には、おそらくショスタコーヴィチの本心が投影されている。音楽そのものを称える終曲において、ブロークの詩の美しさは、苦悩、血の惨劇、そして死を超越している。

*

ショスタコーヴィチはこの作品一二七の初演でみずからピアノを弾くことを想定していたが、病がこれをはばんだ。このとき彼の代役を務めたのが、親友ヴァインベルクである［原注17］。ユダヤ系ポーランド人のヴァインベルク（一九一九－一九九六）は、いうなれば二重の亡命を経験した。彼自身はナチス・ドイツの侵攻を受けたポーランドを脱出することができたが、家族は残らずホロコーストの犠牲になった。ソ連に亡命したヴァインベルクは、ミンスク音楽院で学んだのち、一九四一年にドイツ軍の侵攻を避けてタシュケントに疎開した。彼がショスタコーヴィチを敬愛するようになったのはこのころで、一九四三年には、ショスタコーヴィチからの誘いでモスクワに移り、彼と親交を結んでいる。ヴァインベルクは「小ショスタコーヴィチ」［原注18］と呼ばれたが、彼の音楽はきわめて独創的で表現力豊かである。たとえば近年ようやく初演された《パサジェルカ》（一九六八）〔訳注二八〕に、ショスタコーヴィチは舌を巻いている。このオペラでは、音楽は言葉に奉仕する。そして慎み深くおごそかに響く劇付随音楽のように、筋の展開を控えめに、しかし効果的になぞっていく。タブーとは言わないまでも、目を覆いたくなるような題材を扱う〔原注19〕この作品の迫真と的確さには、ただただ胸を打たれる。

このようにヴァインベルクは、ナチスの残虐性を公然と告発することができたが、その一方で、スターリンの暴虐——とりわけ彼自身も犠牲となった反ユダヤ主義——を表立って批判することはしなかった。二重亡命者ヴァインベルクは、現実世界の亡命地ソ連で、精神的亡命を強いられたわけである。彼の義父で著名な俳優のソロモン・ミホエルスもユダヤ人で、ソ連当局により暗殺された。また「白衣の陰謀事件」〔訳注二九〕で逮捕されたユダヤ人医師たちの中には、ヴァインベルクの義理の叔父

〔訳注二八〕　原作は、ホロコーストの生還者ゾフィア・ポスミシュの小説『女旅行者』。アンジェイ・ムンク監督の映画『パサジェルカ』（一九六四年公開）もこの小説を脚色したもの。

〔訳注二九〕　一九五三年一月、九名のユダヤ人医師が共産党幹部の暗殺を計画したとして逮捕された事件。同年三月のスターリン死去後、四月に医師たちは釈放された。

（ミホエルスの弟）が含まれている。さらにヴァインベルク自身も、「シオニスト運動」に加担したとの罪状で投獄された。このときショスタコーヴィチは、大粛清の主要執行者のひとりであるラヴレンチー・ベリヤに、ヴァインベルクの釈放を訴える手紙を送っている［原注20］（親友のために果敢な行動に出たショスタコーヴィチが、プロコフィエフの妻リーナの逮捕に際しても仲介を試みたことは前章で言及した）。ヴァインベルクはリーナと同様、独裁者スターリンの死後に釈放された。ただし彼は、リーナに比べれば幸運だった。一九五三年二月の逮捕からわずか一カ月後に、スターリンが逝去したからである。

おそらくヴァインベルクが置かれていた状況は、ショスタコーヴィチのそれよりもいっそう入り組んでいる。ソ連は、ホロコーストを逃げのびたヴァインベルクにとって安全地帯だった。それゆえに彼は、この国の権力者たちをとがめようとはせず、自分やショスタコーヴィチが受けた迫害を最小限に見積もった。当局の非道を憎む精神的亡命者であったにもかかわらず、その事実を自覚できなかった彼は、体制崩壊のまぎわまでソ連共産党の栄光を称える音楽を書き続けることになる［原注21］。このような行動はロストロポーヴィチとの不和の原因ともなり、ロストロポーヴィチはヴァインベルクから贈られたチェロのための《二四の前奏曲》を弾くことを拒んだ。さらにヴァインベルクは、ソ連の過酷な現実を証言する作品を発表した作家アレクサンドル・ソルジェニーツィンを非難する文書に署名している〔原注22〕。

しかしながら最晩年のヴァインベルクは、おのれの内なる声により正直であろうとした。彼はワルシャワ・ゲットー蜂起の犠牲者たちに捧げた交響曲第二一番（副題は《カディッシュ》〔ユダヤ教の死者のための祈り〕）では、みずからのユダヤ人としてのルーツを見つめ直し、最後の交響曲となった第二二番（未完）では、ショパンの《バラード第一番》の引用を軸に、祖国ポーランドを懐古している〔原注23〕。さらに注目すべき例としては、このころ名誉回復がはじまりつつあったアフマートヴァの詩にもとづく、第一七、一八、一九番の交響曲が挙げられる。

ヴァインベルクの伝記作家によると、偶然にもブロークの詩による歌曲集（作品五〇、全一〇曲）は、彼が唯一「ジダーノフ批判」の監視の目をくぐり抜けて作曲した作品であるという〔原注24〕。彼がこの歌曲集のために選んだブロークの詩集『過ぎ去りし日々の境の向こう側で』〔原注25〕を貫いているテーマは、苦悩、癒し、贖罪《しょくざい》だ。無駄な表現がそぎ落とされたヴァインベルクの音楽は、感動的な簡素さを湛えている。その特徴がもっとも如実に表れている終曲〈思い出〉の詞は、作曲家自身の悲劇を代弁しているように思えてならない。ヴァインベルクもまた、過去の不幸（亡命と身内の死）の思い出が、現在の不幸（精神的亡命）がもたらす苦悩をかき消すことを期待していたのではないだろうか？

陰鬱な日がやってきたら
呼べ、癒しを呼べ
むかしの苦悩の影を呼び覚ませ
それこそが快復をもたらすだろう！〔原注26〕

＊

言うまでもなく、表面上は政府の意向に従いながら精神的亡命を続けたソ連の作曲家はヴァインベルク以外にもおり、なかにはブロークの詩を音楽化した者たちもいる。もっとも特筆すべきは、すぐれたピアニストにして、すぐれた作曲家でもあったサムイル・フェインベルクだろう〔原注27〕。ショスタコーヴィチの強力な支持者であったトゥハチェフスキーが、ソ連当局によって処刑されたことは先に述べたが、フェインベルクの師で彼の出版者でもあったニコライ・ジリャーエフも、トゥハチェフスキーと同じ運命をたどった（彼は参謀部で従軍記者を務めていた。存在を消される理由はそれだけで十分だった)。フェインベルクは作品二一のaとbという形でソナタ第七番と第八番をまとめて出版する準備を整えていたが、それはジリャーエフの死によってはばまれた――かりに出版が実現していたとしても、その大胆な音楽言語は非難にさらされただろう。この不吉で［原注28］、苦悩に満ちた、幻覚や幻想にとらえられたような二作のソナタは、結局、彼の存命中には出版されなかった。二作の録音を世に送り出したピアニスト、クリストフ・シロドーが、これらを「隠れた傑作」［原注29］と呼んでいるのはしごく妥当である。

アフマートヴァの最初の夫グミリョーフが不正裁判にかけられ処刑されたことは前述のとおりだが、その後にはアフマートヴァの息子が、強制労働収容所に送られている。彼女の『レクイエム』［原注30］は、大粛清の嵐が吹き荒れ、「無垢なロシアが苦痛に身をよじっていた」［原注31］暗黒の時代の犠牲者たちを追悼する連作長詩である。ショスタコーヴィチの弟子で、精神的亡命者であったもうひとりのソ連の作曲家ボリス・ティシチェンコ(一九三九―二〇一〇)は、大胆にも一九六六年に、ソ連ではまだ出版されていなかった『レクイエム』を音楽化している。彼はアフマートヴァの死の数日後に作曲を終えたが、この音楽作品は当然ながら、かなり長い年月を経てから(一九八九年、アフマートヴァ生誕一〇〇年に)初演されている［原注32］。

＊

強制的移住（広義の亡命）と精神的亡命の辛苦を同時になめた作曲家の例は複数あるが、ここでは「ロシアのシェーンベルク」の異名をとる前衛作曲家ニコライ・ロスラヴェッツ（一八八一－一九四四）に注目したい。彼は自身が犯した「政治的なあやまち」の「自己批判」に励んだものの、その作品の演奏を禁じられ、一九三〇年代はじめにタシュケントへ追放された。本来はバイロン、ラフォルグ、ボードレールに共感していた彼は、社会主義リアリズムにふさわしく綿花栽培を称えるバレエを書くよう命じられた。その悲運は、畑と農民の絵を描くことを強いられた抽象画家カジミール・マレーヴィチの運命と重なる。

労働収容所への収監という究極の強制的移住と精神的亡命との不幸を一度に背負ったソ連の作曲家たちの中には、ギター奏者でもあったマトヴェイ・パヴロフ＝アザンチェーエフ（一八八八－一九六三）がいる。彼は一九四一年から一九五一年までの一〇年間を強制収容所で過ごしながら、《曲芸のダンス》をはじめとする美しいギター曲を書いた。ちなみに管弦楽曲《鉄工場》の作曲者として広く知られるアレクサンドル・モソロフ（一九〇〇－一九七三）も強制収容所に送られたが、彼の場合はこの間、作曲をしなかったようである［原注33］。しかしながらもっとも私たちの胸をえぐる例は、フセヴォロド・ザデラツキー（一八八一－一九五三）だろう〔原注34〕。近年になって、彼に関する詳細な研究書が刊行された。ただしそのうちもっともインパクトのある伝記的な逸話のいくつかは、実の息子によって語られているとはいえ（あるいはそれだからこそ）、第三者による検証が必要であると思われる〔原注35〕。

たとえばこの書によると、ザデラツキーが追及された最大の罪は（彼自身がこれについて語ることはなかった）、一九一五年から一九一六年まで、皇帝ニコライ二世の長男アレクセイのピアノ教師を務めたことだった。「彼の心のもっとも奥深くに隠された秘密は、一九九七年まで明るみに出ることはなかった」と、彼の息子は書いている。ザデラツキーが臨終の際にこの秘密を友人に告白し、のちにその友人から伝えられたというのである。息子は、皇帝と父の間をとりもった人物たちの名前まで挙げている。しかしこの話は、どうも解《げ》せない。皇帝一家の家庭教師ピエール・ジリヤールは、皇帝の子どもたちと日常的に顔を合わせ、皇帝一家が幽閉されたエカテリンブルクのイパチェフ館の入り口まで子どもたちに付き添った人物である。しかし彼は、ピアノ・レッスンにかかわる証言をいっさい残していない。おまけにジリヤールは、皇子アレクセイの教育の委細に言及し、ロシア語教師ペトロフと英語教師ギッブスの名を挙げているが、ここにもピアノ教師ザデラツキーの名はまったく出てこな

いのだ！［原注36］

このエピソードは、鵜呑《うの》みにせず客観的に掘り下げる必要がある。ただし、ザデラツキーが革命直後の一九一九年から翌年にかけて、アントーン・デニーキンの白軍に参加していたことは事実である。ところがザデラツキーの息子はこの件に関しても、「ピアノ教師」の逸話以上に驚くべき、また信じられないようなエピソードを紹介している。それによると、ザデラツキーは他の将校たちとともに赤軍の捕虜になり、ある館で禁足を命じられて死を待っていた。彼は夜に、不安をまぎらわせるためにに応接室にあるピアノを弾いた。これを聴いた牢番のひとりが演奏を気に入ったため、ザデラツキーは（全捕虜の中で唯一）命を救われた、というのである。この音楽愛好家の牢番の名は、フェリックス・ジェルジンスキーといった。そう、あの秘密警察組織《チェーカー》の生みの親、「鉄のフェリックス」である……。この話は、ロマン・ポランスキーの映画『戦場のピアニスト』のモデルとなったウワディスワフ・シュピルマン——ショパン好きのドイツ将校に命を救われた——の体験とそっくりである。おそらく、あまりにも［原注37］。しかし、似ていてはいけない理由でも？　赤軍であろうが白軍であろうが茶軍であろうが、暴君は音楽好きと相場が決まっているではないか。

皇帝派ザデラツキーの人生の、嘘か誠か不確かなエピソードは検証の余地があるが、その後のスターリン体制下の彼の境遇に関しては、もう少し確かなことが言える。次に挙げる、彼の驚くべき逸話は、まったく不自然ではないし、少なくとも一作の楽曲によってその事実が立証されている。スクリャービンの作風を継承する前衛音楽を書いていたザデラツキーは、一九三〇年代初頭に、より伝統的な書法に回帰した。その理由が、時代背景に直結していることは火を見るよりも明らかである。にもかかわらず彼は、「反ソヴィエト的活動」と「ファシスト的」音楽の普及の罪を問われ、六年にわたる強制収容所生活を強いられた。史上もっとも劣悪な強制労働収容所のひとつとして名高い、北東部のコルィマ鉱山に送られた彼は、極寒の地獄で震えた。囚人たちから「語り部」として慕われたザデラツキーは、彼らの助力でもっとも過酷な雑役は免れ、作曲をすることができた。そうして彼は、電報用紙やさまざまな紙切れに、当然ピアノの助けなしに、《二四の前奏曲とフーガ》を書き連ねていったのである（近年、この大作を収めたCDがリリースされている）。一九三九年に釈放されたザデラツキーは、さらに他の屈辱を受けることになるが、それらは強制収容所での苦難に比べればましだった。彼はプロコフィエフのようにスターリンと同日に死んだわけではないが、ほぼ時を同じくしてこの世を去っている。

ザデラツキーの息子は、この《二四の前奏曲とフーガ》が、ヒンデミットの《ルードゥス・トナリス》に先駆けて、そしてショスタコーヴィチの《前奏曲とフーガ》よりもいっそう早くに、バロック時代を象徴する「前奏曲とフーガ」の形式を採用した二〇世紀初の試みであると述べている。じっさいはザデラツキー以前に、一九三〇年代初頭、ウクライナの作曲家アルカディ・フィリペンコ（一九一二―一九八三）が二四曲の前奏曲とフーガを書いているが、この曲集は戦争中には失われていた。正直、どちらが先かは重要な問題ではない。確かであるのは、囚人ザデラツキーにとってJ・S・バッハへの回帰が、同時代の作曲家たちの新古典主義への心酔とは無関係であったという点である。むしろザデラツキーは、精神的亡命の極点で、音楽の父に向かって祈り、その庇護を求めたといえる。そして《二四の前奏曲とフーガ》は、極限状態の中でも生き抜こうとしたザデラツキーの強い意志と、彼の驚異的な創造力の産物なのである。この大作の全曲演奏は、二時間以上を要する［原注38］。あるときは無骨で峻厳であり、あるときは繊細で透明で優しく印象主義的であり、あるときは壮大で交響的なその音楽には、はっきりと悲劇性がみとめられるが、ユーモアの存在感もこれに負けてはいない。各曲の多様な性格には、ただただ驚かされる。この曲集の何よりの特徴は、それぞれの前奏曲が放つ多彩な色と、フーガの柔軟な扱い方であるが、そこにはさらに、ピアノ史上のさまざまな傑作の暗示も見出される［原注39］。凍てつく寒さの中、荒屋に閉じ込められた囚人が書き連ねたこの曲集は、数々の驚きに満ちた旅、何にも束縛されない自由な創造世界への旅にたとえられるだろう。

ザデラツキーは、ピアノ作品とオーケストラ作品のほかに、約一〇〇曲ものピアノ伴奏付きの歌曲を残した［原注40］。そのうちの一〇曲、とりわけブロークと同じく象徴主義の詩人であったワレリー・ブリューソフの詩にもとづく歌曲が、近年に録音されている［原注41］。これらの歌曲の特色は、その華麗さ、力強い語り口、そしてピアノ・パートの充実である。そこではラフマニノフから受け継がれた格調高いピアニズムと、リストに由来する躍動的なピアノ書法が活かされている。ザデラツキーは、なかでも一曲の詞として選んだブリューソフの詩「一〇分の一」に、みずからの境遇を重ねあわせていたのかもしれない。ショスタコーヴィチとヴァインベルクが、ブロークの詩から自分たちの運命を読み取ったように……。

だからといって　私たち歌い手は
自分たちについて黙さない！
歌われる旋律に　いったいどれほどの力がある？
あらゆる苦悩のうち――

歌に託され生き永らえるのは
たった一〇分の一だけ！［原注42］

ザデラツキーの音楽は、激しい起伏と、ある種の激情的で宿命的なエネルギーによって、この詩を満たす苦渋を増幅させている。作品に刻まれる、作者の苦悩のたった一〇分の一は、それでも力強く生き永らえる——ザデラツキーの歌曲と、音楽的な記念碑にたとえられる《二四の前奏曲とフーガ》が、そのことをはっきりと示している。

第11章

テレジーン収容所に響く児童合唱

――ナチスに虐げられた作曲家たち

ハンス・クラーサ
（1899－1944）

ヴィクトル・ウルマン（1898－1944）

パヴェル・ハース
（1899－1944）

ギデオン・クライン
（1919－1945）

パウル・ヒンデミット（1895－1963）

カール・アマデウス・ハルトマン
（1905－1963）

ボフスラフ・マルティヌー
（1890－1959）

ソ連のグラグ（強制収容所）に送られた捕虜たちの多くは、死にゆく運命にあった。そこでは人命は、徹底して軽んじられた。いっぽうナチスの強制収容所では、ユダヤ人たちの命は憎しみの対象だった。収容目的が殺人であることを隠すためにナチスが国外へ発信した嘘は、彼らがもくろんだ大虐殺をよりいっそう残酷にしたが、そのうちもっとも周到な嘘の名は「テレジーン」であった。プラハから北西に約五〇キロ離れた要塞都市テレジーンは、ナチスの手で大規模な通過収容所と化した〔訳注三〇〕。今日に伝えられている、当時の——不愉快きわまりない——記録映像の存在によって、私たちはこの欺瞞《ぎまん》を今もインターネット上で「見る」ことができる。

くだんの映像は、一九四四年夏に撮影された。小さな子どもたちが体育館の舞台で合唱曲を歌っており、観客の大半も子どもたちである。総勢一三の大人の器楽アンサンブルに伴われた、一生懸命な子どもたちの背後には、都会のありふれた風景画が見える。音楽は、シンプルで陽気で快活だ。しかし私たちは彼らの表情から、深刻さ、彼らがまだ知らずにいる事実の深刻さを感じ取ってしまう。

〔訳注三〇〕　ユダヤ人捕虜たちは一時的にテレジーンに抑留され、やがてアウシュヴィッツなどにある絶滅収容所に移送され殺された。国際社会から残虐行為を疑われていたナチスは、テレジーンが「ユダヤ人たちが快適で文化的な生活をおくる街」にみえるよう巧妙に工作して国際赤十字の視察団を迎え、世界の目をあざむいた。

子どもたちがルドルフ・フロイデンフェルトの指揮で歌っているのは、児童オペラ《ブルンジバル》である。タイトルはチェコ語で「マルハナバチ（丸花蜂）」あるいは「ぶんぶんうなるもの」を意味する。作曲者はテレジーン収容所の捕虜だったハンス・クラーサ（一八九九－一九四四）で、台本を手がけたのは彼の友人アドルフ・ホフマイステルである［原注1］。あらすじは以下のとおり。主人公の少年と少女は、病気の母親のためにどうしても牛乳を手に入れなければならないが、お金がない。ふたりは手回しオルガン奏者が道端で演奏し、お金をかせいでいる姿を目にする。彼らは手回しオルガンに合わせて歌いはじめるが、奏者の男はこれが気に食わず、手回しオルガンを大音量で演奏して彼らを追い払う。そのとき犬、猫、雀、そして近所の子どもたちが助けにやってきて、意地悪な男の手回しオルガンよりもいっそう大きな音を出す。最後に、少年と少女は母親を救うお金を手に入れる。みんなの勝利！

このオペラを歌った子どもたちとクラーサは、皮肉にも祖国にいながらにして、テレジーンへの移住を強いられた。そしてすでにこのとき、全員の次なる行き先は決まっていた……。映像を見ると、意地悪で粗暴な手回しオルガン奏者は口ひげをたくわえている。たしかに口ひげ男は、現実の世界でもやがて敗北する――あまたの大人と子どもの未来を奪ったあとに。オペラの最後を飾るフレーズは

胸をえぐる。「正義を愛する子、正義を守る子、そして勇気ある子、それが僕らの友だち。それが僕らと一緒に遊ぶ子」［原注2］

この映像は、同じくテレジーンに収容されていたユダヤ人クルト・ゲロンが、ナチスから命じられて撮影したものである。その目的は、テレージエンシュタット（ドイツ語でこう呼ばれた）がユダヤ人向けの快適な保養地であることを国際社会に信じこませるためのプロパガンダ映画として使用するためだった［原注3］。そもそもクラーサはツェムリンスキーの弟子で、《ブルンジバル》を（フロイデンフェルトの父が経営していた）プラハのユダヤ人孤児院でこっそりと初演した。その後、クラーサと孤児院の子どもたちは、テレジーンへといっせいに連行され抑留された。テレジーンの責任者たちが、捕虜たちの文化活動を認め、また推奨していたことはよく知られている。当然これは、ユダヤ人たちが幸せに暮らす場所をでっちあげ、おめでたい民主主義国家にそれが真実であると錯覚させるためだった。

こうした事情から、クラーサはテレジーンで、《ブルンジバル》を初演時よりも小規模な編成用に書き直した。一九四三年九月二三日に初演されたこの改訂版は好評を得、一九四四年の夏の終わりまでに五五回も上演された。同年一〇月一六日、クラーサ、ゲロン、そして私たちがその歌唱姿を映像で見ることができる（何度見ても、彼らの陽気さには影がある）児童合唱隊のほぼ全員が、アウシュヴィッツに送られ、ガス室に消えていった。

＊

テレジーン収容所の捕虜となり、その後にクラーサと同じ運命をたどった音楽家たちの数は驚くほど多い。なかでも特筆すべきは、シェーンベルクとツェムリンスキーの弟子にあたる作曲家、ヴィクトル・ウルマン（一八九八－一九四四）だろう。彼は一九四二年九月八日にテレジーンへ連行され〔原注4〕、ここで約二〇作を書いたのちにアウシュヴィッツで処刑された。そのうちの一作は、同じくテレジーンの捕虜であった詩人・画家のペテル・キエン――彼も絶滅収容所に送られた――の台本による短編オペラ《アトランティスの皇帝》である。このオペラに登場する、ヒトラーを彷彿させる独裁者は、他者を死にいたらせようとするが、最終的には自分の死を受け入れる〔原注5〕。ウルマンは、テレジーンで書いたピアノ・ソナタ第七番の終楽章では、ＢＡＣＨのつづりにもとづくテーマを用いているが、さらにイェフダ・シャレットの歌〈ラヘル〉を引用し、自身のユダヤ人としてのルーツを肯定してもいる。このほかウルマンがテレジーンで手がけた作品に、ヘルダーリンの詩による歌曲集、美しく悲痛な弦楽四重奏曲、そして語り手とピアノとオーケストラのための《旗手クリストフ・

リルケの愛と死の言葉》（原作ライナー・マリア・リルケ）がある。ある証言によれば、ウルマンには、アウシュヴィッツに移送されるまでのあいだに、「自分にとってテレージエンシュタットは形式を習得する場」であることを、作曲家として認識するだけの時間と勇気があった。なぜならテレジーンでは「題材に打ち勝たなくては」ならなかったからである［原注6］。

ヤナーチェクの弟子であるパヴェル・ハース（一八九九－一九四四）もテレジーンに収容され、師の影響が著しいリート集《中国の詩による四つの歌》（一九四四）を書いている。そこでは「わが家は遠い、あまりにも遠い」と嘆く人物が、その後に夢によって帰郷を錯覚する。この故郷喪失の詩が託されたリート集は、テレジーン収容所内で歌手のカレル・ベルマン（一九一九－一九九五）によって初演された。没年から明らかなように、ベルマンは命拾いし、後年にこの曲集の録音を世に送っている［原注7］。さらに、一九四四年六月二二日の初演を受けてウルマンが執筆した感動的な絶賛の評も残されている［原注8］。もうひとつ明記しておくべきは、地獄から生還したベルマンが、チェコスロヴァキア（当時）でシェーンベルクの《ワルシャワの生き残り》が演奏される際に、しばしば語り手役を引き受けたことである。

作曲家でもあったベルマンは、テレジーンで《ピアノ独奏のための組曲、一九三九－一九四五》に着手した。彼は一九四四年九月にアウシュヴィッツに送られたのちに生還したものの、チフスで生死の境をさまよった。チフスと言えば、詩人ロベール・デスノスが、テレジーン収容所から釈放された直後にこの病で亡くなっている（ところでテレジーンは、トッホとシェーンベルクが親類を亡くした場所でもある）。ベルマンは後年に、この悲惨な体験を作品の中でいくどか描出し、上述の組曲に収めた。とりわけ彼は、荒々しい葬送行進曲である〈アウシュヴィッツ、死体製造所〉において、背筋の凍るような光景を喚起している。

若手のギデオン・クライン（一九一九－一九四五）は、一九四一年一二月にテレジーン行きを強いられた［原注9］。将来を有望視された早熟のクラインに、指揮者のカレル・アンチェルは手ばなしの賛辞を贈っている（ホロコーストの生還者アンチェルの指揮姿が、前述のゲロンのプロパガンダ映画の中に現れる。演奏曲目は、ハースが弦楽オーケストラのために書いた《エテュード》である）［原注10］。クラインの弦楽四重奏曲《幻想曲とフーガ》は、十二音技法で書かれているにもかかわらず抒情的で、その作風はピアノ・ソナタにも同様にみてとれる。クラインはこのソナタ、とりわけ中間楽章〈アダージョ〉において、ヤナーチェクをシェーンベルクに巧みに結びつけている。クラインは一九四四年一〇月九日、つまりアウシュヴィッツに移送される九日前に、輝かしい弦楽三重奏曲を完成させた。第一楽章と終楽章は強烈な生の喜びに支配されている。そして変奏曲形式の中間楽章は、クラインの幼年時代に通じるモラヴィア民謡の旋律を主題としており、感動的なメランコリーを湛えている。稀有な亡命音楽といえよう。

*

一九四二年六月一一日、テレジーンの捕虜たちは穴を掘るよう命じられた。リディツェの死者たちを埋めるためである。このチェコの小村は、ナチスの幹部ラインハルト・ハイドリヒ暗殺事件の犯人をかくまったとして壊滅させられた。村の男性は残らず射殺され、女性と子どもは全員、強制収容所に連行された。亡命作曲家アイスラーが、このハイドリヒ暗殺事件を扱う映画『死刑執行人もまた死す』の音楽を担当したことは第5章で触れたが、もうひとりの亡命作曲家も、一九四三年にニューヨークで《リディツェへの追悼》を作曲している。ボフスラフ・マルティヌー(一八九〇‐一九五九)だ。つつましく、厳粛で、静謐《せいひつ》で、重々しい《リディツェへの追悼》は、おそらくマルティヌーの作品群の中で、祖国と同胞に対する憐憫《れんびん》の情をもっとも鮮明に表している。しかし、その悲痛な美しさは印象的であるとはいえ、彼の代表作と呼べる曲はほかにある。《追悼》よりもいっそう力強く暴力的で、いっそう荒々しく絶望的な《二つの弦楽オーケストラ、ピアノとティンパニのための複協奏曲》である。彼はこの曲を一九三八年、ミュンヘン協定締結のおりに完成させた。彼自身のコメントを引用しよう。「この作品の音符は、故郷から遠くはなれた場所で地平線を眺め、悲劇的な終末の接近をみつめているわれらが同胞の心情と苦悩を表現している。惨事から生まれたこの作品はしかし、絶望の感情を聴かせるのではなく、むしろ憤慨、勇気、未来をかたく信じる感情を聴かせる」［原注11］。ある面ではそのとおりだろう。たしかにこの音楽は、絶えずエネルギッシュである。それでもなお、この協奏曲――とりわけ中間楽章〈ラルゴ〉――が、ひどく胸を締めつけるような、もっといえば威嚇《いかく》的な音楽であることは否定できない。まるで、押し寄せる苦悶の波のように。

＊

アウシュヴィッツ強制収容所から着想を得たベルマンのピアノ曲は、ダッハウ強制収容所〈バイエルン〉にまつわる別のピアノ曲を想い起こさせる。意外にも、その作品はホロコーストの生還者ではなく目撃者によって作曲された。おそらくこの目撃者は、ナチスに同調せずにドイツにとどまった真の精神的亡命者であると断言できる、唯一の非ユダヤ系ドイツ人作曲家である。多少なりともナチスに加担した芸術家たち、ナチスやその高官を利用した芸術家たちは、ナチスの敗北後、自分たちは沈黙によってナチスに抵抗していたのだと主張した。ずいぶんと安あがりな、自己の非ナチ化である。しかしカール・アマデウス・ハルトマン（一九〇五－一九六三）は、正真正銘の国内亡命者であった［原注12］。ヒトラーが政権を握ったあと、彼は楽壇から身を引いたため、以後その音楽がドイツで演奏されることは一度もなかった。それでも私的に作曲を続けた彼の作品のいくつかは、対独レジスタンスのあかしであり記録であるといえる。

一九四五年四月、ハルトマンはダッハウの近くに住む義理の娘を訪ねた。そこで彼は、絶滅収容所の立ち退きの実見証人となった。ナチスがアメリカ軍の接近にそなえて命じた、二万人の捕虜たちの痛ましい行進……。この光景に衝撃を受けたハルトマンが作曲したのが、ピアノ・ソナタ《一九四五年四月二七日》である。献辞を引用しよう。「一九四五年四月二七日と二八日、私たちの目の前で、ダッハウ強制収容所のおおぜいの抑留者たちが、重い足を引きずるようにして歩いていた。その尽きない人波――尽きない悲惨さ――尽きない苦しみ」。このソナタ、とりわけ第三楽章のよろめくような、引き裂かれたような葬送行進曲は、ベルマンの〈アウシュヴィッツ、死体製造所〉と音楽的にかなり似ている。しかしハルトマンは知らなかった――この哀れな大群を目撃した者が、もっとも残虐な光景を見ていたわけではなかったということを。

ハルトマンはこのソナタを作曲する一〇年以上も前に、ダッハウ強制収容所に送られた政治犯たちに捧げる《ミゼレーレ》をすでに書いている。「いくども死ななければならず、今日は永遠の中で眠る私の友人たちへ。私たちは君たちを忘れない（ダッハウ、一九三三／三四年）」［原注13］。この表現主義的で、暴力的で、しばしば苦渋に満ちた作品は（そこにはドイツ式行進のパロディ、偽りの喜びの爆発、驚くべき残忍な結末がある）、ヘルマン・シェルヘンの指揮で、当時はまだ自由だったプラハで初演された。聴衆の多くは亡命者だった。

ハルトマンは一九三五年から翌年にかけて、アメリカの詩人ウォルト・ホイットマンの詩にもとづく《あるレクイエムへの試み》を作曲している。アルト独唱とオーケストラのための五楽章構成の作品である。「主題と変奏」の形をとる第三楽章はオーケストラのみで演奏され［原注14］、残りの四つの楽章（〈私は腰かけ見つめる〉〈前庭にはライラックの花が咲き残り〉〈涙〉〈彼女の死んだようなまなざしを憂《うれ》いて〉）の歌詞はすべて、ホイットマンの詩集『草の葉』から選ばれた。冒頭の詞が、作品全体の趣を予告する。

私は腰かけ　世界のあらゆる悲しみを見つめる
そしてあらゆる抑圧と汚辱を見つめる

オーケストラは、アルト独唱の歌詞を暴力でさえぎりながら、金管楽器の黙示録的な轟音を響かせる。第二楽章〈前庭にはライラックの花が咲き残り〉は、あらゆるものの死を悼む。オーケストラだけで演奏される第三楽章は、ベルクの《管弦楽のための三つの小品》の影を垣間見せる〔原注15〕。催眠術のような第四楽章〈涙〉も悲歌であるが、突如、シェーンベルクの《期待》を連想させる狂ったような大音響を聴かせる。部分的にシュプレッヒゲザング〔訳注三一〕が用いられている第五楽章は、葬送の哀歌、死への祈りであり、おろしい宿命的な弔鐘で幕を閉じる。作品は全体的に、このうえない絶望感を漂わせている。曲名は、極限の苦悩にさいなまれた魂にとって、もはや「レクイエム」、つまり「永遠の安らぎ」などありえないことを訴えているのかもしれない。

＊

〔訳注三一〕　語るように歌う唱法。シェーンベルクが《月に憑かれたピエロ》で確立した。

クラウス・マンの小説『火山』において、ドイツ人の亡命者で女優のマリオンは、感極まって白熱したパリの観衆の前で、闘志あふれる詩、「ウォルト・ホイットマンによる、民主主義の賛歌」を読み聞かせる〔原注16〕。「（…）お前のために、お前に仕えるべく、私の口から出るこれらの言葉、おお民主主義、わが妻よ！」〔原注17〕暗黒の時代に、ハイネ、シラー、レッシング、ゲーテ、ゴットフリート・ケラーと肩を並べて、ホイットマンの詩は対独レジスタンスに助勢していたのである。ひとびとが、ホイットマンの詩を貫く人道主義と自由主義の精神に思いをはせたことは、なんら不自然ではない。たとえば、「踏みにじられたヨーロッパの革命家に」〔原注18〕と題された彼の詩は、スパルタクス団〔訳注三二〕が指導者カール・リープクネヒトにオマージュをささげる際に用いられている〔原注19〕。そして当然ながら、おびただしい数の亡命作曲家たちが、ホイットマンの詩に感化された。ハルトマンのほか、すでに本書に登場したヴァイル〔原注20〕とトッホ〔原注21〕も、ホイットマンの詩に作曲している。

しかし、ホイットマンの詩を音楽化したもうひとりの作曲家については、まだ言及していなかった

〔訳注三二〕　一九一六年に成立したマルクス主義者たちの政治団体。一九一九年、ドイツでロシア革命を再現しようとしたが鎮圧された。

――パウル・ヒンデミット（一八九五‐一九六三）である。彼は、ユダヤ人ではないドイツ出身の大作曲家たちの中で、唯一、「みせかけの亡命者」であったといえる。この問題に関して興味深い問いを投げかけているのは、彼がホイットマンの詩「前庭にはライラックの花が咲き残り」を用いて作曲した《私たちが愛するひとびとへのレクイエム》である。

じつのところ、ヒンデミットの亡命の背景は錯綜しており、ナチズムに対する彼の態度についても評価が分かれている。音楽的な見地からみても、彼の作品が力強さを特徴としていることはだれの目にも明らかであるとはいえ、その作風を定義することは容易ではない。もともと、ヒンデミットは前衛的で挑発的な音楽を書いていた。初期の《殺人者、女たちの望み》（台本オスカー・ココシュカ）、《ヌシュ＝ヌシ》、《聖スザンナ》の三作は、容赦ない表現主義に依拠しており、《聖スザンナ》にいたっては、あまりに冒瀆《ぼうとく》的な作品であるとして、フリッツ・ブッシュ（ヴァイオリン奏者アドルフの兄で、弟と同じく自主的にドイツを去った）から指揮を拒否された［原注22］。ヒンデミットはさらに、共産主義に傾倒していたヴァイルとの合作オペラ《リンドバーグの飛行》（台本ブレヒト）も手がけている。しかしその後のヒンデミットの作風は落ち着きをみせた。彼は「古い流儀に対する過激な拒否」を非難し、シェーンベルクの十二音技法を「混沌」であるとしてはねつけたのである［原注23］。それにもかかわらず、ヒンデミットの作品の大半は早くも一九三三年四月に、ナチス政権から「ボリシェヴィキ的」〔原注24〕とみなされた。彼はいきり立ち、代表作となるオペラ《画家マティス》の台本執筆と作曲に取りかかる。舞台は一六世紀のドイツで、マティスとは、『イーゼンハイム祭壇画』の作者として知られる有名な宮廷画家マティアス・グリューネヴァルトのことである。

この美しく重々しいオペラの意味については、見解が分かれている。これが周囲から理解されず孤立した画家の気高さを称えるオペラであると解釈するひとびとは、この作品の中に、圧制者ナチスに対してひそかに抵抗するヒンデミットの勇姿をみとめている。たしかに一九三八年五月二八日、このオペラはチューリヒで初演されなければならなかった〔訳注三三〕。この事実は、ヒンデミットがヒトラー支配下のドイツで「好ましからぬ人物《ペルソナ・ノン・グラータ》」とみなされていたことの裏づけとしてしばしば引き合いに出され

〔訳注三三〕　このオペラに先駆けて、一九三四年に交響曲《画家マティス》がヴィルヘルム・フルトヴェングラーの指揮でベルリンで初演され、大成功を収めている。その後、ベルリンで予定されていたオペラの初演はナチス当局によって中止に追い込まれ、フルトヴェングラーは『ドイツ一般新聞』に作品を擁護する抗議文を寄稿した。この騒動は抗議文のタイトルにちなんで、「ヒンデミット事件」と呼ばれている。

る。ヒンデミットは、政府の誹謗キャンペーンによって「ヴェクデミット」〔訳注三四〕〔原注25〕となったはずであるし、じっさい彼は、有名な退廃芸術展でも大きく取り扱われた……これがヒンデミット擁護派の主張である。さて、ヒンデミットはドイツを離れてスイスに向かった。そして一九四〇年にアメリカへわたり、東海岸のニュー・ヘイヴンでイェール大学の教職を得た彼は、大戦が終わるまでこの地にとどまった。一九四六年にはアメリカの市民権を獲得し、ドイツへの帰国を拒む。チューリヒで教授に任命された彼は、一九五一年から五三年までチューリヒとニュー・ヘイヴンを行き来し、その後にレマン湖北東の街ブロネに定住した。ブロネにはすでに、作曲家を含む多数の亡命者たちが身を寄せていたのである。彼はフランクフルトの病院で息を引き取ったとはいえ、ドイツには数度のみ、それも短期間しか滞在していない。

以上が、疑問の余地がないようにみえるヒンデミットの人生と創作の概略である。とはいえ、まだ亡命の動機については触れていない。彼は、すぐに帰国できることを期待して、いわば後ずさりするようにしてひとまず国を出た。つまり彼は、良心からナチス・ドイツと決別したわけではなく、時宜

〔訳注三四〕 原文はドイツ語の Wegdemith。Hindemith の Hin- を Weg- という前綴りに代えた表現。weg には「離脱・除去」の意味がある。

を得た移住をしたのだと考えられる［原注26］。おまけに彼はアメリカで、ユダヤ人の音楽家たちについて無礼な発言をしたようである。《画家マティス》は、権力に対して自由をかざした孤高の芸術家の賛美とは、かけ離れた作品なのではないだろうか？ むしろこのオペラは、「国家社会主義者たち（ナチス）に牛耳られたドイツにおいても、オペラの改革者、さらには全ドイツ音楽の改革者」［原注27］としての地位を手にしようとした彼の思惑を、あらわにしているのではないだろうか？ こうした見解は、極端であるかもしれない。当然ヒンデミットは、自分を誹謗したナチスを非難していた。とはいえ少なくとも彼を、ナチスにあらがった偉大な良心家と呼ぶのは大げさである。

たとえば、一九四六年に初演された上述の《私たちが愛するひとびとへのレクイエム》は、同じホイットマンの詩にもとづいていながらも、ハルトマンの作品とはおおいに異なっているように思われる。前者はルーズベルト大統領の死に際して、指揮者ロバート・ショウがヒンデミットに委嘱した追悼曲である。楽曲の軸をなすホイットマンの詩は、もともとリンカーン大統領の急死を悼んで書かれた。つまりこの音楽作品に、アメリカ、アメリカ大統領たち、そして――最善の場合でも――戦争で亡くなったアメリカの兵士たちへの忠誠以上の意味を探すことは、無益なのである。

しかしながら、ある女性研究者が近年に探し当てた新事実は、おそらくこの判断をわずかに変化させる。じっさい彼女の発見以来、この作品を戦争のあらゆる犠牲者たち——絶滅収容所で命を落とした捕虜たちも含めて——のためのレクイエムであると解釈する専門家が複数現れたのである。なにゆえに？　説明しよう！　じつは、ヒンデミットの自筆稿のタイトル・ページでは、「レクイエム」という語と、「私たちが愛するひとびとへの」というフレーズが別々に記されており、後者は何らかの引用文のようにみえる。そして晴れて一九九七年に、そのことが証明された。さらに《レクイエム》にはある旋律が引用されていること、それがおそらく、ヒンデミットがニュー・ヘイヴンで手にしたキリスト教の賛美歌集の一曲からとられた旋律であることも明らかとなった。その一曲とは、ウォルター・チャールズ・ピゴットという名の司祭が第一次世界大戦の犠牲者をしのんで作ったもので、タイトルは「私たちが愛する、垂幕の内なる聖所にいるひとびとへ」である。明らかにこの曲名は、ヒンデミットの楽曲のタイトル（あるいは彼はこれを副題として譜に記したのかもしれない）のもとになっている。ホイットマンの詩は死と絶望を扱っているが、これとは対照的に、ピゴットの賛美歌のテーマは生と希望である。

しかしそれ以上に興味深いのは、賛美歌に「ユダヤの伝統的な旋律」が用いられている点である。ヒンデミットが参照したであろう賛美歌集の用語索引には、この旋律が中央ヨーロッパに由来するユダヤ教の頌栄「イグダル」にちなんでいることや、ユダヤ教の典礼ではこれが朝拝の前か夕拝の最後に歌われることが明記されている。そしてヒンデミットは、ピゴットの賛美歌のタイトルを引用するだけでは満足せず、《レクイエム》の第八部でこのユダヤの旋律も引用している〔原注28〕。このとき、ホイットマンの詩は次のように歌われる。「そして私は死を知った、その追憶を、そしてその聖なる智識を」。まるでヒンデミットが、キリスト教にもユダヤ教にも通じる希望と信仰を象徴する賛美歌によって、詩が喚起する暗い情景を包もうとしているかのようにみえる〔原注29〕。バリトンの悲痛な哀歌〈雲が現れた、黒いたなびきが現れた〉は、金管楽器の不吉な響きによって強調されるが、これはやがて賛美歌に取って代わられる。この賛美歌は、原曲よりも断片的でシンコペーションを伴っているとはいえ、より平穏な雰囲気をもたらす。ホイットマンの詩と賛美歌の旋律の対話はさらに緊密になり、やがて苦痛と平穏は不可分になる。

ヒンデミットが用いた旋律がキリスト教の賛美歌集から取られ、元をたどればユダヤ教に行き着くという新事実は、彼の熱烈な支持者たちを安堵《あんど》させた。しかしその結果は、少々行きすぎたようである。彼らは、この《レクイエム》を「ホロコーストの実体」への反撥であるときっぱり断言した。そして「〔ヒンデミットは〕みずからの音楽をユダヤ教の旋律に合わせて変容させたが、それは意図的なもの〔つまり追憶として〕理解されうる」と主張するようになったのである〔原注30〕。しかしながらこの解釈は、あまりに飛躍している。《レクイエム》がホロコーストに対して公然と反意を示しているにもかかわらず、その暗号化されたメッセージが理解されるまでに、五〇年もの歳月とひとりの研究者の根気を要したのは不可解である（おまけに彼女は、ユダヤ人クルト・ヴァイルの財団の代表者である）。真相を闇の中から救った当の研究者でさえも、ヒンデミットが「秘められた慎重な」方法でユダヤ人たちの悲運を扱っていると認めている。そのとおりだ！　おまけにヒンデミットの手紙の中にも、賛美歌の引用をほのめかす言葉はいっさい見当たらない。要するに彼には、意図を包み隠しながらこの旋律を引用しなければならない強い理由があったと考えられる。

一九四一年、アーロン・コープランドは次のように述べている。「近年ヒンデミットが作曲したあらゆる音楽の中に、ドイツと世界中が経た耐えがたい数年間の何らかの形跡を探そうとしても徒労に終わる」〔原注31〕。この言葉は、「伝統的なユダヤの旋律」の引用が発見された後でさえも、効力を発揮し続けている。ヒンデミットの《レクイエム》はじつに美しく、まるで青銅で鋳《い》られたかのように力強い。低弦の絶え間ない持続音に支えられた〈前奏曲〉には心を揺さぶられる。一連のフーガ、とりわけ〈見よ！　肉体と魂〉の堅固な構造は圧倒的というしかない。それらは死の凱歌である。たしかに、毅然たる《レクイエム》は、あらゆる不幸に立ち向かっている。しかしながら、この作品がテレジーンからアウシュヴィッツへと運ばれた子どもたちをしのんで書かれたとまで主張することはできない。

第12章 荒野の予言者

――孤高の人シェーンベルク

アルノルト・シェーンベルク（1874－1951）

シェーンベルクは、この世でもっとも感情豊かで、もっとも苦渋に満ち、もっとも真摯に政治参加《アンガージュマン》し、もっとも痛ましく人間的でありつづけた人物だった。一八九九年、二五歳の彼は《浄夜》において、ブラームスの様式という横糸にヴァーグナーの様式という縦糸をみごとに織り込んでみせた。しかしそこで、対位法の目ざましい効果以上に私たちを引きつけるのは、すでにこの複雑な初期作品が示している苦悩である。譜面にあらわれる発想記号「mit schmerzlichem Ausdruck（悲痛な表情で）」は、その後に彼が作曲したすべての作品に適用されうる。

第一次世界大戦中のシェーンベルクは、愛国者、さらにいえば排外主義者だった。彼が十二音技法〔訳注三五〕の発明について、「今後一〇〇年にわたるドイツ音楽の優越を保証することになる」という有名な所見を弟子のヨーゼフ・ルーファーに明かしたのは一九二一年である〔原注1〕。しかしシェーンベルクは早くもこの年に、オーストリアで巻き起こった反ユダヤ主義の第一波から直接的な被害を

〔訳注三五〕十二音技法（[独] Zwölftontechnik）は、平均律の一二種の音高を平等かつ均等に用いるために、あらかじめセリー（音列）を設定する作曲技法。その目的は、主音を中心にすべての音階の構成音が序列化される調性音楽の伝統から解放されることにあった。二〇世紀中葉以降には、音の長さ、強弱、音色などをも組織化するセリー・アンテグラル（全面的セリー）が前衛音楽の主流となる。

受けた。一九二三年四月一九日、彼は抽象画家ヴァシリー・カンディンスキーに向けて痛ましい手紙を書いている。「あの年に私が思い知るよう強いられたことを、私はようやく理解したし、今後それを忘れることはないだろう。つまり私は、ドイツ人でもヨーロッパ人でもなく、おそらくほとんど人間でもなく（少なくともヨーロッパ人たちは、私よりも、彼らの人種のいちばん出来の悪い奴らのほうがましだと思っている）、ユダヤ人なのだ」。カンディンスキーに宛てた五月四日付の別の手紙の中で、シェーンベルクはユダヤ人たちをおびやかす大虐殺を予測するとともに、カンディンスキー自身の反ユダヤ主義をとがめている［原注2］。

シェーンベルクはすでに一九一七年に、ユダヤ教的というよりは宗教的というべき大曲に挑んでいる。オラトリオ《ヤコブの梯子《はしご》》だ。未完の作品とはいえ、彼が完成させた部分にはただただ驚かされる。複数のグループに分けられ、観客から遠い場所に別々に配置される合唱は、目もくらむほどの深淵にいるような印象を与える。さらにこのオラトリオは、ほとんど無意識的であるとはいえ、十二音技法の萌芽がみとめられる初の作品でもある。いずれにせよ、すでに一九二〇年代初頭から一九五一年に亡くなるまで、シェーンベルクの創作と人生においてもっとも重要な位置を占めていたのは宗教だった。一九二六年に彼が執筆した戯曲『聖書の道』は、大作オペラ《モーゼとアロン》（未完）の題材を先取りしている〔訳注三八〕。

一九二六年にベルリンに定住したシェーンベルクは、一九三三年二月、国家社会主義ドイツ労働者党（ナチ党）の機関紙『フェルキッシャー・ベオバハター』から、音楽を破壊するユダヤ人として誹謗中傷された〔原注3〕。もしも彼自身が、作曲家に対する攻撃を、人間に対する攻撃だと瞬時に見抜いていなかったなら、ナチスはいっそう卑劣な手段を使ったはずである。彼は一九三三年五月一七日にベルリンを脱出し、五月二三日にはベルリンのプロイセン芸術アカデミーから停職処分を受ける。そして七月二四日、彼はパリで、シャガールを代父としてユダヤ教にふたたび改宗した（ユダヤ人家庭に生まれたシェーンベルクは、ヴィーンでキリスト教の教育を受けたことから、一八歳でユダヤ教からプロテスタントに改宗していた）。八月四日、彼はヴェーベルンにこう書いている。「私はずっと以前からユダヤ教徒

〔訳注三六〕　シェーンベルクは『旧約聖書』にもとづく《モーゼとアロン》全三幕の台本をみずから執筆し、一九三二年に第二幕までの作曲を終えたが、第三幕の音楽はスケッチのまま残された。第一幕で、予言者モーゼとその代弁者である兄アロンは、目には見えない唯一神を崇拝するよう民衆を説得し、偶像崇拝を禁じる。しかし第二幕で、民衆はシナイ山から帰ってこないモーゼにしびれを切らして混乱に陥る。彼らの要求に負け、アロンは神々の偶像「黄金の子牛の像」を造ってしまう。

として生きる定めにある（…）。私はそれを、自分の芸術以上に重視している」。同月シェーンベルクは、トッホらユダヤ人音楽家たちに送った手紙の中で、ユダヤ国家の建設計画に意気込み、ユダヤ民族は「ある思想、つまり表象不可能な神についての思想を守るために選ばれた」〔原注4〕と書いている。

シェーンベルクはアメリカに亡命した。一九三三年一〇月三一日に自由の女神のもとにたどり着いた彼は、しばらくのあいだボストンとニューヨークで活動した。しかし喘息《ぜんそく》に悩まされた彼は、身体への負担が少ない西海岸のハリウッドに移ることにした。そして一九三五年一〇月一日のロサンゼルス到着から一週間後に、「はじめに」で詳述した「楽園への追放」の講演をおこなったのである。

しかしながら、その後の彼のカリフォルニア生活は決して安楽ではなかった〔原注5〕。他の多くの作曲家たちと同様、彼は生計を立てるために教育の仕事に携わらなければならなかった。そして彼もまた、クシェネクが「エコロージッヒカイト Echolosigkeit」〔訳注三七〕と名づけた現象に悩まされた。アメリカの楽壇からの無反応である。その失望と孤立感ゆえに、ときに彼は、明らかに不当な言葉を発してさえいる。たとえば彼は、コープランドをスターリン（！）のようにふるまっていると非難した

〔訳注三七〕ドイツ語でEchoは「反響」、losigkeitは「欠乏」を意味する形容詞語尾（-los）の名詞形。

こともあった。音楽教育の改善を提言してもいっこうに聞き入れられない現状に落胆して、芸術と世界情勢に対するアメリカの弱腰にきわめて厳しい意見をぶつけたこともある［原注6］。

さらにシェーンベルクは、多くの亡命作曲家たちと同じく、アメリカという砂漠でもっとも甘美なオアシスの誘惑にさらされた。一九三六年、MGMからパール・バック原作の映画『大地』の作曲を依頼されたのだ。彼は承諾する振りをし、先方が断念するように五万ドルもの報酬をふっかけた。ねらいどおり、彼の起用は白紙に返った。ひとには、偶像崇拝の誘惑に勝つモーゼとなるか否かの選択肢しかない。ただしシェーンベルクは、この映画のためにいくつかのテーマを下書きしていた。しかも、拡張された調性音楽の様式で。つまり彼は、誘惑に負けて金の子牛の像を造ったアロンの轍《てつ》を踏む一歩手前だったというわけである［原注7］。

一九四一年四月一一日、シェーンベルクはアメリカの市民権を手に入れた。そして一九四五年九月三〇日に、《「創世記」組曲》の〈前奏曲〉を完成させる。

＊

〈前奏曲〉は十二音技法で書かれている。冒頭二四小節間では、意図的に粉塵《ふんじん》のように配された音群が、天地創造以前の世界の様子（そのように表現してよいのであれば）を描写し、その後、フーガが天地創造そのものをほのめかす。第6章で紹介したように、カステルヌオーヴォ＝テデスコは、シェーンベルクがみずから混沌の描写を買って出たことをからかっていた。その背景には、論理的に制御されているはずの十二音音楽が、結果として大多数のひとびとの耳には無秩序にしか聴こえないという共通認識がある。これは、正当な理由からシェーンベルクの支持者であった音楽家たちさえも十二音技法に対して抱いていた偏見だった。さて、〈前奏曲〉に話を戻そう。束の間に響くハ長調は、ハイドンの《天地創造》へのオマージュのように聴こえる。さらにフーガの採用は、おそらくJ・S・バッハへの畏敬を表している。ところが、最後の合唱のヴォカリーズと終結部のストレッタは、ともすればハリウッド映画の音楽を想像してしまう作風であるうえに、さまざまな調性の暗示がみとめられる。ロバート・クラフトはこれを「MGM風エンディング」と形容している［原注8］。ただし、じっさいにMGMのヒット作の中でこの種の音楽が流れていたのかは疑わしい……。

調性の暗示と述べたが、それは訓練された耳でしか聴き取ることができない程度である。《「創世記」組曲》では、シェーンベルクの〈前奏曲〉から、映画界に身を置くシルクレットが作曲した第一エピソードへと移行するが、少なくとも両曲の違いは目に見えて明らかである。しかもシェーンベルクは、譜面の三頁目の第一二小節に、わざわざ次のような指示を書き入れている。「ヴィブラートとポルタメントに関しては、つねにハリウッド様式を避けながら（…）。このグリッサンドは不愉快な感傷性を備えている」〔原注9〕

いずれにせよ、『旧約聖書』にもとづく《「創世記」組曲》への参加は、シェーンベルクにとって宗教的な義務を果たすこととほぼ同義だった。彼はすでに一九三八年に、ユダヤの種々の伝統的な旋律をもとに《コル・ニドレ（すべての誓い）》を書き上げている。作曲を勧めたラビのヤコブ・ゾンダーリング（彼はトッホに《ビター・ハーブ・カンタータ》を委嘱した人物でもある）は、シェーンベルクの倫理的関心に合わせて歌詞（ユダヤ教の祈《き》禱《とう》文）に手を加えた〔原注10〕。《コル・ニドレ》は、一〇月四日、つまり「水晶の夜」〔訳注三八〕の直前に初演されている。そしてシェーンベルクが完成させた最後の作品は、ヘブライ語による《詩編一三〇「深き淵より」》である。きわめて劇的で、かつてなく表現力に富んだこの合唱曲では、語られる声と歌われる声が対置されている。《千年を三たび》と《イスラエルはふたたび存在する》（未完）と並んで、この《深き淵より》は、イスラエルの建国と結びついた作

〔訳注三八〕一九三八年一一月九日夜から翌日未明にかけ、ドイツ全土で、ユダヤ人たちの店や家、シナゴーグなどがナチスからいっせいに襲撃された事件。

品でもある〔原注11〕。

シェーンベルクは、宗教への強い関心を絶えず表明しただけではない。彼は自分自身が、人間として、また音楽家として、特別な使命を与えられた存在であると自負してもいた。その確信はすでに、一九三一年に懐疑的な評論家たちとのラジオ討論の中で述べた言葉の中にうかがわれる。「主は、ひとびとの気に入らないことを口にする使命をさずけた者に対して、周囲に理解されるのはつねに自分以外のだれかであることを甘受する能力をもお与えになった」〔原注12〕。音楽において「正しい」(彼自身の言葉)ことを表現しているという自信と、自分はそのために苦しんでいるのだという誇り高い信念は、彼の信仰と切り離せない。ひとびとはしばしばこう指摘した――モーゼがイスラエル民族に偶像崇拝を思いとどまらせようとする長編オペラ《モーゼとアロン》において、シェーンベルクは自分自身の物語を語っているのだと〔原注13〕。一九三七年、彼は「敵意に満ちた世界に直面し、私は孤立し続けた」と書いている。「私は、以後、作曲が自分の務めになると予感した」〔原注14〕。ここまでくれば、音楽批評家ハンス・H・シュトゥッケンシュミットによるシェーンベルクの描写が、さほど誇張ではなかったことがわかる。「信仰を取り戻したユダヤ人〔シェーンベルク〕は、自分はユダヤ民族の代表であると確信し、みずからを予言者、全知全能の存在の代弁者とみなしていた」〔原注15〕

この問題をさらに掘り下げようとするアプローチは山ほどある。十二個の音にもとづく作曲は、隠された超自然的な絆によって、唯一神の探求と結びつけられているのではないか? 汎用システムとしての十二音技法は、ユダヤ思想を特徴づける「倫理的一神教」の神による世界の統合を、音楽の領域で再現しているのではないか? いっそう踏み込んだ説も列挙しておこう。十二は、ユダヤ系神秘主義思想の数秘学、より正確にはカバラの経典『創造の書』と、何らかの形でつながっているのではないか? 十二は、ヘブライ語の祈禱「シェマー・イスラエル」の出だしの節〔訳注三九〕の単語数(六)を二倍にした数なのではないか? 十二音からなる音階《スケール》は、ヤコブの梯子《スケール》を象徴しているのではないか?〔原注16〕 シェーンベルクは、偶像崇拝を禁じるユダヤ教の神に似せて、抽象的で表象不可能な存在を作りだしたのではないか?〔原注17〕

彼の娘ヌリアは、インタビューの中で「父は生涯ずっと、ユダヤ人として、また作曲家として、迫害されてきました」と語っている〔原注18〕。このふたつの迫害はかたく結びついているのだろうか? あるいは彼ユダヤ教徒シェーンベルクと作曲家シェーンベルクが不可分であったという理由で?

〔訳注三九〕“Shema Yisrael Adonai Eloheinu Adonai Echad(イスラエルよ、聞け、わたしたちの主はただひとりの神)”

が、信仰に従って作曲したのではなく、信仰そのものを音楽化したという理由で？　客観的にそう主張することはできない。たしかに彼の先例のない作曲技法は、彼自身を倫理的亡命に追いやった。そして彼はユダヤ人であるがゆえに、現実世界でも亡命を強いられた。しかしこのふたつは、明らかに別個の事象である。それらがシェーンベルクの創造的な主観の中では渾然一体としていたとしても。

*

この渾然一体が普遍的な性質をもたないことを確かめるには、彼と同じ境遇にあった同時代の幾人ものユダヤ系亡命作曲家たちが、十二音技法と距離を置いていたことを思い出すだけで事足りる！　その筆頭が、カステルヌオーヴォ＝テデスコ、タンスマン、ミヨーである。

さらに、十二音技法をさまざまな書法のひとつにすぎないと考えた作曲家たちもいる。ユダヤ系ドイツ人のシュテファン・ヴォルペ（一九〇二－一九七二）はその好例だろう。彼は亡命地アメリカで、ユダヤ教と関係の深い多くの作品を残しているが（イディッシュ語の聖書にもとづく《語り手とピアノのための五つの朗唱》など）、なかでも興味深いのは「ヴォルペ版《モーゼとアロン》」ともいえる二台のピアノのためのバレエ組曲《ミディアンからの男》である〔訳注四〇〕。このバレエ組曲において、モーゼを表現する音楽ではシェーンベルクの十二音技法が用いられており、民衆を表現する音楽は調性的である。この力強い作品は、異質な音楽言語を併用しているにもかかわらず、みごとな一貫性を感じさせる。付け加えておくなら、そのうちの小曲〈バッカナーレ〉は、シェーンベルクと肩を並べる出来である〔原注19〕。

じつに興味深いクシェネク（一九〇〇－一九九一）の例にも言及しておこう。彼はユダヤ人ではないが、亡命中の一九四一年から翌年にかけて書かれたアカペラ合唱曲《予言者エレミアの哀歌》〔原注20〕は、芸術的手法と十二音技法の位置づけの点で、ヴォルペのバレエ組曲とよく似ている。次から次へと作風を変えるカメレオン作曲家であったクシェネクは、オペラにジャズを導入することに成功《ジョニーは演奏する》してから約二〇年後、この《予言者エレミアの哀歌》において、十二音音楽とルネサンスの多声音楽を驚くべき方法で融合してみせた。そこではヨハネス・オケゲムの音楽言語が、木の幹に巻きつく木蔦《きづた》のように、シェーンベルクの音楽言語にからんでいる〔原注21〕。

要するにヴォルペもクシェネクも、十二音技法に「信心深く」のめりこむのではなく、この技法を

〔訳注四〇〕 ミディアンは、エジプトを脱出したモーゼが亡命生活を送った北アラビアの地。

客観的にとらえていた。とはいえ少なくとも、ふたりにシェーンベルクを公然と侮辱する意図がなかったことは確かだ。彼らとは反対に、ユダヤ人で亡命者でもあったエルネスト・ブロッホ（一八八〇－一九五九）の場合はかなり特異である。彼が手がけた数多くのユダヤ教関連の楽曲は、いずれも、彼の徹底したユダヤ民族主義と熱烈な信仰心を物語っている。シェーンベルクと同様にブロッホも、芸術家のうちに予言者の姿を見ていた。「ある芸術作品は、ある民族の魂であり、その魂の化身である予言者の声によって語りかける」［原注22］。彼の《ヘブライ狂詩曲「シェロモ（ソロモン）」》と《イスラエル交響曲》は、アメリカ亡命直後の一九一七年にニューヨークで初演された。その後もブロッホは、ユダヤ教堂の典礼《アヴォダート・ハコデシ（神聖祭儀）》や、「詩編」にもとづくさまざまな楽曲を書いている。一時期スイスに戻り、第二次世界大戦を避けて一九三九年にふたたびアメリカにわたったブロッホは、太平洋に面したオレゴン州で暮らし、カリフォルニア大学バークレー校の夏期講座で教鞭をとった。ポートランド近郊、つまりシェーンベルクの拠点からそう遠くない場所にいたブロッホは、そんなことなどお構いなしにシェーンベルクへの猛攻撃を始める。無調性は「異常」であり、「きわめて現実ばなれした、根本的にばかげた」［原注23］ものであると非難したのである。彼が当初シェーンベルクに示していた友情は、ついにはもっともすさまじい敵意と化した。ブロッホは十二音技法の発明者を、ヨーロッパに毒を撒《ま》いたあとにアメリカまで汚染しようとする「ぺてん師」と呼んだのである〔原注24〕。

言うまでもなく、ここまでブロッホの見解や彼の断固として調性的な音楽、タンスマンやミヨーの十二音技法に対する躊躇、さらにクシェネクやヴォルペの折衷的な作品について論じてきたのは、シェーンベルクがモーゼに自己を投影したこと――みずからの音楽観と信仰、さらには十二音技法とユダヤ民族の神の到来を結びつけていたこと――が「間違い」であったと証明するためではない。シェーンベルクの是非を問うことは無意味だ。彼は、その作曲家人生を、荒野を放浪するモーゼの行路に重ね、予言者として自己の音楽に向き合った。唯一それが、私たちにとって重要なことなのである。歴史上の――おそらくはベートーヴェンを別にすれば――いかなる大作曲家たちよりも、シェーンベルクにとって音楽と実存は、唯一で同一のリアリティであり、唯一で同一の真実へいたる道であり、唯一で同一の証言であった。

＊

シェーンベルクは、十二音音楽によって神を探求していたからこそ、悪魔の探求者であると非難されたのかもしれない。一九四七年にトーマス・マンが発表した『ファウストゥス博士』には、架空のドイツ人作曲家アドリアン・レーファーキューンが登場する。周知のとおり、悪魔に魂を売るこの主人公は、シェーンベルクの十二音技法に酷似した作曲技法を発明する。この小説は、マンとシェーンベルクのあいだに深刻ないさかいをもたらしたが、これに関連して、辛辣ではあるが、かなりユーモラスな逸話のひとつに、まずは触れておきたい。一九四八年二月、ロサンゼルスのパシフィック・パリセーズの自宅で、マンは不思議な文章を受け取った。差出人は未来の歴史家だった。そこでは、小説『魔の山』の作者マンこそが十二音による作曲技法の真の発明者であると、衒学的《ペダンティック》に説明されていた。この小説家は十二音技法を一時的にシェーンベルクに貸していたが、のちにこれをふたたび引き取って、「ブディア・ナーランジェ〔ナディア・ブーランジェのもじり〕の旋法作曲法」〔原注25〕の力を借りながら、アメリカ音楽の活性化に役立てた……という内容だった。この恨みがましい悪ふざけの犯人であるシェーンベルクは、子どもたちのひとりにでも、歩いて手紙を届けさせたのだろう。

シェーンベルクは、『ファウストゥス博士』における十二音技法への言及はアイデアの盗用であると糾弾し、小説内でこの技法を発明する架空の作曲家が、梅毒にかかった狂人である点にも抗議した〔原注26〕。ただしシェーンベルクは、十二音技法が殺人国家ナチス・ドイツの狂気と関連づけられたことまでは非難していない。当然、彼には告発する権利があったし、現に、第三者たちが代わりに反撥の声を上げた。とりわけアンドレ・ネエルは、この小説の「悪魔的な歪曲」を真っ向から弾劾している［原注27］。

この問題はあまりに錯綜しており、本書の主旨からもはずれている。それを承知の上で、一言。おそらくネエルの主張は少し乱暴である。『ファウストゥス博士』に反対して、「十二音技法をマハラルの観点から解読」（本章の原注16参照）しようとした彼の意図は奇妙だ（それがシェーンベルクの「音楽」にどのような利益をもたらすというのだろう?）。しかしじっさい、十二音技法の盗用問題に対するマンの姿勢が曖昧であったことは確かで、彼の見解は『ファウストゥス博士の日記』のある文章にまるまる要約されているように思えてならない。シェーンベルクから強い抗議を受けたマンは、最終的に、小説に登場する作曲技法の本当の発明者がシェーンベルクであることを読者に向けて書き添えることで決着をつけたが、以下の文章ではそれを悔やんでいるのである。「（…）この小説の設定、つまり悪魔の契約と黒魔術の世界では、十二音技法の思想は、この技法が本来は有していない――そのとおりだろう?――色調、特徴を帯びている（…）」［原注28］。「そのとおりだろう?」という問いかけは、表面的には明白な事実の承認を読み手に求めているようにみえる。しかし、じつはそこには微妙な皮肉が込められているとも、解釈できるのではないだろうか？　つまりマンは、悪魔との契約と黒魔術が、レーファーキューンだけでなくシェーンベルクの作曲技法そのものとも完全には無縁でないことを、暗に意味しているのではないだろうか？

「音楽はシステムに昇格した曖昧さ」であると書いたマンは、ただひたすら音楽の悪魔的な力の問題に取りつかれていただけであり、そこにはもっとも純化され、もっとも制御され、もっとも崇高に厳格な形をとる音楽、十二音音楽も含まれていた〔原注29〕。マンが自分の中に、何よりもまず自分自身の内部に、嫌悪すべきものと手を結ぶ暗黒の領域を嗅ぎまわっていたことをかんがみれば、シェーンベルクの中傷に発展したマンの問題意識は、容認できる。彼の有名な「兄弟ヒトラー」は、まさにそのような考察の産物なのだ〔訳注四一〕。つまり、彼は気づいていないわけではなかった。ナチスという悪魔の気をそそる音楽は、媚びへつらう過度な単純さの中に充足を見出す類《たぐい》の様式で書かれているはずであり、それはシェーンベルクの非妥協的で複雑な音楽とは対極にあるということを。ナチズムに対する真の音楽的な譲歩とは、オルフのような作曲家の人生と作品が示している譲歩なのであった

〔訳注四一〕　マンは、一九三八年に書いた「兄弟ヒトラー」というタイトルの時事評論の中で、自身のうちに恐怖と親近感を同時に引き起こすヒトラーを、嫌悪すべき点が多い兄弟にたとえた。

（ストラヴィンスキーはオルフを軽蔑して、新ネアンデルタール人と呼んでいる）［原注30］。

本題に戻ろう。トーマス・マンは悪魔と結託するファウストにナチズムを投影したが、息子クラウスは、より直接的に、ナチズムを悪魔「メフィストフェレス（メフィスト）」になぞらえた。クラウスは小説『メフィスト』において、この悪魔に、より現実的で世俗的な動機を託している。つまり、いかなる手を使ってでも――他者の人生や自分の名誉を犠牲にしようとも――出世したいという利己的で度はずれな欲求である。オルフや他の多くの者たちのふるまいの大半は、他でもない、この恐ろしいほどありふれた欲求を原動力とした。

これとは対照的に、シェーンベルクの作品と人生は、他に類を見ないほど力強い対独レジスタンスのあかしである。彼は、音楽の領域においては無理解、現実世界においては亡命という二重の犠牲を払って、自分が「正しい」と信じるものに身をささげた。むろんここで、もっぱら十二音技法そのものが人道主義的であり、さらにそれが、存在しうる唯一の音楽的な人道主義であると主張したいわけではない。言うまでもなく、この問題の本質はそこにはない。重要なのは、シェーンベルクの中では――この点において彼はカール・クラウスに近い――美学と倫理が一体化していたと認識することである。がんらいシェーンベルクが有していたこの傾向は、亡命中におおいに強化されることになった。なぜならナチズムに対する闘いは、何よりもまず倫理的な闘いであったからだ。

*

アイスラーは、「シェーンベルクの音楽の根本的な特徴は苦悩であると言える」と書いている。「飛行機が発明されるずっと以前から、彼はすでに、爆撃のさなかに防空壕に避難する人間たちの恐怖を予感していた。彼はアウシュヴィッツのガス室、ダッハウ強制収容所、ファシズムの圧政下でおびえることしかできない小さな人間の絶望の先唱者であった。それが彼の人間性である。(…)彼は真実を偽らなかった」〔原注31〕

ここでアイスラーは堂々と、シェーンベルクの音楽が二〇世紀の恐怖を──それらが生じる以前に──表現していると述べている。つまり彼の音楽は、予言、あるいは少なくとも前ぶれであったのだ。この恐怖の予感は、軽快なオペラとみなされている《今日から明日へ》の中にさえ見出される。しかしシェーンベルクは、予感を表現するだけでは満足しなかった。彼は二〇世紀の恐怖に、具体的な名前をつけたいと考えた。最初の命名は、間接的ではあるが《ナポレオンへの頌歌》で実現された。そして《ワルシャワの生き残り》で、二〇世紀の恐怖は明確な名前を与えられるにいたった。

一九四二年に作曲された《ナポレオンへの頌歌》〔詩バイロン〕は、たとえるならば、きしんでいる悲劇的な《月に憑かれたピエロ》である〔シュプレッヒゲザングでテクストの内容を伝えるバリトン独唱を、弦楽四重奏とピアノが伴奏する〕。シェーンベルクはウィンストン・チャーチルの演説から霊感を得て独唱のリズムを書き、この役を俳優のオーソン・ウェルズが演じる様子を想像していたという〔原注32〕。いずれにせよ、この作品がヒトラーを示唆していることは明らかだ。バイロンの詞は、暴君ナポレオンを暗鬱な調子で皮肉ってみせる。「そしていまやお前は名もなき者。／かぎりなくみじめに——それでもまだ生きている！」詞には予言的な言葉も含まれている。「やがて新たなナポレオンが現れ、／新たな世界の恥となるだろう」。加えて、バイロンは「西のキンキナトゥス」〔訳注四二〕という言葉でジョージ・ワシントンを暗示しているが、シェーンベルクは——ナポレオンをヒトラーに見立てたように——ワシントンをフランクリン・ルーズベルトになぞらえている。

この十二音音楽は、変ホ長調の和音で幕を閉じる〔ナポレオンとかかわりの深いベートーヴェンの交響曲第三番《英雄》が念頭に置かれている可能性はある〕。さらに〈ラ・マルセイエーズ〉の引用もみとめられる。

〔訳注四二〕　ルキウス・クィンクティウス・キンキナトゥスは、共和政ローマ前期の政治家で、有徳の士として知られる。

る。全体としてこの音楽は、いたって謙虚に、柔軟に、的確に、歌詞を支えている。シェーンベルクは題言において、この作品の社会的関与――明々白々であるが――を強調した。「私は即座に、本作品が、この戦争中に犯された罪に対して人類が立ち上がったという事実に背を向けてはならないとの考えにいたった。私はモーツァルトの《フィガロの結婚》(…)、シラーの『ヴィルヘルム・テル』、ゲーテの『エグモント』、ベートーヴェンの《英雄交響曲》や《ウェリントンの勝利》を想い起こし、それらが知識階級の倫理的義務として、暴政に対して立ち上がったことを理解した」[原注33]

＊

『ファウストゥス博士』をめぐるマンとのいさかいの直前に、シェーンベルクはユダヤ人たちの対独抵抗運動と絶滅収容所の残酷さを回顧する作品の委嘱を受けた[原注34]。《ワルシャワの生き残り》である。彼はホロコーストの生還者たちのさまざまな証言をもとに、みずから台本を練った。《ナポレオンへの頌歌》と同様、彼はこの作品でも音楽劇の形式を採用している。ひとりのナレーターが、ホロコーストを目撃した生還者を演じるときには英語で、ナチス兵の台詞を発するときにはプロイセン方言(ドイツ語)で語る。最後には男声合唱が、ヘブライ語の祈禱文「シェマー・イスラエル」をユダヤの伝統的な旋律に乗せて歌う〔原注35〕。

この作品では終始一貫して、かねてからシェーンベルクが表現し続けてきたもの――苦悩――が、言うなればもっとも適切で決定的な用法を見出している。喘《あえ》ぐような音楽とシンコペーションは、生還者の回想をずたずたに引き裂く――あたかも彼の肉体が、いくども鞭で打たれているかのように。この七分にわたる音楽を聴いて、胸を締めつけられないでいることは難しい。

シェーンベルクは、ユダヤ人大虐殺を音楽で告発した最初の作曲家ではない。彼に先んじて、オーストリア生まれの亡命作曲家エーリヒ・ツァイスル（一九〇五―一九五九）が、《ヘブライ・レクイエム》（一九四五）〔原注36〕でホロコーストを扱っている。メンデルスゾーンの影響が色濃い感動的な作品であるが、その音楽的な価値は、《ワルシャワの生き残り》のそれにはおよばない。ずいぶんと後になるが、シェーンベルクの娘婿ルイージ・ノーノも、義父にならって《アウシュヴィッツの出来事の追憶》（一九六六）を書いている。さらにここでジェルジュ・リゲティ（一九二三―二〇〇六）の名を挙げるのは、自然な流れだろう。家族をナチスに殺されたのち、スターリンの支配下で検閲を受けた彼は、一九五六年にソ連がハンガリー動乱を鎮圧したおりに祖国を脱出した。リゲティの音楽には、つねに死の影が漂っている。彼の一九八〇年代の悲痛なピアノ曲《ワルシャワの秋》（『練習曲集第一巻』

第六番）は、半音ずつ下行していく「ラメント」――彼はこの音型に取りつかれていた――にもとづいている。私たちはこの曲の中に、どうしても《ワルシャワの生き残り》の余韻を聴き取ろうとしてしまう。たとえそれが、リゲティの明白な意図ではなかったとしても［原注37］。

ルネ・レイボヴィッツは《ワルシャワの生き残り》のうちに、シェーンベルクの「創意の力と熟達した技法の極み」を見ていた［原注38］。クンデラもまたこの作品を、「音楽がホロコーストに与えたもっとも偉大な記念碑」［原注39］として称えている。だがしかし、だれもがこの作品を肯定したわけではない。評論家たちの中には、初演後すぐさまシェーンベルクの――ハリウッド的とは言わないまでも――「映画的な」様式、あまりにも効果ばかりをねらった様式と、紋切り型の表現の場ちがいな使用（ドイツ軍の下士官の叫び［原注40］）を非難する者もいた。さらには、この作品の文脈において「シェマー・イスラエル」を――しかも省略した形で――歌わせることの是非をめぐる議論も巻き起こった。

しかしながら、こうした批判は――おそらく賛辞も同様だが――的はずれのように思われる。私たちが直面しているのは、音楽外のメッセージが詰め込まれた、かぎりなく政治的な作品であり、そのため作品に残された道は余人の判断を覆し続けることだけなのである。そもそも《ワルシャワの生き残り》は、演奏行為そのものに対してすでに問題を提起している。この作品は、はたしてコンサート・ホール向けの作品なのだろうか？　厳密に言えばこの作品は宗教曲でもない。そうであれば、いつ、どこで、これを演奏するべきなのだろうか？　いつ、どこで、これを演奏してよいのだろうか？　つまるところ、シェーンベルクは徹底的に矛盾を体現している。そして今後もそうあり続ける。創作者としての彼の亡命には、果てがない。それこそが孤高の人シェーンベルクの偉大さなのだ。作曲されないまま残された《モーゼとアロン》の第三幕の台本には、次の言葉が現れる。「ただ荒野でのみ、お前たちは自由を手にするだろう」［原注41］

おわりに

君よ知るや南の国

フーゴ・ヴォルフ（1860 – 1903）

ロベルト・シューマン
（1810 – 1856）

ここまで、さまざまな故郷喪失者たちの音楽作品について論じてきた。そして私たちはいま、本書の冒頭で投げかけたあの問いにふたたび向き合うことになる——はたして亡命音楽は存在するのか？その答えはこうだった。亡命音楽はたしかに存在する。その曲名、歌詞、台本、標題などの言葉が、亡命を明示している場合において。あるいは文字どおり、失われた郷里の旋律を喚起している場合において。じっさい、このふたつの条件のいずれかを満たす例は数多く見出された。前者にあてはまるのはヴァイル、ミヨー、アイスラー、ハルトマン、シェーンベルクらの作品、そして後者に含まれるのはテレジーン収容所の作曲家たちの作品である。しかしもちろん、彼らの作品の創造的な要素は、作品に付された言葉や作品から浮かび上がる音楽的な追憶といった素地——それらがどれほど明確で悲劇的であろうとも——を、当然のことながら超越している。彼らの作品は、故郷喪失を語りながら、つねにそれ以上のことについても語っているのである。

そもそもあらゆる音楽作品は、その誕生にまつわる諸条件を超越している。本書では、作曲のきっかけが故郷喪失ではないという理由で、数えきれないほどの作品への言及を断念したが、結局のところそれらも、喪失体験を語るやいなや亡命音楽に通底する。故郷喪失は、喪失体験のもっとも痛ましく具体的な表れのひとつにすぎないのだから。さらにこの立場を強調するなら、ジャンケレヴィチの言説に賛同することもできる。彼によれば、音楽とは本質的に、郷愁《ノスタルジー》――すなわち喪失の悲しみと、帰還へのむなしい切望――を表現する特権的な手段なのである〔原注1〕。「はじめに」では、祖国との別離を一度も経験したことのない作曲家が書き上げた亡命音楽の例として、歌曲集《冬の旅》を挙げた。この章でもあえて、政治的な亡命が存在しなかった時代に立ち戻り、この現代的な悲劇とはまったく無縁な世界で生まれながらも、究極的で本質的な喪失体験を表現しているある詩――とその音楽――に光を当てたい。不思議なことにジャンケレヴィチは、郷愁を具現する数々の傑作をみごとに選び出し例示しているにもかかわらず、それらすべてを要約するあの詩、について触れていない。あまたのきわめて悲痛な歌曲の詞となった、ゲーテの小説『ヴィルヘルム・マイスターの修行時代』の「ミニョンの歌」〔訳注四三〕である。じっさい、この素朴で痛ましい詩が、故郷喪失者たちの心と共鳴しないことなどあるのだろうか？ ――ミニョンは、愛する者から引き離されるつらさがどれほど名状しがたいものであるかを訴えている。

〔訳注四三〕 小説内で孤児ミニョンが口ずさむ四つの歌の総称。後述の「君よ知るや南の国」「憧れを知る人だけに」「こうして私を装わせておいてください」のほか、「私に語れと命じないで」がある。

憧れを知る人だけに
わたしの苦しみがわかる

この詩は、あまりの美しさゆえに、もっぱら「ロマンティックな」郷愁を表現しているとしばしば誤解されている。しかし、それは誤りだといわざるをえない。なぜならこの詩が語る苦しみは、ロマンティックな郷愁よりもいっそう本質的で秘められたものなのだ。しかもこの苦しみは、ミニョンを死にいたらせる。彼女が追い求めている、手に入らないものをあえて言葉で表すならば、それは空想と現実の場所、楽園でありながら恐怖がつきまとう場所である。ミニョンは別の有名な詩の中で、この楽園について歌うが、悲しいかな、その詩は単に耳なじみのよい歌曲に仕立て上げられてしまうことが多い。しかしその一方で、この詩の内容はなによりも耳ざわりで、謎めいたものなのである。故郷喪失者の叫びは、失ったものが何であるのかはっきりとわからないまま、その輪郭を不可解な忘却のもやの中に探そうとするとき、よりいっそう痛ましく響く。この有名な詩というのは「君よ知るや南の国」〔訳注四四〕である。

ミニョンが子どもであることを想い起こそう。サーカス団で虐待されていた彼女は、これを目撃したヴィルヘルム・マイスターに引き取られた。口数が少ないミニョンは、つねに語るために歌っているような印象を受ける。彼女は自分の出自を何も知らないが、そばには謎の年老いた竪琴弾きがおり、ふたりは声を合わせて歌う（「憧れを知る人だけに」は、竪琴弾きとミニョンの二重唱という設定である）。この竪琴弾きは、自分がミニョンの父であることを黙っていた。なぜならミニョンは竪琴弾きが実の妹とのあいだにもうけた子どもだったからだ（読者はこのことを最後まで知らされない）。ふたりは血のつながりをまったく知らずに、このうえなく純粋に愛し合った。はからずも、もっとも重い禁忌を犯した男女の子どもは、すでに母胎の中で呪われていた。しかしそれでもなおミニョンは純真であった、いや無垢そのものであった。彼女は失われた幼少時代という楽園がなければ生きることができないにもかかわらず、子どもでありながら、その楽園をふたたび見出すことは許されないのだ。

読者は新たな角度から、ミニョンについてこう考えるかもしれない。たとえ彼女が、アンブロワー

〔訳注四四〕　直訳は「知っているかしら、檸檬《れもん》の花が咲く国を」であるが、本章のタイトルおよび本文では堀内敬三氏の有名な日本語訳に従った。

ズ・トマがオペラ《ミニョン》で描いた人物よりもはるかに陰影のある存在だとしても、世間一般が考える故郷喪失者の典型とはいえない、と。しかし、じつはそうなのだ！　ミニョンのきわめて特殊な境遇は、あらゆる故郷喪失者の運命を燃えるように象徴し、背負っている。なぜなら、彼女が永遠に帰還を禁じられているのは、ふるさとよりもむしろ、自分の過去だからである。失われた場所、憧れの生地に戻ろうとするミニョンを妨げ続けているのは、あの恥ずべき、許されない、取り返しのつかないあやまちだ。このあやまちは「時間」と呼ばれている。それは、楽園から現在を追い出して、過去の闇の中に葬る。幼少時代であれ故郷であれ、そこから追放された者たちは、かつてと同じ姿をとどめた幼少時代や故郷をふたたび目にすることは決してない。だからこそ、彼らが戻りたいと憧れる場所は、その願望の深部に、隠れた恐怖を植えつける。「私は、私が失ったものをふたたび目にしたい。同時に、目にしたくない」——喪失が取り返しのつかないものであったことを知るのがこわいから。オデュッセウスはついにふるさとに帰還し、妻ペネロペーとの再会を果たす。しかし自分自身と同じように、妻も年老いていた［原注2］。

本書で取り上げた亡命作曲家たちの多くは、郷里に戻ることが可能な状況になっても、あえて亡命地にとどまった。その最たる例が、第二次世界大戦終結後もアメリカで暮らしたシェーンベルクである。あのショパンでさえ、その気になればふるさとに帰ることもできた〔訳注四五〕。彼らには、精神的または政治的な次元で、正当な理由があったようである。しかしおそらく彼らは、取り返しのつかないものを直視する恐怖を抱えてもいた。「亡命は、ショパンが理想とする祖国を遠方から再構築する」と書いたカミーユ・ブールニケルは、この文章の直前でこう指摘した。「あらゆる抒情性は、部分的に真偽の確かめられない源泉を必要としている」〔原注3〕。そしてじっさい、それらは永遠に確かめられないほうがよいのである。

「ミニョンの歌」を音楽化した作曲家たちの数の多さには、ただただ圧倒される。「君よ知るや南の国」に曲をつけた作曲家は、ベートーヴェン、シューベルト、シューマン、リスト、ファニー・メンデルスゾーン、フーゴ・ヴォルフ、そして最初期のベルクなど、幾人もいる。あのアンリ・デュパルクまでもが、若いころにこの詩をじつに美しい歌曲（《ミニョンのロマンス》）に仕上げている。その後の一連の歌曲は、詩のひどく凡庸な「翻訳」であったにもかかわらず……。「憧れを知る人だけに」に挑んだ作曲家も、カール・レーヴェ、チャイコフスキー、メトネルのほか無数にいる。なかでも傑

〔訳注四五〕ショパンは、ポーランドの十一月蜂起がロシア軍に鎮圧されたことを知り、一時は帰国を考えた。しかし、周囲のひとびとから、安全な場所で芸術家として祖国のために闘うよう諭され、帰国を断念している。

作は、シューベルト、シューマン、ヴォルフのものであるが、ここではヴォルフのアプローチに着目してみたい。

ヴォルフは、歌曲集《ゲーテ詩集》において、「ミニョンの歌」全四編のほか、竪琴弾きの歌とフィリーネの歌まで取り上げているが[原注4]、とりわけ〈ミニョン「憧れを知る人だけに」〉と〈ミニョン「君よ知るや南の国」〉は、驚くべき完成度を誇る歌曲である。〈憧れを知る…〉において、ト短調の主和音は一度きり、しかも束の間にしか鳴らされない。すでに二〇世紀音楽の全容が、ここで片鱗を示している。一方でモスコ・カルネは、ヴォルフの〈君よ知るや…〉が、この詩の音楽化を試みたあらゆる作品の中で、もっとも非の打ち所がないと主張しているが、これはおそらく正しい[原注5]。なぜなら、この謎めいた詩において、汚れのない陽光きらめく憧れの国は、立ち入りを禁じられた恐るべき国でもあった。それゆえにミニョンの歌の各節は、躍動しながらも、苦悩と不可解なためらいに取りつかれている。有名な呼びかけ「あそこへ、あそこへ！」は、ヴォルフによって沈痛な力強さをさずけられ、歌曲全体は、「憧れを知る人だけに」しかわからない苦しみを称揚する。「憧れを知る人」は旅立つ衝動を抑えきれずにいるが、帰ることはできないという確信が、その胸を締めつけるのである。ステファヌ・ゴルデが、ミニョンが憧れたイタリアについて、「その地は、どれほど切望されようとも、彼女を断固として追放した地でしかありえなかった」〔原注6〕と述べたように。だからこそヴォルフは、『ヴィルヘルム・マイスターの修行時代』にもとづく一連の歌曲の中で、原作では最初に登場する「君よ知るや南の国」を最後に配置したのだろう。

ヴォルフが「君よ知るや南の国」と「憧れを知る人だけに」を悲痛な傑作に昇華させることができたのは、詩の解釈が、彼の心の深淵でなされたからである。彼は、オーストリアの国境を越えることなく、もうひとつの亡命、心神喪失という精神的亡命に向かっていた。彼は心の病を発症したばかりのころ、自分と同じように梅毒が原因で精神障害をわずらったニーチェを世話しようとした〔原注7〕。この事実から、二〇世紀の狂気の系譜に思いをはせずにはいられない。というのも、ニーチェとヴォルフ（シェーンベルクではない！）は、梅毒によって狂人となったあの架空の作曲家レーファーキューンの、そして……ナチス的倒錯の、罪なき先駆者であったのだ。ふたりの犠牲者、ニーチェとヴォルフは、やがて二〇世紀が直面することになる狂気と亡命の悲劇をまったく知らずに、それらをあらかじめ経験し、予示した。郷愁は、いヽまヽ失ヽわヽれヽつヽつヽあヽるヽ人間性にむかって叫ぶとき、その極みに達する。

しかし、本書をこの恐怖の調べとともに閉じることはひかえよう。そのためには、あるもうひとりの作曲家について語る必要がある。たしかに彼は、ヴォルフと同じように心神を喪失して生涯を終えた。しかしまさにそれゆえに、この作曲家は、ゲーテが表現した苦しみだけでなく、その希望をも歌うことができたのではないだろうか。彼は「もうひとつのファウスト」と称されるべき大曲《ゲーテの『ファウスト』からの情景》はもとより、《ゲーテの『ヴィルヘルム・マイスター』によるリートと歌》作品九八aの後編として《ミニョンのためのレクイエム》作品九八bを作曲した。これは一八四九年、ゲーテの生誕一〇〇年祭で初演されている。

ロベルト・シューマンは、すでに前編の作品九八aにおいて、ミニョンが死に向かう様子を正確に音楽化していたが（終曲〈こうして私を装わせておいてください〉）、この《レクイエム》作品九八bでも、ゲーテの原作にふたたび忠実に向き合っている。ゲーテの原作では、ミニョンの埋葬ミサの場面は歌詞で描写されている。ミニョンの棺が置かれているのは柱廊のある広間で、壁一面は空色の織物で覆われている。広間の名は「過去の部屋」だ——つまり、あの取り返しのつかないものである。二手に分かれた大人の合唱隊は、高みにある見えない場所から、香油を塗られた死者のために歌う。大人たちは最後に、ミサの場にいる少年たちにこう呼びかける。「子どもたちよ、急いで生に還れ」。ゲーテの原作では、埋葬ミサの場面はこの大人たちの合唱で終わる。しかしシューマンは——それはゲーテに対する彼独自の、しかし胸を打つ忠誠である――生きなさいという命令に応じる少年たちの言葉で《レクイエム》を閉じることを選んだ。彼の特異なオラトリオは、この言葉で締めくくられる。「では行こう！」〔訳注四六〕

ミニョンの亡骸《なきがら》の前でともに歌う少年たちの姿、その希望、その生への欲求は、本書に登場したもうひとつの児童合唱の記憶を、私たちの心に呼びさます。テレジーン収容所の子どもたちは、死のまぎわにこう訴えていた。「正義を愛する子、正義を守る子、そして勇気ある子、それが僕らの友だち。それが僕らと一緒に遊ぶ子」。そう、ゲーテとシューマンがはからずも歌っていたのは、この子どもたちのための鎮魂歌《レクイエム》なのだ。そしてそれは、ありとある亡命音楽がテレジーンの子どもたちの思い出に恥じないということを、私たちに確信させてくれる。

〔訳注四六〕「では行こう！ Auf !」は、《レクイエム》の最後に五回、ピアノ（p）で繰り返される。これは前出の少年たちの応答「では行こう、僕たちは生に還ろう Auf, wir kehren ins Leben zurück」に由来する。

原注

はじめに◉冬の旅

[1] この問題についてはジャン＝ミシェル・パルミエ著『亡命のヴァイマール』（Jean-Michel Palmier, *Weimar en exil*, Payot, 1998, p. 712）を参照のこと。

[2] 「精神的亡命」という表現を初めて用いたのは一九二六年、ロシアのコルネイ・チュコフスキー（一八八二－一九六九）であるといわれている。アレクサンドル・ブロークと親しかった彼は、文学史家、文芸評論家、児童文学作家、翻訳家として活躍。他の多くの同胞作家と同様、ソ連当局による検閲・発禁処分の対象となった。マリーナ・ゴルボフ著『亡霊のロシア――一九二〇年から一九五〇年までのロシア移民たち』（Marina Gorboff, *La Russie fantôme : l'émigration russe de 1920 à 1950*, L'Âge d'Homme, 1995, p. 31）参照。

[3] アルバート・ゴールドバーグ「音楽―響板―移住した作曲家」（『ロサンゼルス・タイムズ』紙掲載。Albert Goldberg, «Music : The Sounding Board : The Transplanted Composer», *Los Angeles Times*, 28 mai 1950）参照。

[4] エリカ・マン、クラウス・マン共著『生への逃避』（Erika et Klaus Mann, *Fuir pour vivre*, Éditions Autrement, 1997, pp. 312-319）参照。

[5] 前出E・マン、K・マン共著『生への逃避』（pp. 87 et 176）から引用。

[6] アルノルト・シェーンベルク「ユダヤ人の境遇についての二つの演説」（レナード・スタイン編『スタイルとアイデア』所収。Arnold Schoenberg, «Two Speeches on the Jewish Situation», *Style and Idea*, éd. Leonard Stein,

London, Faber & Faber, 1975, p. 502)。傍点は引用者による（このテキストは、フランス語版〔*Le Style et l'idée*, Buchet-Chastel, 1977〕では省かれている）。この表現は、アメリカに移住したナチズムの犠牲者たちについて論じた、ラインホルト・ブリンクマンの書籍のタイトルにも含まれている。『楽園へ追いやられて――ナチス・ドイツからアメリカ合衆国に渡った音楽家たち』（Reinhold Brinkmann, Christoff Wolff (éds.), *Driven into Paradise, The Musical Migration from Nazi Germany to the United States*, University of California Press, 1999）。

[7] アインシュタインも、自分は「楽園へと追放された exiled into paradise」と語っている。前出E・マン、K・マン共著『生への逃避』（p. 299）参照。

第1章◉故郷喪失者が幸せだった時代――リュリ、ヘンデル、スカルラッティを中心に

[1] ルセール・ド・ラ・ヴィエヴィル（Lecerf de la Viéville）の話。アンリ・プリュニエール「若き日のリュリ」（「国際音楽協会フランス会報」所収。Henri Prunières, «La jeunesse de Lully», in *Bulletin français de la S.I.M. (Société Internationale de Musique)*, 15 mars 1909, p. 236）参照。

[2] フランス語の「帰化させる naturaliser」という動詞は、一六世紀なかばから用いられた。

[3] ロマン・ロラン著『ありし日の音楽家たち』（Romain Rolland, *Musiciens d'autrefois*, Paris, Hachette, 1908, p. 118, note 3）から引用。

[4] 前出R・ロラン著『ありし日の音楽家たち』（p. 126）参照。

[5] 『メルキュール・ミュジカル』誌掲載の「大発見」と題された告知文（«grande découverte» in *Le Mercure musical*,

bulletin français de la S.I.M. (Société Internationale de Musique), nº 4, 15 avril 1912）参照。同誌掲載のマリー・ドニザールと署名された記事「リュリのフランス人家系」（Marie Denizard, «La famille française de Lully», in *Le Mercure musical*, nº 5, 15 mai 1912, pp. 1-14）、アンリ・プリュニエールによる「回答——粉ひき職人の息子リュリ」（Henri Prunières, «Réponse : Lully, fils de meunier», in *Le Mercure musical*, nº 6, 15 juin 1912, pp. 57-61）も参照。この騒動はマニュエル・クヴルール「ジュール・エコルシュヴィルによるリュリ家の系譜の研究とマルセル・プルーストへの影響」（『リュリ・スタディーズ』所収。Manuel Couvreur, «Jules Ecorcheville's genealogical study of the Lully family and its influence on Marcel Proust», in *Lulli Studies*, Cambridge University Press, 2000, pp. 278-279）でも論じられている。

[6] カミーユ・サン＝サーンス「ドイツびいき」（『エコー・ド・パリ』所収。Camille Saint-Saëns, «Germanophilie», *L'Écho de Paris*, 21 septembre 1914）参照。エステバン・ブック「《ドイツ人たちとドイツ野郎たち》——第一次世界大戦中のパリにおけるドイツ音楽」（『社会運動』所収。Esteban Buch, «"Les Allemands et les Boches" : la musique allemande à Paris pendant la Première Guerre mondiale», in *Le Mouvement social*, Les Éditions de l'Atelier/Éditions ouvrières, 2004, pp. 45-69）から引用。

[7] ロマン・ロラン著『ヘンデル』（R. Rolland, *Haendel*, Paris, Alcan, 1910, p. 140）参照。

[8] 前出R・ロラン著『ヘンデル』（pp. 82-83）参照。

[9] 一七四六年、ヘンデルは、一年間ロンドンに滞在したクリストフ・ヴィリバルト・グルックと知り合っている。グルックは厳密にいえば亡命者でも移民でもなく、つねに旅を続けた作曲家であった。彼もまた、重いホームシックに

さいなまれることはなかったようである。

[10] ラルフ・カークパトリック著『ドメニコ・スカルラッティ』（Ralph Kirkpatrick, *Domenico Scarlatti*, Princeton University Press, 1953, p. 121）参照。

[11] 前出R・カークパトリック著『ドメニコ・スカルラッティ』（pp. 79, 91, 114, 116）参照。傍点は引用者。

[12] ツィポーリの伝記としては、アラン・パキエ著『新世界におけるバロックの道』（Alain Pacquier, *Les Chemins du barocque dans le Nouveau Monde*, Fayard, 1996, pp. 163-184）を参照。出生に関しては、ジョヴァンニ・アルレドラー「ドメニコ・ツィポーリ――教化村のイエズス会の音楽家」（『カトリック文明』所収。Giovanni Arledler, S. J., «Domenico Zipoli : il gesuita musicista delle riduzioni», *La Civiltà Cattolica*, 1999, pp. 40-41）を参照。ツィポーリ（Zipoli）とティポーリ（Tipoli）が同一人物であるかどうか問題になったのは、一九四三年のことである。

[13] 前出A・パキエ著『新世界におけるバロックの道』（p. 171）参照。

[14] 前出G・アルレドラー「ドメニコ・ツィポーリ」（pp. 49-50）参照。

[15] 前出A・パキエ著『新世界におけるバロックの道』（pp. 175-177）、およびピョートル・ナウロット「ドメニコ・ツィポーリとそのアメリカ・オペラ」（『プラート、歴史と芸術』所収。Piotr Nawrot, «Domenico Zipoli e la sua opera americana», in *Prato, Storia e arte* nº 120, décembre 2016, p. 47）参照。

[16] 前出G・アルレドラー「ドメニコ・ツィポーリ」（p. 50）参照。

[17] フィリッポ・コラッリ「ツィポーリとその音楽」（『幻想と現実のはざまにある多文化主義と宗教的多元主義――別世界の可能性をめぐって』所収。Filippo Coralli, «Zipoli e la sua musica», in *Multiculturalismo e pluralismo*

religioso fra illusione e realtà : un altro monde è possibile ? a cura di A. Nesti, Firenze, University Press, 2006, pp. 212-215）参照。

［18］前出G・アルレドラー「ドメニコ・ツィポーリ」（p. 49）参照。

［19］チマローザにより音楽化され、国立宮殿前の「自由の木」の下で花月（フランス革命暦第八月）三〇日におこなわれた祭典で歌われた〈市民ルイージ・ロッシによる専制君主の像の焼却のための愛国的賛歌〉のこと。このテキストは哲学者ベネデット・クローチェにより発見されたものである。出生地ナポリで出版されたチマローザに関する共同論文集『ドメニコ・チマローザの没後百年に寄せて』（*Aversa a Domenico Cimarosa nel primo centenario dalla sua morte*, Napoli, 1901, p. 365）参照。

［20］メラニー・トラヴェルシエ「平民を国民に変える――一七九九年のナポリにおける演劇と音楽、ナポリでの共和国樹立宣言から王政復古まで」（『フランス革命史会報』所収。Mélanie Traversier, «"Transformer la plèbe en peuple". Théâtre et musique à Naples en 1799, de la proclamation de la République napolitaine à la Première Restauration», *Annales historiques de la Révolution française*, 335, janvier-mars 2004, p. 15）参照。

［21］執筆者不詳「細事」（前出『ドメニコ・チマローザの没後百年に寄せて』所収。[Anonyme], «Quisquilie» [Broutilles], in *Aversa a Domenico Cimarosa* , p. 368）参照。

［22］ハッケルトはE・T・A・ホフマンの『G町のジェズイット教会』にも登場する。この小説では、前述の一七九九年にナポリで起きた政変についても触れられている。

第2章◉祖国喪失——ショパンとポーランド

[1] タデウシュ・A・ジェリンスキー著『ショパン』(Tadeusz A. Zieliński, *Chopin*, Fayard, 1995, p. 791) 参照。傍点は引用者。

[2] この手紙はチェルニツカ夫人によって偽造され、「写し」として一九四五年にワルシャワのショパン研究所に寄贈された。チェルニツカ夫人はその後、(あるはずのない) 真筆の原文を提示しないまま自殺した。「ショパンとポトツカの書簡」(アーサー・ヘドレイ編訳『フレデリック・ショパン書簡選集』所収。«The "Chopin-Potocka Letters"», in *Selected Correspondence of Fryderyk Chopin*, translated and edited by Arthur Hedley, London-Melbourne-Toronto, 1962, pp. 377-387) 参照。前出T・A・ジェリンスキー著『ショパン』(p. 807) も参照。

[3] エドゥアール・ガンシュ著『フレデリック・ショパンの思い出の中に』(E. Ganche, *Dans le souvenir de Frédéric Chopin*, Paris, Mercure de France, 1925, pp. 8 et 38) 参照。傍点は引用者。ガンシュはまた、アルフレッド・コルトーが《前奏曲集》の各曲に付けたさんざんな副題 (とりわけ第九番〈ポーランドの終焉〉) を紹介している。

[4] ハインリヒ・ハイネの私信 (『パリ音楽雑報』所収。H. Heine, «Lettres confidentielles», *Revue et gazette musicale de Paris*, 5e année, 4 février 1838) 参照。傍点は引用者。この文章は、H・ハイネ著『音楽とは何か?』(Heinrich Heine, *Mais qu'est-ce que la musique?*, coll. Babel, Actes Sud, 1991, pp. 50-51) に再録されている。

[5] 前出T・A・ジェリンスキー著『ショパン』(p. 297) から引用。

[6] 前出T・A・ジェリンスキー著『ショパン』(pp. 756-757) から引用。

[7] 前出T・A・ジェリンスキー著『ショパン』(pp. 362-363) から引用。

[8] アダム・ミツキエヴィチ著『ポーランド巡礼者たちの書』（『アダム・ミツキエヴィチ詩的集成』所収。Adam Mickiewicz, *Le Livre des pèlerins polonais*, in *Chefs-d'œuvre poétiques d'Adam Mickiewicz*, Paris, Charpentier, 1882, pp. 337 et 368）参照。

[9] アダム・ミツキエヴィチ著『スラヴ民族たち』（A. Mickiewicz, *Les Slaves*, Paris, 1849, tome I, p. 11）参照。

[10] ジャクリーヌ・プレヴォスト「プーシキンとロシア・ナショナリズム」（『スラヴ研究誌』所収。Jacqueline Prévost, «Pouchkine et le nationalisme russe», *Revue des études slaves*, tome 20, fascicules 1-4, 1942, pp. 134-147）参照。とくにプーシキンからの引用文（p. 147）を参照されたい。

[11] 前出T・A・ジェリンスキー著『ショパン』（p. 642）参照。

[12] 前出A・ミツキエヴィチ著『ポーランド巡礼者たちの書』（p. 372）参照。傍点は引用者。ミツキエヴィチはコレージュ・ド・フランスでおこなったスラヴ詩とスラヴ文化の講義において同じ発言を繰り返しているが、その語調はやや冷静である。ショパンとジョルジュ・サンドは時おり彼の講義を聴講していた。「ラテン語の格言「幸イコソワガ祖国」に反して、祖国を愛する詩人、演説家、政治家たちにとって、祖国とは幸福を感じる場所ではない」（前出A・ミツキエヴィチ著『スラヴ民族たち』〔tome I, p. 29〕）。

[13] 前出T・A・ジェリンスキー著『ショパン』（pp. 754-755）から引用。

[14] アンドレ・ブクレシュリエフ著『ショパンへのまなざし（原題「ショパンを解く！——現代作曲家の熱きまなざし」）』（André Boucourechliev, *Regard sur Chopin*, Fayard, 1996, p. 130）参照。チャールズ・ローゼンも類似の観点からこの問題に言及している。「彼が何を民俗芸能から取り入れ、何をみずから考案したのかを明確に突きと

めることは決してできないし、それは重要な問題ではない。ショパンの独自性は、彼が選択したものの中にも、彼が創り出したものの中にも、等しく見出されるからである」（チャールズ・ローゼン著『ロマン派世代』〔Charles Rosen, *La Génération romantique*, Gallimard, 2002, pp. 520-521〕）。

[15] アレクサンデル・タンスマンは「あらゆる国民楽派は（…）ショパンに端を発している」と書いた。彼はショパンが民族主義の模範を示したと主張しているわけではなく、ショパンが民俗的な素材を新たに用いることによって、音楽に新たな素材をもたらしたと述べたかっただけである。アレクサンデル・タンスマン「ショパンの音楽的遺産に関する考察」（ミレイユ・タンスマン＝ザヌッティ編、ジェラール・ユゴン序文・注釈『激動の世紀の抒情的な道』所収。A. Tansman, «Considérations sur l'héritage musical de Chopin», in *Une voie lyrique dans un siècle bouleversé*, textes réunis par Mireille Tansman-Zanuttini, préfacés et annotés par Gérald Hugon, L'Harmattan, Paris, 2005, p. 254）参照。

[16] 『新音楽時報』に掲載されたロベルト・シューマンの文章（R. Schumann, in *Neue Zeitschrift für Musik*, 15, 1841, p. 142）参照。シューマンが用いたドイツ語の動詞は「anregen」で、これは「霊感を与える」よりもむしろ「提起する、（～する）気を起こさせる」という意味合いに近い。

[17] ドロータ・ザクレフスカ「疎外と無力感――A・ミツキエヴィチの《バラディ（バラッド）》とショパンのバラード」（『ポーランド音楽ジャーナル』所収。Dorota Zakrzewska, «Alienation and Powerlessness: A. Mickiewicz "Ballady" and Chopin's Ballades», Polish Music Journal, vol. 2, nº 1-2, 1999）。

[18] 前出Ch・ローゼン著『ロマン派世代』（p. 408）参照。ローゼンによれば、ショパンの音楽の中に「求めるべきものは、

特定の物語のモデルとなりうる文学的な作品の存在ではなく、新たな音色、雰囲気、構造である。文学的影響は、ひとつの具体的な物語の筋《プログラム》に集約されない。音楽は音楽だけで完結している」(p. 121)。ギイ・サクルの皮肉めいた文章も引用しておこう。「これらのバラードは〝語っている〟。たしかにそうだが、(…)しかしそれらは何を語っているのだろう? ありがたいことに、私たちがそれを知ることは永遠にない」(ギイ・サクル「ショパン」の項、『ピアノ音楽——作曲家・作品辞典』所収。Guy Sacre, «Chopin», in *La Musique de piano. Dictionnaire des compositeurs et des œuvres*, Coll. Bouquins, Robert Laffont, tome I, 1998, p. 63)。

[19] 前出T・A・ジェリンスキー著『ショパン』(p. 296)参照。

[20] 『新音楽時報』に掲載されたロベルト・シューマンの記事(*Neue Zeitschrift für Musik*, Leipzig, 3e année, n° 33 [22 avril 1836], p. 138, col. 2)参照。

[21] フランツ・リスト著『ショパン』(Franz Liszt, *Chopin*, Escudier, Paris-Leipzig-Bruxelles, 1852, pp. 84-85)参照。傍点は引用者。

[22] 前出H・ハイネ著『音楽とは何か?』(p. 51)の私信を参照。傍点は引用者。

[23] この語は、心の痛み、悲しみ、苦しみ、後悔、みじめさ、恨みなどが入り混じった複雑な感情をあらわす。

[24] 前出F・リスト著『ショパン』(pp. 67-68)参照。

第3章◉さまよえるオランダ人たち——亡命者ヴァーグナーをめぐって

[1] 前出F・リスト著『ショパン』(p. 85)。

［2］リヒャルト・ヴァーグナー著『わが生涯』（Richard Wagner, *Ma vie*, Buchet-Chastel, 1978, p. 281）。

［3］パリで書かれた一八四九年六月五日付の手紙。『リヒャルト・ヴァーグナー－フランツ・リスト書簡集』（*Correspondance Richard Wagner-Franz Liszt*, nouvelle édition présentée et annotée par Georges Liébert, Gallimard, 2013, pp. 20 et 22）。

［4］チューリッヒで書かれた一八五〇年七月二〇日付の手紙。（前出『R・ヴァーグナー－F・リスト書簡集』p. 57）。

［5］一八四二年六月一二日付のザムエル・レールスへの手紙。『リヒャルト・ヴァーグナー書簡集』（Richard Wagner, *Sämtliche Briefe*, Breitkopf & Härtel, vol. 2, 1980, p. 100）。

［6］一八四九年六月一八日付の手紙。前出『R・ヴァーグナー－F・リスト書簡集』（p. 24）。

［7］一八四九年七月に書かれた手紙。日付は不明（一九日か?）。前出『R・ヴァーグナー－F・リスト書簡集』(p. 31)。

［8］年月日不明（一八四九年一二月五日か?）。前出『R・ヴァーグナー－F・リスト書簡集』（p. 42）。

［9］ギイ・ド・プルタレス著『フランツ・リスト』（Guy de Pourtalès, *Franz Liszt*, le Livre de Poche, 1971[1926], pp. 107 et 240）。

［10］セルジュ・グート著『フランツ・リスト』（Serge Gut, *Franz Liszt*, Éd. De Fallois/L'Âge d'Homme, 1989, p. 200）から引用。

［11］トーマス・マン「リヒャルト・ヴァーグナーの苦悩と偉大」（『ヴァーグナーと現代』所収。Thomas Mann, «Souffrances et grandeur de Richard Wagner», in *Wagner et notre temps*, le Livre de Poche, coll. Pluriel, 1978, p. 124）。

［12］前出Th・マン「リヒャルト・ヴァーグナーの苦悩と偉大」（pp. 125 et 126）。

［13］前出Th・マン「リヒャルト・ヴァーグナーの苦悩と偉大」（p. 120）。

［14］前出Th・マン「リヒャルト・ヴァーグナーの苦悩と偉大」（p. 121）。

［15］トーマス・マン「R・ヴァーグナーと『ニーベルングの指輪』」（前出『ヴァーグナーと現代』所収。Th. Mann, «R. Wagner et l'*Anneau du Nibelung*», p. 167）参照。

［16］トーマス・マン「ヴァーグナーの擁護」（『ヴァーグナーと現代』所収。Th. Mann, «Défense de Wagner», p. 171-172）参照。この文章は『コモン・センス』の編集長に宛てた公開書簡（一九四〇年一月）である。

［17］前出Th・マン「ヴァーグナーの擁護」（p. 179）。

［18］ハンス・アイスラー著『音楽と社会』（Hanns Eisler, *Musique et société*, Éditions de la Maison des sciences de l'homme, Paris, 1998, pp. 73-75）参照。

［19］前出H・アイスラー著『音楽と社会』（p. 76）参照。

［20］マックス・ホルクハイマー、テオドール・アドルノ共著『啓蒙の弁証法』（M. Horkheimer, Th. W. Adorno, *La Dialectique de la raison*, coll. Tel, Gallimard, 1974, p. 157）参照。

第4章◉ハリウッドでよみがえったメンデルスゾーン――《夏の夜の夢》とコルンゴルト

［1］この問題については以下を参照のこと。フレッド・K・プリートベルク著『ナチス・ドイツにおける音楽』第六章「夏の夜の夢――アーリア族」（Fred K. Priedberg, *Musik im NS-Staat*, Fischer-Verlag, 1981, le chapitre VI : «Ein

Sommernachtstraum – arisch»)。

[2] この逸話については以下を参照のこと。マイケル・H・ケイター著『ナチズム下の作曲家たちの八つの肖像』所収「カール・オルフ――伝説の男」（Michael H. Kater, *Huit portraits de compositeurs sous le nazisme*, Contrechamps, 2000, «Carl Orff : un homme de légende», pp. 170-176）。

[3] J・L・スタイアン著『マックス・ラインハルト』（J. L. Styan, *Max Reinhardt*, Cambridge University Press, 1982, pp. 54-55）参照。

[4] ジャン＝ルイ・ベッソン序文・編訳『マックス・ラインハルト』（*Max Reinhardt*, Introduction, choix de textes et traduction par Jean-Louis Besson, Actes Sud, coll. Papiers, 2010, p. 10）参照。

[5] ニコラ・デルニ（ニコラス・ダーニー）著『エーリヒ・ヴォルフガング・コルンゴルト』（Nicolas Derny, *Erich Wolfgang Korngold*, Éditions Papillon, Genève, 2008, p. 23）参照。

[6] 前出N・デルニ著『エーリヒ・ヴォルフガング・コルンゴルト』（pp. 78-82）参照。

[7] パーニャ・ミュッケ著『音楽的映画――音楽的演劇』（Panja Mücke, *Musikalischer Film - Musikalisches Theater*, Waxman, 2011, p. 147, note 274）参照。

[8] ブレンダン・W・キャロル著『最後の神童、エーリヒ・ヴォルフガング・コルンゴルトの生涯』（Brendan W. Carroll, *The Last Prodigy, A biography of Erich Wolfgang Korngold*, Amadeus Press, 2003, p. 240）参照。

[9] ネイサン・プラット「夢の分析――コルンゴルト、メンデルスゾーンとワーナー・ブラザースの『夏の夜の夢』（一九三五）における編曲」（『一九世紀音楽』所収。Nathan Platte, «Dream Analysis : Korngold, Mendelssohn,

and Musical Adaptations in Warner Bros.' *A Midsummer Night's Dream* (1935)», *19th-Century Music*, Vol. 34, nº 3 (Spring 2011), pp. 211-236）参照。

[10] 前出P・ミュッケ著『音楽的映画——音楽的演劇』（p. 148）参照。

[11] 前出N・プラット「夢の分析」（pp. 219-220）参照。

[12] 前出N・プラット「夢の分析」（p. 226, et note 55）、および前出B・W・キャロル著『最後の神童』（p. 244）参照。

[13] バレエ・マスター（舞踊監督）としてバランシン、つづいてマシーンが打診を受けたがいずれも都合がつかなかった。最終的にニジンスキーの妹ブロニスラヴァ・ニジンスカがこれを引き受けた。前出B・W・キャロル著『最後の神童』（p. 234）参照。

[14] このイタリアでの上演については、ラインハルトから当時一八歳の若手ダンサーだったテイラードへの献辞が残っている。彼はテイラードの才能を称え、自身の「協力者」に指名した。ローネ・クールマン編『ニニ・テイラード、ダンスを語る』第九章「夏の夜の夢」（Nini Theilade, *Dansen var det hele vaerd*, Fortalt til Lone Kühlmann, People's Press, 2006, ch. 9, «En Skærsommernatsdrøm I»）参照。

[15] この文章の執筆時点で一〇二歳のニニ・テイラードは、オリヴィア・デ・ハヴィランド（一〇一歳）とともに、映画『夏の夜の夢』（一九三五年製作）の出演者のうち、数少ない存命者のひとりである。

[16] 前出B・W・キャロル著『最後の神童』（p. 255）参照。

[17] 前出N・プラット「夢の分析」（pp. 217 et 219）参照。

[18] コルンゴルトの伝記のひとつは、彼がメンデルスゾーンの音楽にみずからの音楽を織り交ぜているのではないか

と推測している（前出B・W・キャロル著『最後の神童』〔p. 255〕参照）。しかし近年の子細な楽譜研究によって、コルンゴルトがもっぱらメンデルスゾーンの音楽だけを用いて、緻密な修正、変更、接合をおこなったことが証明された。

［19］トーマス・マン著『ファウストゥス博士の日記』（Thomas Mann, *Le Journal du docteur Faustus*, Plon, 1962, p. 64）参照。

［20］前出R・ブリンクマン編『楽園へ追いやられて』（p. 230）からの引用。

［21］前出N・デルニ著『エーリヒ・ヴォルフガング・コルンゴルト』（pp. 137, 130, 132）参照。

第5章◉甘いアップルと苦いオレンジ――ヴァイルとアイスラーの明暗

［1］この（約三〇作の）詩の一部は、一九三四年にアムステルダムでクラウス・マン編集の雑誌上で発表された。ヴァイルはそのうちの一作（「雨が降る」）に音楽をつけている。パスカル・ユイン著『クルト・ヴァイル、あるいは大衆の獲得』（Pascal Huynh, *Kurt Weill ou la conquête des masses*, Actes Sud, 2000, pp. 229-234）参照。

［2］前出P・ユイン著『クルト・ヴァイル、あるいは大衆の獲得』（pp. 216, 392, 343, 324）参照。

［3］アドルノはヴァイルを「音楽の演出者」と呼んだ。前出R・ブリンクマン編『楽園へ追いやられて』（p. 230）、および前出P・ユイン著『クルト・ヴァイル、あるいは大衆の獲得』（pp. 18, 344, 361）参照。

［4］前出M・H・ケイター著『ナチズム下の作曲家たちの八つの肖像』所収「クルト・ヴァイル、あるいはふたつの大陸を生き延びた作曲家」（«Kurt Weill, ou survivre sur deux continents», pp. 112-114）参照。

[5] 前出P・ユイン著『クルト・ヴァイル、あるいは大衆の獲得』（p. 74）から引用。

[6] ヴァイルは当初、シェーンベルクを崇拝していた。ヴァイルは兄に、自分のふたつの喜びは《グレの歌》とスピノザに関するエルンスト・カッシーラーの講義を聞くことだと書いている。デイヴィッド・ドリュー「ヴァイルとシェーンベルク」（『クルト・ヴァイル通信』所収。David Drew, «Weill and Schoenberg», *Kurt Weill Newsletter*, vol. 12, printemps 1984, nº 1, pp. 10-13）参照。

[7] 前出M・H・ケイター「クルト・ヴァイル、あるいはふたつの大陸を生き延びた作曲家」（p. 114）参照。この言葉は、P・ユインの著作のエピグラフとして引用されている。

[8] タズウェル・トンプソン「そのルーツ、南アフリカに帰還した《ロスト・イン・ザ・スターズ》」（『クルト・ヴァイル通信』所収。Tazewell Thompson, «*Lost in the Stars* returns to Its Roots in South Africa», *Kurt Weill Newsletter*, vol. 30, nº 1, printemps 2012, pp. 4-6）参照。

[9] 前出P・ユイン著『クルト・ヴァイル、あるいは大衆の獲得』（pp. 306-307, 209-210）参照。

[10] ヴァイスガルは、このプロジェクトについて次のようにラインハルトに説明した。「これはヒトラーへの反駁となるべきものだ」（前出R・ブリンクマン編『楽園へ追いやられて』〔pp. 246-247〕から引用）。

[11] A・L・リンガー「他人の土地で生きた異邦人たち――ヴェルフェル、ヴァイルと《永遠の道》」（前出R・ブリンクマン編『楽園へ追いやられて』所収。A. L. Ringer, «Strangers in Strangers'Land. Werfel, Weill, and *The Eternal Road*», pp. 253, 255-256）参照。

[12] 前出P・ユイン著『クルト・ヴァイル、あるいは大衆の獲得』（p. 302）参照。

[13] 前出M・H・ケイター「クルト・ヴァイル、あるいはふたつの大陸を生き延びた作曲家」（p. 111）参照。

[14] 一九三四年春に、アイスラーはパリでおこなわれたフルトヴェングラーの演奏会で一枚のビラをまき、「殺人者たちの陣営を選んだ」フルトヴェングラーには、ベートーヴェンの交響曲第九番を指揮する資格がないと訴えた。アルブレヒト・ベッツ「フランス短期滞在とフランス永住。ハンス・アイスラーとマックス・ドイッチュ」（『心地よいフランス？——音楽家たちのフランス亡命、一九三三－一九四五』所収。Albrecht Betz, «En France par intermittence, en France à demeure. Hanns Eisler et Max Deutsch», *Douce France ? Musik-Exil in Frankreich, Musiciens en exil en France, 1933-1945*, Böhlau, Wien-Köln-Weimar, 2008, p. 353）から引用。

[15] リオン・フォイヒトヴァンガーの小説『亡命』の主人公ゼップ・トラウトヴァインは音楽家で、部分的にアイスラーをモデルとしている。たしかにこの主人公もきわめて魅力的な人物である。

[16] ハンス・アイスラー「社会学的覚書」（アドルノとの共同執筆、『音楽と社会』所収。Hanns Eisler, «Remarques sociologiques», en collaboration avec Th. W. Adorno, in *Musique et société*, p. 166）参照。

[17] この問題に関しては、スタンリー・E・ウォークマン『ハンス・アイスラーと《ハリウッド・ソング・ブック》——〈五つのエレジー〉と〈ヘルダーリン断章〉の研究』（E. Workman, *Hanns Eisler and His Hollywood Songbook : A Survey of the Five Elegies (Fünf Elegien) and the Hölderlin Fragments (Hölderlin Fragmente)*, The Ohio State University, 2010）、およびヨルン・ネッティングスマイアー著『ハンス・アイスラー分析——ハリウッド・エレジー』（Jörn Nettingsmeier, *Analyse Hanns Eisler – Die Hollywood-Elegien (1942)*, Folkwang-Hochschule Essen, 2000）を参照。

［18］曲名は〈The rat men〉で、英語の詞は「ねずみ人間たちが悪臭を嫌う私を責め立てる」と始まる。

［19］前出J＝M・パルミエ『ヴァイマール共和政と亡命』（p. 745）参照。

［20］アイスラーが音楽をつけた詞はしばしば若干であるが、ブレヒトの原詩と異なっている。さらにアイスラーは、同じ詩をもとに複数の歌曲を書くこともあった。

［21］アイスラー「ブレヒトと音楽」（前出『音楽と社会』所収。H. Eisler, «Brecht et la musique», pp. 191-196）参照。もっとも、ミズークに対するアイスラーの評言は「意識を解明する」音楽というブレヒトの理想をアイスラーが共有していたことを否定するものではない。ベルナール・バノアン「ブレヒトと演劇における音楽——理論、実践、メタファーのあいだで」（『ドイツ文化研究』所収。Bernard Banoun, «Brecht et la musique au théâtre, Entre théorie, pratique et métaphores», in *Études germaniques*, 63, 2008, p. 343）参照。

［22］音名として使用可能なアルファベット、つまり「A－D－Es－C－H－B－G（ラ－レ－ミ♭－ド－シ－シ♭－ソ）」のみが用いられた。すでにベルクが《室内協奏曲》（一九二三－一九二五）で類似の手法を取っている。

［23］この音楽はもともと一九四〇年に、オランダの映画監督ヨリス・イヴェンスの無声ドキュメンタリー映画『雨』（一九二九年制作）のために作られた。

［24］この「おおドイツ、青ざめた母よ」のテキストが用いられたアイスラーの《ドイツ交響曲》の前奏曲は、たしかに一九三四年に書かれているが、この作品が最終稿として完成し初演されたのは一九五〇年代の終わりである。

第6章◉《「創世記」組曲》――シルクレットと六人の亡命作曲家

[1] ときにハリウッドは移民たちによって「ニュー・ヴァイマール」と呼ばれた（前出J＝M・パルミエ著『亡命のヴァイマール』〔p. 749〕参照）。

[2] 彼らは、マレーネ・ディートリヒ、ビリー・ワイルダーら、すでにハリウッドで働いていたドイツ人たちの斡旋で、この職を手にした（前出J＝M・パルミエ著『亡命のヴァイマール』〔p. 752〕参照）。

[3] ブレヒトは「トーマスはハインリヒを餓死させたようなものだ」と証言しているが、大げさである。たしかにトーマスは自分の財産の多くをハインリヒに恵むことはなかったが、ハインリヒを支援していたのである。

[4] この大戦期には、とりわけ文学の分野でさまざまな合作が企画され実現した。なかでも特筆に値するのは、トーマス・マンとヴェルフェル（さらにフランス人のジュール・ロマン、アンドレ・モーロワ）が参加した『十戒――道徳律に反するヒトラーの戦争にまつわる一〇の短編小説』（一九四〇年にアメリカで出版）である。

[5] 近年発表されたバルトークの本格的な伝記には、彼がこのオファーを断ったと書かれている（クレール・ドラマルシュ著『ベーラ・バルトーク』〔Claire Delamarche, *Béla Bartók*, Fayard, 2012, p. 870〕参照）。しかしそれは事実に反しているように思われる。《「創世記」組曲》の初演の指揮を任されたヴェルナー・ヤンセンは、一九四五年七月二四日にシルクレットに宛ててこう書いている。「バルトークが作曲を始めていることを知り、うれしく思います」。この手紙と、シルクレットのバルトーク宛の手紙のファクシミリは、Wikimedia Commons, Category : *Genesis Suite* で参照可能である。

[6] ミシェル・ドリニエ著『セルゲイ・プロコフィエフ』（Michel Dorigné, *Serge Prokofiev*, Fayard, 1994, p. 595）に

よれば、プロコフィエフも打診を受けた。しかし私が確認することができた資料の中で、そのことを裏づけるものはなかった。ドリニェはさらに、これがストラヴィンスキー主導のプロジェクトで、「この合作が完成することはなかった」と書いており、三つの誤りがあるように思われる。

[7] «Genesis Suite» in https://en.wikipedia.org/wiki/Genesis_Suite を参照。この手紙は Wikimedia Commons, Category : *Genesis Suite* にも掲載されている。

[8] この録音の演奏は、ジェラード・シウォーツ指揮、ベルリン放送交響楽団である（le Rundfunk Symphonie-orchester de Berlin, dirigé par Gerard Schwarz, chez Naxos）。一九四五年の録音は二〇〇一年に Angel Records から再リリースされており、Youtube でも聴取可能。演奏はヴェルナー・ヤンセン指揮、ロサンゼルス・ヤンセン交響楽団である。

[9] イーゴリ・ストラヴィンスキー、ロバート・クラフト共著『一一八の質問に答える』（Igor Stravinsky and Robert Craft, *Dialogues*, University of California Press, 1982, p. 106）参照。

[10] エンツォ・レスターニョ著『シェーンベルクとストラヴィンスキー——信じがたい友情の物語』所収「アメリカ」（Enzo Restagno, *Schönberg e Stravinski, storia di una impossibile amicizia*, Milano, Saggiatore, 2014, le chapitre intitulé «America», pp. 257 s.）参照。

[11] A・タンスマン「ミシェル・ホフマンとの四つの対話」（『激動の世紀における抒情的な道』所収。A. Tansman, «Quatre entretiens avec Michel Hoffmann», in *Une voie lyrique dans un siècle bouleversé*, pp. 329 et 352）参照。

[12] とりわけジュリアン・デュヴィヴィエ著『肉体と幻想』（J. Duvivier, *Flesh and Fantasy*）とフリッツ・ラング著『ス

カーレット・ストリート』（Fritz Lang, *Scarlett Street*）参照。

[13] 前出『激動の世紀における抒情的な道』（p. 415）参照。

[14] 前出A・タンスマン「ミシェル・ホフマンとの四つの対話」（p. 328）参照。

[15] マルセル・ミハロヴィチに宛てた一九四五年一一月二四日付の手紙（前出『激動の世紀における抒情的な道』〔p. 425〕）。同じ手紙の同じページで、タンスマンは《「創世記」組曲》をほのめかし、シェーンベルクとストラヴィンスキーの担当箇所の音楽を賛美している。

[16] タンスマンのM・ミハロヴィチに宛てた手紙（日付なし。前出『激動の世紀における抒情的な道』〔p. 421〕）参照。

[17] 原文のままとする（訳者注記：原文には引用者も指摘しているとおり不自然な表現が見受けられるが、原文に即して訳出した）。アルバム『タンスマン交響曲集　第一集（第四・五・六番）』付属の冊子に掲載された歌詞を引用（メルボルン合唱団／メルボルン交響楽団／オレグ・カエターニ指揮。*Tansman, symphonies*, vol 1, nº 4, 5 & 6, Melbourne Chorale, Melbourne Symphony Orchestra, dir. Oleg Caetani, Chandos, CHSA 5041, p. 25）。

[18] その後一九四四年に、グリーンもミルズ・カレッジで教鞭をとることになる。ダリウス・ミヨー著『幸福だった私の一生』（Darius Milhaud, *Ma vie heureuse*, Belfond, 1973, p. 227）参照。

[19] 前出D・ミヨー著『幸福だった私の一生』（p. 215）参照。

[20] ミシェル・リカヴィ、ロベール・ミヨー共著『ダリウス・ミヨー、ユマニストであったフランスの作曲家と彼が生きた二〇世紀』（Micheline Ricavy, Robert Milhaud, *Darius Milhaud, un compositeur français humaniste, sa traversée du XX*^{e} *siècle*, Van de Velde, Paris, 2013, pp. 152-3）参照。著者たちは以下のように、よりいっそう詳し

く書いている（おそらく詳しすぎる）。「第二楽章が興味深いのは、恐ろしい日本軍が支配する太平洋を西海岸から眺める一亡命者の心理状態を伝えているからである」。

［21］前出D・ミヨー著『幸福だった私の一生』（pp. 250-252）参照。

［22］彼の膨大な数の作品のうち、ユダヤ教から着想を得た主要曲は以下のとおり。《農民の典礼——声楽とピアノのためのロシュ・ハシャナの歌》作品一二五、《神聖祭儀》作品二七九、《朗詠者、合唱、オルガンのためのレハー・ドディー》作品二九〇、《格言カンタータ》作品三一〇、《信仰の奇跡》作品三一四、《ダヴィデの三つの詩篇》作品三三九、《成人式のカンタータ》作品三八八、《ヨブ記からのカンタータ》作品四一三、《コンタ・ヴェネッサンの典礼主題による練習曲集》作品四四二。前出M・リカヴィ、R・ミヨー共著『ダリウス・ミヨー、ユマニストであったフランスの作曲家と彼が生きた二〇世紀』（pp. 215-224）も参照。

［23］原文フランス語。

［24］マリオ・カステルヌオーヴォ＝テデスコ著『音楽の人生』（Mario Castelnuovo-Tedesco, *Una vita di musica*, Edizioni Cadmo, Fiesole, 2005, p. 401）参照。

［25］前出M・カステルヌオーヴォ＝テデスコ著『音楽の人生』（pp. 269 et 406）参照。カステルヌオーヴォ＝テデスコはこれをトッホの受け売りだと述べているが、信憑性に欠けるように思える。もっとものちほど言及するとおり、トッホには生来のユーモアのセンスがあったから、その度が過ぎた可能性は考えられる。

［26］前出M・カステルヌオーヴォ＝テデスコ著『音楽の人生』（pp. 401, 437, 493-500）参照。

［27］ジェームス・ウェスビー「ハリウッドのゴーストライター」（『キュー・シート』所収。James Westby, « *Uno scrittore fantasma* : a Ghostwriter in Hollywood», *The Cue Sheet*, avril 1999, p. 20）参照。

[28] 若かりしころのケージがトッホを訪ねたエピソードについては、ローレンス・ウェシュラー「楽園――ヒトラーに追放された亡命文化人たちの南カリフォルニアの田園風景」（ステファニー・バロン編『亡命者たち＋移民たち、ヒトラーから逃れたヨーロッパの芸術家たち』所収。Lawrence Wechsler, «Paradise : the Southern California Idyll of Hitler's cultural Exiles», in Stephanie Barron, *Exiles + Emigrés, The Flight of European Artists from Hitler*, Los Angeles County Museum of Art, 1997, p. 351）参照。

[29] この経緯については、ダイアン・ピーコック・ジェズィック著『音楽家の移住とエルンスト・トッホ』（Diane Peacock Jezic, *The Musical Migration and Ernst Toch*, Iowa State University Press, 1989, pp. 78-83）を参照。アメリカにわたったほぼすべての作曲家が映画音楽を書いたが、その熱意や幸福の度合いは各人各様であった。そのうち、本書で言及した作曲家たちのほかに名を挙げておくべきは、ミクロス・ロージャ（一九〇七–一九九五）とカロル・ラートハウス（一九八五–一九五四）で、いずれも映画音楽以外の秀作も残している。

[30] この問題については、「エルンスト&リリー・トッホ夫妻」（トーマス・ブルバッハー著『困難な時代の楽園、パシフィック・パリセーズの芸術家と思想家たち』所収。«Ernst und Lilly Toch», in Thomas Blubacher, *Paradies in schwerer Zeit, Künstler und Denker im Exil in Pacific Palisades*, München, 2011, pp. 101-107）を参照。

[31] 各楽章のタイトルは示唆に富んでいる。「抒情の部」«The Lyrical Part»、「奇想の部」«The Whimsical Part»、「瞑想の部」«The Contemplative Part»、「ドラマの部」«The Dramatic Part»。

[32] 近年 Naxos から録音がリリースされている。ネイル・W・レヴィン執筆の付属の解説書で、作曲の背景とトッホ

の意図について詳述されている。

［33］前出D・P・ジェズィック著『音楽家の移住とエルンスト・トッホ』（p. 93）参照。

第7章◉ロサンゼルスのスフィンクス――ストラヴィンスキーの場合

［1］『創世記』一一章七節。ちなみにこれは、ストラヴィンスキーが初めて音楽化した英語のテキストである。

［2］A・タンスマン著『イーゴリ・ストラヴィンスキー』（A. Tansman, *Igor Stravinsky*, Les Éditions du Point d'Exclamation, 2008 [1948], pp. 150-153）参照。ストラヴィンスキー自身は、バイロイトを「聖なる儀式の無自覚な猿真似」と形容している（I・ストラヴィンスキー著『私の人生の年代記』〔I. Stravinsky, *Chroniques de ma vie*, Denoël, 1962 [1935], p. 53〕参照）。

［3］ケネス・H・マーカス著『シェーンベルクとハリウッド・モダニズム』（Kenneth H. Marcus, *Schoenberg and Hollywood Modernism*, Cambridge University Press, 2016, p. 239）から引用。

［4］アメリカ移住を決意する以前に、ストラヴィンスキーはパリにいるロシア人の出版者への手紙（一九三三年九月七日付）の中で、ドイツで自作の演奏が禁じられることを避ける目的で、反共産主義と反ユダヤ主義を躊躇なく表明している。フランス・C・ルメール著『ロシアの運命と音楽』（Frans C. Lemaire, *Le Destin russe et la musique*, Fayard, 2005, p. 303）から引用。

［5］アンドレ・ブクレシュリエフ著『イーゴリ・ストラヴィンスキー』（André Boucourechliev, *Igor Stravinsky*, Fayard, 1982, p. 155）参照。

[6] 当然、音楽学者たちは、ストラヴィンスキーの作風の変遷に一貫性を見出そうと、執拗とも言えるほどの努力を重ねてきた。とりわけアルテュール・ベルジェとピーター・ヴァン・デン・トーンは、ストラヴィンスキー特有の「オクタトニック（八音音階）」の存在に注目し、これが彼の全作品（十二音技法による作品を含む）に見出されると指摘している。しかしこの分析には、多くの批評家たちから反論が寄せられた。音楽学者リチャード・タラスキンの辛辣な論文「果たしてストラヴィンスキーはロシア人だったのか？」（『ニューヨーク・タイムズ』掲載。Richard Taruskin, «Just How Russian Was Stravinsky ?», *New York Times*, du 16 avril 2010）を参照。なお、この論文はタラスキンの著書『ロシア国内外におけるロシア音楽』（*Russian Music at Home and Abroad*, University of California Press, 2016, pp. 361-365）に再録されている。

[7] 前出A・ブクレシュリエフ著『イーゴリ・ストラヴィンスキー』（p. 164）から引用。

[8] シャルル＝フェルディナン・ラミュ著『イーゴリ・ストラヴィンスキーの思い出』（全集第五巻所収。Charles-Ferdinand Ramuz, *Souvenirs sur Igor Stravinsky*, in *Œuvres complètes*, tome V, Éditions Rencontre, 1973, p. 427）参照。本書の初版は一九二八年に刊行された。

[9] ニコラス・ナボコフ著『国際人』（Nicolas Nabokov, *Cosmopolite*, Paris, Mémoire du Livre, 2002, p. 328）参照。

[10] 前出I・ストラヴィンスキー著『私の人生の年代記』（pp. 84-85）参照。このエピソードのさらなる詳細については、前出フランス・C・ルメール著『ロシアの運命と音楽』（pp. 61-64）を参照。

[11] ストラヴィンスキーはドイツ出身の自分の乳母ベルタ・エッセルトを、スイスに呼び寄せていた（前出I・ストラヴィンスキー著『私の人生の年代記』〔p. 87〕参照）。

[12] 前出I・ストラヴィンスキー著『私の人生の年代記』(p. 89) 参照。

[13] 前出I・ストラヴィンスキー著『私の人生の年代記』(p. 93) 参照。なお、ブレスト＝リトフスク条約は一九一八年三月三日にソ連(交渉役はトロツキー)と中央同盟国のあいだで交わされたが、同年一一月一三日に早くもソ連によって破棄された。

[14] ただし回想録には、革命を支持したベートーヴェンの美徳を称えるソ連の『イズヴェスチャ』紙に対して、皮肉めいた主張がつづられている。しかしここでストラヴィンスキーが問題にしているのは、作曲家の伝記的なエピソードなど、その作品を理解する上では余談でしかないという点である。じっさい彼は、「重要なのは音楽だけだ」と書いている(前出I・ストラヴィンスキー著『私の人生の年代記』〔pp. 142 et 144〕参照)。

[15] 前出A・ブクレシュリエフ著『イーゴリ・ストラヴィンスキー』(p. 163) 参照。この歌曲はもともと一九一九年に声楽とピアノのために書かれたが、一九六四年にストラヴィンスキー自身によって声楽、フルート、ハープ、ギター用に編曲されている。

[16] テオドール&ドニーズ・ストラヴィンスキー著『家庭内のエカチェリーナとイーゴリ・ストラヴィンスキー』(Théodore et Denise Stravinsky, *Au cœur du foyer, Catherine et Igor Stravinsky, 1906-1940*, Zurfluh, 1998, p. 62) 参照。なお、テオドールの執筆分は一九七三年に刊行されている(éditions Boosey & Hawkes)。

[17] 前出A・ブクレシュリエフ著『イーゴリ・ストラヴィンスキー』(p. 18) 参照。ストラヴィンスキー自身が指摘しているとおり、《きつね》と《結婚》には民俗的な旋律は見当たらない。しかし彼は、《火の鳥》で三つの民謡を取り入れたと述べている(I・ストラヴィンスキー、R・クラフト共著『思い出と注釈』〔I. Stravinsky et R. Craft,

Souvenirs et commentaires, Gallimard, 1963, pp. 120-121〕参照）。しかし言うまでもなく、民謡は作品内で完全に変化させられている。

〔18〕前出A・タンスマン著『イーゴリ・ストラヴィンスキー』〔p. 195〕参照。

〔19〕台本すべてが民謡詩に由来しているわけではなく、ストラヴィンスキー自身もテクストの一部はプーシキンのものであるとほのめかしている（前出A・ブクレシュリエフ著『イーゴリ・ストラヴィンスキー』〔p. 138〕参照）。

〔20〕ミラン・クンデラ著『裏切られた遺言』（Milan Kundera, *Les Testaments trahis*, Gallimard, 1993, pp. 118-119）参照。

〔21〕とりわけ一九五三年のブーレーズの論考は有名である。彼は一九二〇年代から五〇年代までの新古典主義の進展の中に「あらゆる領域における硬直」「いかさまのアカデミズム」「痛々しい退化」の表れを見ている（ピエール・ブーレーズ著『徒弟の覚書』所収「ストラヴィンスキーは生きている」〔Pierre Boulez, «Stravinsky demeure», in *Relevés d'apprenti*, Seuil, 1966, pp. 142-143〕参照）。アドルノ（『新音楽の哲学』）は、よりいっそう否定的だった。

〔22〕ルリエがストラヴィンスキーについて書いた文章の中にも、ストラヴィンスキーの『音楽の詩学』を予示しているものがある（R・タラスキン著『ストラヴィンスキーとロシアの伝統』〔R. Taruskin, *Stravinsky and the Russian Tradition*, vol. II, University of California Press, 1996, p. 1588〕参照）。おまけにこの『音楽の詩学』の草稿には、音楽学者ピエール・スフチンスキーとアレクシス・ロラン＝マニュエルが大きくかかわっているようである（前出F・C・ルメール著『ロシアの運命と音楽』〔pp. 305-307〕参照）。

〔23〕ストラヴィンスキーはこの手紙を『思い出と注釈』で引用している（前出I・ストラヴィンスキー、R・クラフト共著『思い出と注釈』〔p. 92〕参照）。傍点はヴァレリー自身による強調箇所。

[24] ポール・ヴァレリー著『カイエ』第二巻（Paul Valéry, *Cahiers*, tome II, Bibl. de la Pléiade, Gallimard, 1978, p. 1044）参照。ミシェル・フィリッポが、ストラヴィンスキーとヴァレリーの比較を試みている。しかし興味深いことに、フィリッポは音楽の「表現力」の問題に関して、ふたりの類似点よりも相違点を際立たせている（ミシェル・フィリッポ「偽りの表現」〔『ストラヴィンスキー』所収。Michel Philippot, «L'illusoire expression», in *Stravinsky*, ouvrage collectif, Génies et Réalités, Hachette, 1968, pp. 221-240〕参照）。

[25] 前出I・ストラヴィンスキー、R・クラフト共著『思い出と注釈』（p. 89）参照。

[26] 前出A・ブクレシュリエフ著『イーゴリ・ストラヴィンスキー』（p. 266）参照。

[27] 前出R・ブリンクマン編『楽園へ追いやられて』（p. 74）から引用。

[28] 前出I・ストラヴィンスキー、R・クラフト共著『一一八の質問に答える』（pp. 50-52）参照。前出A・ブクレシュリエフ著『イーゴリ・ストラヴィンスキー』（pp. 280-281）から引用。

[29] ハリー・ハルプライヒ「注釈付カタログと録音目録校訂版」（前出『ストラヴィンスキー』所収。Harry Halbreich, «Catalogue commenté et discographie critique», p. 255）参照。

[30] 前出I・ストラヴィンスキー、R・クラフト共著『一一八の質問に答える』（p. 61）参照。

[31] 前出A・ブクレシュリエフ著『イーゴリ・ストラヴィンスキー』（p. 375）から引用。

第8章◉亡命がまねいた悲運——バルトーク／ツェムリンスキー／エネスク／ラフマニノフ

[1] 一九三八年四月一三日付の手紙。前出Cl・ドラマルシュ著『ベーラ・バルトーク』（p. 752）から引用。

〔2〕 前出Cl・ドラマルシュ著『ベーラ・バルトーク』（p. 756）参照。

〔3〕 一九三九年二月八日付の手紙。前出Cl・ドラマルシュ著『ベーラ・バルトーク』（p. 793）から引用。

〔4〕 このセルボ＝クロアチア民謡の資料は、収集者のミルマン・パリーの急死によって手つかずのまま残されていた。パリーはもともとギリシア学者・文献学者で、一四世紀のコソボの戦いを扱う伝承叙事詩と、ホメーロスの叙事詩の類似性を見出そうとしていた。彼はホメーロスの叙事詩の口頭伝承に関する重要な論文を残している。

〔5〕 前出Cl・ドラマルシュ著『ベーラ・バルトーク』（p. 803）参照。

〔6〕 前出Cl・ドラマルシュ著『ベーラ・バルトーク』（p. 825）参照。

〔7〕 リディア・ゲール「亡命音楽と亡命音楽家、二重生活のロマン主義的遺産」（前出R・ブリンクマン編『楽園へ追いやられて』所収。Lydia Goehr, «Music and Musicians in Exile, The Romantic Legacy of a Double Life», p. 72）から引用。

〔8〕 ピエール・シトロン著『バルトーク』（Pierre Citron, *Bartók*, coll. Solfège, éd. du Seuil, 1963, p. 165）参照。

〔9〕 さらにバルトークは、第四楽章の冒頭で、ハンガリーの美を称えるオペレッタの断片を引用し、祖国への郷愁の念を明白に表明している（前出Cl・ドラマルシュ著『ベーラ・バルトーク』〔p. 853〕参照）。

〔10〕 イジー・ミュシャ著『夜の入り口で』（Jiří Mucha, *Au seuil de la nuit*, Éditions de l'Aube, 1991, p. 215-220, 356）参照。カプラーロヴァーは死のまぎわの一九四〇年四月にアルフォンス・ミュシャの息子イジーと入籍した。イジーはのちに、この感動的な「実話小説」の中で彼女の人生と作品についてつづっている。

〔11〕 ハリー・ハルプライヒの優れた論文「ツェムリンスキー、その人生の黄昏」（『ラヴァン＝セーヌ・オペラ』誌（ツェ

ムリンスキー――《こびと》《フィレンツェの悲劇》）所収。Harry Halbreich, «Zemlinsky, le crépusculaire», in *Zemlinsky : le Nain, Une Tragédie florentine, L'Avant-Scène Opéra*, nº 186, 1998, p. 96）参照。

[12] アントニー・ボーモント著『ツェムリンスキー』（ドイツ語版）（Anthony Beaumont, *Zemlinsky* [version allemande], Szolnay Verlag, 2005, pp. 601-602）参照。

[13] 前出A・ボーモント著『ツェムリンスキー』（p. 655）参照。

[14] 前出A・ボーモント著『ツェムリンスキー』（pp. 648-649）参照。

[15] 前出A・ボーモント著『ツェムリンスキー』（pp. 646-647）参照。

[16] 前出A・ボーモント著『ツェムリンスキー』（p. 661）参照。

[17] アラン・コフィニョン著『ジョルジュ・エネスク』（Alain Cophignon, *Georges Enesco*, Fayard, 2006, pp. 443-444, 455）参照。

[18] 前出A・コフィニョン著『ジョルジュ・エネスク』（p. 526）参照。

[19] 前出A・コフィニョン著『ジョルジュ・エネスク』（p. 544）参照。この言葉はアドルノの『美学理論』（Theodor Adorno, *Théorie esthétique*, Klincksieck, 1974, p. 68）から引用。

[20] ダミアン・トップ著『セルゲイ・ラフマニノフ』（Damien Top, *Sergueï Rachmaninov*, Éditions Bleu Nuit, 2013, p. 108）から引用。

[21] クロード・アネの小説『そして大地が揺れた』（一九二一）では、農民たちの態度の変化に直面した地主たちの不安の高まりが描写されている。地主たちは農民たちによって徐々に、しかも容赦なく、領地を手放すことを強い

られる。この質の高い小説にはしかし、イレーヌ・ネミロフスキーの小説『秋の雪』(原題『秋の蝿』)ほどの力強さはみられない。後者において読者は、かつて支配される側にいた階級が自分たちの力に目ざめ、それを地主たちに向ける際の暴力性を、恐怖とともに追体験することになる。

[22] 前出D・トップ著『セルゲイ・ラフマニノフ』は、彼がおそらく「ロシアを合法的に離れた最後の芸術家」であると指摘している(p. 110)。しかし、プロコフィエフはルナチャルスキーに容認されて一九一八年三月に国を去っている。

[23] ロサンゼルスのメディアでさえ、早くも一八九九年にラフマニノフに言及している。彼はこの地で一九二三年にピアノ演奏をおこなうことになる。

[24] ブライアン・ボイド著『ナボコフ、アメリカ時代』(Brian Boyd, *Nabokov, The American Years*, Princeton University Press, 1991, pp. 13-14) 参照。

[25] 前出D・トップ著『セルゲイ・ラフマニノフ』(p. 128) から引用。

[26] とはいえ彼は、《火の鳥》は天才的で、「ロシアの真実」を表現していると述べている(セルゲイ・ベルテンソン、ジェイ・レイダ共著『セルゲイ・ラフマニノフ——音楽家の一生』〔Sergei Bertensson and Jay Leyda, *Sergei Rachmaninoff: A Lifetime in Music* (éd.), Indiana University Press, 2009, p. 373〕参照)。

[27] バリー・マーティン著『ニコラス・メトネル』(Barrie Martyn, *Nicolas Medtner*, Ahsgate Publishing, 1995, p. 257) 参照。

[28] 前出B・マーティン著『ニコラス・メトネル』(p. 125) 参照。

[29] 前出B・マーティン著『ニコラス・メトネル』(p. 239) 参照。ニコライの兄エミーリイはブロークの著作の編集者のひとりだった(アレクサンドル・ブローク著『恐ろしき世界』〔A. Blok, *Le Monde terrible*, Poésie/Gallimard, p. 316〕参照)。

[30] このふたりの作曲家の出会いのエピソードは、マイケル・スコット著『ラフマニノフ』で紹介されている(Michael Scott, *Rachmaninov*, The History Press, 2008, chapitre XVIII)。スコットはアルトゥール・ルービンシュタインの回想を参照している。

[31] このエピソードを伝えている著作に、ステファン・ウォルシュ著『ストラヴィンスキー――二度目の亡命――フランスとアメリカ、一九三四－一九七一年』がある(Stephen Walsh, *Stravinsky : The Second Exile : France and America, 1934-1971*, University of California Press, 2006, p. 146)。

[32] ジャンケレヴィチ著『還らぬ時と郷愁』(V. Jankélévitch, *L'Irréversible et la nostalgie*, Champs Essais, Flammarion, 1974, p. 380) 参照。

[33] ジャック＝エマニュエル・フスナケ著『ラフマニノフ』(Jacques-Emmanuel Fousnaquer, *Rachmaninov*, coll. Solfèges, éditions du Seuil, 1994, pp. 153 et 157) から引用。

[34] 前出D・トップ著『セルゲイ・ラフマニノフ』(p. 109) から引用。

[35] キーナン・リーソー「一九四三年までのロサンゼルスでのラフマニノフとストラヴィンスキー」(「ロサンゼルスのロシア人、一九二〇－一九五〇年」の一環でおこなわれたレクチャー・コンサート。Keenan Reesor, «Rachmaninoff and Stravinsky in Los Angeles to 1943, A Lecture-Recital Presented at "Russian Los Angeles,

1920–1950», Villa Aurora, Santa Monica, CA, 18 avril 2015, p. 18）参照。

第9章◉遺伝子に刻まれた郷愁——プロコフィエフと祖国

［1］前出M・ドリニェ著『セルジュ・プロコフィエフ』（p. 206）から引用。

［2］ウラジスラフ・ホダセヴィチ著『大墓地』（Vladislav Khodassevitch, *Nécropole*, Actes Sud, 1991, p. 213）。

［3］前出M・ドリニェ著『セルジュ・プロコフィエフ』（p. 399）から引用。

［4］前出M・ドリニェ著『セルジュ・プロコフィエフ』（p. 467）から引用。

［5］エリザベス・ベルグマン「ロサンゼルスのプロコフィエフ」（サイモン・モリソン編『セルゲイ・プロコフィエフとその世界』所収。Elisabeth Bergman, «Prokofiev on the Los Angeles Limited», in Simon Morrison (éd.), *Sergey Prokofiev and His World*, Princeton University Press, 2008, p. 442）参照。

［6］前出M・ドリニェ著『セルジュ・プロコフィエフ』（p. 656）から引用。

［7］前出M・ドリニェ著『セルジュ・プロコフィエフ』（p. 691）から引用。

［8］サイモン・モリソン著『リーナ・プロコフィエフの愛と戦い』の序文と第一一章全体（Simon Morrison, *The Love and Wars of Lina Prokofiev*, Harvill Secker, London, 2013, «Introduction», p. 7, et l'ensemble du chapitre 11）参照。

［9］前出S・モリソン著『リーナ・プロコフィエフの愛と戦い』（pp. 1, 79, 264）参照。

［10］これは録音から受けた印象である。というのもこの翌年に、《ピーターと狼》はネーメ・ヤルヴィ指揮、スコティッ

シュ・ナショナル管弦楽団の演奏、リーナのナレーションによって録音されている。

[11] 前出M・ドリニェ著『セルジュ・プロコフィエフ』(p. 673) 参照。

[12] クロード・サミュエル著『プロコフィエフ』(Claude Samuel, *Prokofiev*, coll. Solfèges, Seuil, 1995, pp. 7, 138, 106)。

[13] 次章であらためて言及する小説『時代の騒音』の中で、ジュリアン・バーンズはプロコフィエフに関してこう書いている。「彼はその能力を誇りに思っていた。しかし彼に求められたのはその能力ではなかった。彼らは、彼らの平凡な美的感覚や愚劣なスローガンに同意する振りをしてほしかったのである。彼らが〔芸術家に〕本当に望んでいたのは、それだけだった」(Julian Barnes, *Le Fracas du temps*, Mercure de France, 2016, p. 142)。

[14] 前出I・ストラヴィンスキー、R・クラフト共著『思い出と注釈』(p. 80) 参照。じつのところフランス語版の「vil Plutus (下劣なプルートス)」という表現は、英語版では「bitch goddess (みだらな女神)」となっている。後者は物質的成功のためにすべてを犠牲にする者を意味する (『思い出と注釈』英語版〔I. Stravinsky and R. Craft, *Memories and Commentaries*, University of California Press, 1981, p. 67〕参照)。

[15] ナターリア・サフキナ「〝……(しかし彼は) いなくなっていたのに見つかったのだから〟。プロコフィエフとソ連」(『レーニン、スターリンと音楽』所収。Natalia Savkina, «"... parce qu'il était perdu, et qu'il est retrouvé". Prokofiev et la Russie soviétique», in *Lénine, Staline et la musique*, Fayard/Cité de la Musique, 2010, p. 166) から引用。

[16] 前出M・ドリニェ著『セルジュ・プロコフィエフ』(p. 224) から引用。

[17] 前出M・ドリニェ著『セルジュ・プロコフィエフ』(p. 409) 参照。

[18] セルゲイ・エイゼンシュテイン「P・R・K・F・V」(Prokofievの子音のみを並べている)(『ヨーロッパ』誌掲載。Serge Eisenstein, «P.R.K.F.V.», revue *Europe*, avril-mai 1958, p. 163)。

第10章◉ショスタコーヴィチと予言の鳥——ソ連の作曲家たちの精神的亡命

[1] アレクサンドル・ブローク著『十二』(Alexandre Blok, *Douze*, Éditions Allia (bilingue), 2008) 参照。

[2] ニーナ・ベルベローヴァ著『アレクサンドル・ブロークとその時代』(Nina Berberova, *Alexandre Blok et son temps*, coll. Thesaurus, Actes Sud, 1998, p. 1034) から引用。傍点は引用者による。この文章は、別のフランス語訳で以下にも引用されている。クシシトフ・マイヤ著『ドミトリ・ショスタコーヴィチ』(Krzysztof Meyer, *Dimitri Chostakovitch*, Fayard, 1994, p. 80)。

[3] 前出K・マイヤ著『ドミトリ・ショスタコーヴィチ』(p. 342) 参照。傍点は引用者による。

[4] 前出K・マイヤ著『ドミトリ・ショスタコーヴィチ』(p. 146) 参照。

[5] さらなる詳細は以下を参照のこと。前出F・C・ルメール著『ロシアの運命と音楽』所収「《ムツェンスク郡のマクベス夫人》をめぐって」(«L'affaire Lady Macbeth de Mzensk», pp. 159-190)。

[6] 前出J・バーンズ著『時代の騒音』(p. 162) 参照。

[7] クシシトフ・マイヤは「つねに最悪な事態を想定する日々は、彼の心の中に消えることのない傷跡を残した。自由を奪われることへの恐怖心は、その生涯の最後まで彼につきまとった」と書いている(前出『ドミトリ・ショ

スタコーヴィチ』〔p. 211〕参照）。

〔8〕同様に、画家のゲオルギィ・ルブリョフも、真っ赤な背景のスターリンの肖像画を死ぬまで隠し続けた。この絵画の中でスターリンが手にしている新聞のタイトル「プラウダ（真実）」はおそろしく皮肉である。シェイラ・フィッツパトリック「スターリン時代の文化と権力」（『レーニンとスターリンと音楽』所収。Sheila Fitzpatrick, «Culture et pouvoir à l'époque stalinienne», in *Lénine, Staline et la musique*, pp. 124-125）参照。

〔9〕前出J・バーンズ著『時代の騒音』（pp. 70 et 189）参照。クシシトフ・マイヤは「度を越えた楽観主義の空疎な結末」と表現している。前出K・マイヤ著『ドミトリ・ショスタコーヴィチ』（p. 10）参照。

〔10〕エリザベス・ウィルソン著『ショスタコーヴィチ――回顧された人生』（Elizabeth Wilson, *Shostakovich : A Life Remembered*, Princeton University Press, 1994, p. 159）から引用。

〔11〕のちにバルトークがこの旋律を《管弦楽のための協奏曲》で引用したが、その意図については専門家の意見が分かれている。ソ連当局に加担するショスタコーヴィチへの不快感を、バルトークが表明したと考える説もあるが（前出Cl・ドラマルシュ著『ベーラ・バルトーク』〔pp. 854-855〕）、バルトークの息子はこの解釈を否定している。いずれにせよ、バルトークの引用は裏の意味をもつパロディ、言い換えればパロディのパロディである。

〔12〕たとえばジャンケレヴィチは、『音楽と筆舌に尽くせないもの』（*La Musique et l'ineffable*）において音楽の曖昧さを歓迎している。しかし彼が意図しているのは、複数の意味の共存、あるいは意味の向こう側にあるもうひとつの意味への到達である。それはショスタコーヴィチの音楽にみられる、ある特定の意味を発信しつつそれを覆い隠そうとする、音楽と無関係な意志とは異なる。

[13] F・C・ルメールは、ショスタコーヴィチとソ連当局の関係をめぐる果てのない議論を要約したのち、究極の真実が存在する彼の音楽作品そのものに目を向けるよう読者をうながしている（前出『ロシアの運命と音楽』〔p. 442〕）。この主張は間違っていないが、一方で、ショスタコーヴィチの音楽自体が政治的な規制の犠牲となり、ゆがめられたことも忘れてはならない。

[14] 全七曲のタイトルは、「オフィーリアの歌」「予言の鳥ガマユーン」「私たちは一緒だった」「街は眠っている」「暴風雨」「秘密のしるし」「音楽」。

[15] 前出K・マイヤ著『ドミトリ・ショスタコーヴィチ』（p. 445）参照。

[16] ギィ・ラファイユ（Guy Laffaille）によるフランス語訳。

[17] 一九六七年一〇月二六日の初演の際に撮影された一枚の写真が残されている。初演で演奏したのはこのほか、ロストロポーヴィチ、その妻ガリーナ・ヴィシネフスカヤ、ダヴィッド・オイストラフである。デイヴィッド・ファニング著『ミェチスワフ・ヴァインベルク、自由を求めて』（David Fanning, *Mieczysław Weinberg, in Search of Freedom*, Wolke Verlag, Hofheim, 2010, p. 110）参照。

[18] 前出D・ファニング著『ミェチスワフ・ヴァインベルク、自由を求めて』（p. 41）参照。

[19] ホロコーストの生還者であるエリ・ヴィーゼルは、のちにその経験を代表作『夜』において、あえてフィクションの形で伝えた。この著作に関する、次の彼の言葉は有名である——「あるいは小説ではなく、あるいはアウシュヴィッツについては書かれていない、アウシュヴィッツについての小説」。この定義は、アウシュヴィッツ収容所を題材とするオペラ《アンジェリカ》にも十分に適用されうる。とはいえヴァインベルクが用いた台本は、生還者

が書いた本にもとづいており（217頁の〔訳注二八〕参照）、架空のエピソードは一部だけである。そして当然、音楽は、言語に絶するものと強く結ばれている。

〔20〕前出D・ファニング著『ミェチスワフ・ヴァインベルク、自由を求めて』（p. 87）参照。ショスタコーヴィチはまた、暗殺されたユダヤ人ミホエルスについて、むしろ「彼がうらやましい」と語った。このエピソードは前出J・バーンズ著『時代の騒音』（p. 144）にも登場するが、事実にもとづいている（同書〔p. 60〕参照）。

〔21〕前出F・C・ルメール『ロシアの運命と音楽』（pp. 231-232）参照。

〔22〕前出D・ファニング著『ミェチスワフ・ヴァインベルク、自由を求めて』（pp. 121-122）参照。

〔23〕前出D・ファニング著『ミェチスワフ・ヴァインベルク、自由を求めて』（pp. 113, 150, 151, 163）参照。

〔24〕前出D・ファニング著『ミェチスワフ・ヴァインベルク、自由を求めて』（p. 79）参照。

〔25〕ブロークが青春時代に書いた詩集で、タイトルは詩人アファナーシー・フェートの作品にちなんでいる（前出A・ブローク著『恐ろしい世界』〔p. 314〕参照。ここでは「過ぎ去りし日々のはずれで」とのタイトルで紹介されている）。

〔26〕Toccata ClassicsからリリースされたCDの付属冊子に掲載されているロシア語の原詩とその英訳を参考に、フランス語訳をおこなった。『ミェチスワフ・ヴァインベルク——歌曲全集第一巻』（Toccata Classics (TOCC 0078), *Mieczysław Weinberg, Complete Songs, Volume One*, Olga Kalugina, soprano, Svetlana Nikolayeva, mezzo soprano, Dmitry Korostelyov, piano, p. 31）。

〔27〕フェインベルクはブロークの詩による《三つのロマンス》（作品七）を残している。

[28] この形容詞はフェインベルク自身によって時おり作品中で用いられている。

[29] クリストフ・シロドーとニコラオス・サルマナトスの演奏による『サムイル・フェインベルク――ピアノ・ソナタ第七～一二番』の付属冊子（Samuil Feinberg, *Piano Sonatas nº 7-12*, par Christophe Sirodeau et Nicolaos Salmanatos, label Bis-1414）から引用。

[30] 『レクイエム』は一九六三年になってから、ドイツの出版社によって刊行された。ソ連では一九八七年（つまりヴァインベルクの交響曲第一七～一九番の作曲から二、三年後）まで出版されなかった。

[31] 〈I bezvinnaya korchilas' Rus'〉 アンナ・アフマートヴァ著『レクイエム』二か国語版、ポール・ヴァレ仏訳（Anna Akhmatova, *Requiem*, édition bilingue, trad. Paul Valet, les Éditions de Minuit, 1966, pp. 18 et 19）参照。

[32] 前出F・C・ルメール『ロシアの運命と音楽』(pp. 517-519) 参照。ティシチェンコは一九六三年にブロークの『十二』にもとづくバレエを書いている（同書〔pp. 499-500〕参照）。

[33] 釈放後のモソロフは、軍と集団農場のための合唱曲を書くことになるが、一九四六年にはブロークの絶望的な詩を音楽化してもいる（前出F・C・ルメール『ロシアの運命と音楽』〔p. 628〕参照）。

[34] 彼の存在に光が当たるようになったのはごく最近であり、本書の原注でたびたび参照しているルメールの大著『ロシアの運命と音楽』にはその名前さえ登場しない。

[35] インナ・クラウゼ著『グーラグの音、一九二〇年代から一九五〇年代までにソ連の収容所で強制労働の刑に服した作曲家たちとその音楽』（Inna Klause, *Der Klang des Gulag, Musik und Musiker in den sowjetischen Zwangarbeitslagern der 1920er-bis 1950er-Jahre*, V&R unipress, Göttingen, 2014, pp. 473-478）参照。

［36］ピエール・ジリヤール著『皇帝ニコライ二世とその家族の悲劇的な運命』（Pierre Gilliard, *Le Tragique destin de Nicolas II et de sa famille*, Payot, Paris, 1921, p. 145）参照。

［37］ザデラツキーの息子が書いたこのエピソードと皇子アレクセイのピアノ・レッスンにまつわるエピソードは、インターネット上で読むことができる。http://www.suppressedmusic.org.uk/newsletter/articles/008.html

［38］この曲集はピアニストのヤーシャ・ネムツォフ（Jascha Nemtsov）によって二〇一五年に初演され、同年、録音された。

［39］たとえば、第六番と第一二番のフーガの末尾ではラフマニノフの有名な《前奏曲》作品三の第二番が、第一二番の前奏曲ではショパンの《練習曲》作品一〇の第一二番が、それぞれ暗示されている。第一五番の前奏曲はスクリャービンとフェインベルクを彷彿させ、第一九番の前奏曲はドビュッシーの〈雨の庭〉（《版画》）のごとく始まる。第二〇番の前奏曲はヴィラ゠ロボス風である。しかし言うまでもなく、曲集全体がバッハへの敬愛を感じさせる。最後のフーガの主調はニ短調であるが、ニ長調で意気揚々と終結する。

［40］以下のウェブサイトを信用する限り、彼もまたブロークの詩を音楽化したようであるが、これ以外の資料ではいっさい言及されていない。http://vsevolod.zaderatsky.free.fr/spip.php?article30

［41］Profil からリリースされたヴェレーナ・レイン（ソプラノ）とヤーシャ・ネムツォフ（ピアノ）による『ロシアの歌曲集』（«Russian Songs», par Verena Rein et Jascha Nemtsov, label Profil, PH10005）。

［42］前出ＣＤ『ロシアの歌曲集』の付属冊子に掲載されたロシア語の原詩と英語訳をもとに引用者がフランス語訳。

第11章 ● テレジーン収容所に響く児童合唱——ナチスに虐げられた作曲家たち

[1] ヨジャ・カラス著『テレジーンの音楽』(Joža Karas, *La Musique à Terezin*, Gallimard, 1993, pp. 101-113) 参照。

[2] 前出J・カラス著『テレジーンの音楽』(pp. 113-114) 参照。

[3] このプロパガンダ映画『テレージエンシュタット——ユダヤ人入植地のドキュメンタリー映像』は、むしろ「ユダヤ人たちに街を贈ったヒトラー」という、より現実から乖離した(そして、より嘘にまみれた)タイトルで知られている。映画は一部しか残されていない。ゲロンは俳優でもあり、マレーネ・ディートリヒが主演したジョゼフ・フォン・スタンバーグ監督の『嘆きの天使』に出演している。

[4] 前出J・カラス著『テレジーンの音楽』(pp. 122-132) 参照。

[5] 前出J・カラス著『テレジーンの音楽』(pp. 53-54) 参照。

[6] 前出J・カラス著『テレジーンの音楽』(p. 204) から引用。ウルマンの全作品については以下で解説されている。クリストフ・シロドー「ヴィクトル・ウルマンの現代性」(『芸術、知、政治、通時的展望』所収。Christophe Sirodeau, «Actualité de Viktor Ullmann», in *Art, Intellect and Politics, a Diachronic Perspective*, Leiden, Brill, 2013, pp. 483-513)。

[7] Channel Classics からリリースされたCD『テレージエンシュタットの作曲家たち——パヴェル・ハース、カレル・ベルマン』(*Composers from Therensienstadt, Pavel Haas, Karel Berman*, Channel Classics, CCS 3191) 参照。クンデラは幼少期にハースから作曲の手ほどきを受けている(ミラン・クンデラ著『出会い』[Milan Kundera, *Une rencontre*, Gallimard, 2009, p. 176]参照)。

［8］前出J・カラス著『テレジーンの音楽』（pp. 90-91）参照。

［9］クラインについては、前出J・カラス著『テレジーンの音楽』（pp. 82-86）参照。

［10］本文で触れることができなかった、テレジーン収容所に送られた主な作曲家たちの名を挙げておく。ジークムント・シュル（一九一六－一九四四）：ヒンデミットの弟子、ウルマンの友人。テレジーンで《ハシド派の舞踊》を作曲。／ルドルフ・カレル（一八八〇－一九四五）：ドヴォルジャークの最後の弟子のひとり。テレジーンの独房で、衰弱死する前に、トイレット・ペーパーの切れ端に一作のオペラを書き綴っていた。／ハンス・ヴィンターベルク（一九〇一－一九九一）：ホロコーストの生還者。暗澹としたピアノ組曲《ティレージエンシュタット一九四五》を作曲したが、これは二〇一五年一〇月まで初演されなかった（初演者はクリストフ・シロドー）。テレジーン収容所を経ずに絶滅強制収容所で命を落とした主な作曲家の名も挙げておく。レオ・スミット（一九〇〇－一九四三）：捕虜生活中、軽やかでありながら熱狂的なピアノとフルートのためのソナタを書いている。／エルヴィン・シュルホフ（一八九四－一九四二）：力強く激しい作風で知られる作曲家であり、捕虜生活中に《交響曲第八番》（未完）を書きすすめた。前出J・カラス著『テレジーンの音楽』（pp. 133-145）参照。

［11］ニューヨークのチェコ語の日刊紙『ニューヨーク日報 New-yorské listy』に一九四二年四月一二日に掲載された文章。

［12］歴史学においては、ナチスを支持せずに第三帝国にとどまった芸術家・作家・知識人の立場を「国内亡命／［独］innere Emigration／［仏］émigration intérieure」と呼ぶ。

［13］この文章と前述の献呈文は以下で引用されている。エリーズ・プティ、ブリューノ・ジネ共著『第三帝国下で禁

止された音楽』（Élise Petit et Bruno Giner, *Entartete Musik, musiques interdites sous le IIIe Reich*, bleu nuit éditeur, 2015, pp. 151-152）。以下も参照のこと。前出M・H・ケイター著『ナチズム下を生きた八名の作曲家たちの肖像』所収「クラウス・アマデウス・ハルトマン、異端の作曲家」（«Klaus Amadeus Hartmann, le compositeur comme dissident», p. 119）。

［14］この作品はのちに改訂され《われらが日常——交響的断章》（初演一九四八）となり、さらに《交響曲第一番》（初演一九五七）となった。

［15］ハルトマンはドイツ三十年戦争を題材とするオペラ《シンプリチウス・シンプリチッシムス》でも、ベルクの《三つの小品》からテーマを借用している。

［16］クラウス・マン著『火山』（Klaus Mann, *Le Volcan*, Les Cahiers Rouges, Grasset, 1993, p. 183）参照。

［17］ウォルト・ホイットマン著『草の葉』（Walt Whitman, *Leaves of Grass*, edition MacKay, 1900）所収「お前のために、おお民主主義」。ホイットマンは「わが妻よ」の部分をフランス語で書いている。

［18］前出W・ホイットマン著『草の葉』。

［19］このエピソードは以下で紹介されている。キム・H・コウォーク「ホイットマンを読む／アメリカに答える」（前出R・ブリンクマン編『楽園へ追いやられて』所収。Kim H. Kowalke, «Reading Whitman / Responding to Amerika», p. 196）。

［20］声楽とピアノのための《四つのウォルト・ホイットマンの歌》（一九四二、四七年）。この四つの詩のひとつが、「おお船長、わが船長！」（前出W・ホイットマン著『草の葉』）。さらに「前庭にはライラックの花が咲き残り」はヴァ

イルの《ストリート・シーン》の中でも朗読される。

[21] トッホは一九六一年、アカペラ混声合唱のために「わたし自身の歌」（前出W・ホイットマン著『草の葉』）を音楽化した。ちなみにブロッホ（彼もまた戦時中にアメリカに亡命した作曲家である）もホイットマンの詩に感化され、交響詩《アメリカ》を作曲している。

[22] 大胆にもこのオペラを一九二三年にプラハで紹介したのが、ツェムリンスキーである。このオペラの初演はルートヴィヒ・ロッテンベルクの指揮で早くも一九二二年にフランクフルトでおこなわれている。ロッテンベルクの娘はその後まもなくヒンデミット夫人となった。

[23] ギゼルヘア・シューベルト著『パウル・ヒンデミット』（Giselher Schubert, *Paul Hindemith*, Actes Sud, 1997, pp. 104-105）参照。

[24] 前出G・シューベルト著『パウル・ヒンデミット』（pp. 90-91）参照。

[25] 前出E・プティ、B・ジネ共著『第三帝国下で禁止された音楽』（p. 130）参照。

[26] 「彼がナチズムと距離を置いたのは——心苦しいが、これを指摘することは重要である——、ナチスの短期的な意向が彼を拒絶したからである。つまりヒンデミット自身がナチスを拒絶したわけではない」（リチャード・タラスキン著『音楽の危険性とその他の反ユートピア的試論』所収「〝良き〟ヒンデミットの遺産を探して」〔Richard Taruskin, «In Search of the "Good" Hindemith legacy», *The Danger of Music and Other Anti-Utopian Essays*, University of California Press, 2009, pp. 62-63〕）。

[27] 前出M・H・ケイター著『ナチズム下を生きた八名の作曲家たちの肖像』所収「パウル・ヒンデミット、不本意

な亡命者」（«Paul Hindemith, l'émigré malgré lui», pp. 70 et 57）参照。

[28] 五二小節以降。「Hymn “For Those we love” ; Hymnus, “denen, die wir lieben”（讃美歌〝私たちが愛するひとびとのために〟）」と楽譜に明記されてもいる。

[29] キム・H・コウォーク「私たちが愛するひとびとのための——ヒンデミット、ホイットマン、そして〝あるアメリカのレクイエム〟」（『アメリカ音楽学学会ジャーナル』所収。Kim H. Kowalke, «For Those We Love: Hindemith, Whitman, and “An American Requiem”», *Journal of the American Musicological Society*, vol. 50, nº 1 (Spring 1997), p. 150）参照。

[30] フランクフルトのヒンデミット・インスティテュートのウェブサイトからの引用。http://www.hindemith.info/en/life-work/biography/1945-1953/work/requiem-for-those-we-love/

[31] 前出K・H・コウォーク「私たちが愛するひとびとのための」（pp. 158-159）参照。

第12章◉荒野の予言者——孤高の人シェーンベルク

[1] ハンス・ハインツ・シュトゥッケンシュミット編『アルノルト・シェーンベルク』（Hans Heinz Stuckenschmidt, *Arnold Schoenberg*, Fayard, 1993, p. 294）参照。

[2] 手紙はアラン・ポワリエ「作品のエチュード」で引用されている（前出H・H・シュトゥッケンシュミット編『アルノルト・シェーンベルク』所収。Alain Poirier, «Étude de l'œuvre», p. 625）。

[3] リサ・フーパー「アルノルト・シェーンベルクの音楽と公的・私的著作における亡命のテーマ（一九三〇-

一九四五）」（J・F・エヴライン編『旅する亡命者たち』所収。Lisa Hooper, «Themes of Exile in the Music and Public and Private Writings of Arnold Schoenberg (1930-1945)», in *Exiles Traveling*, J. F. Evelein (éd.), Rodopi, Amsterdam, 2009, p. 273）参照。

〔4〕前出H・H・シュトゥッケンシュミット編『アルノルト・シェーンベルク』（pp. 385 et 384）から引用。

〔5〕彼のかかえていたさまざまな困難と環境になじめずにいた点は、誇張されている可能性もある。これを主張しているのが、ザビーネ・フェイスト著『シェーンベルクの新世界、アメリカ時代』（Sabine Feisst, *Schoenberg's New World, The American Years*, Oxford University Press, 2011）。とりわけ、意味深長な題がつけられた序章「シェーンベルクのアメリカ時代の神話について考える」（«Rethinkings Myths of Schoenberg's American Years»〔pp. 3-14〕）を参照。

〔6〕アラン・レッセム「亡命者の体験——アメリカのシェーンベルク」（ジュリアン・ブランド、クリストファー・ヘイリー共編『建設的不協和、アルノルト・シェーンベルクと二〇世紀文化の変容』所収。Alan Lessem, «The Émigré Experience : Schoenberg in America», in Juliane Brand and Christopher Hailey, éd., *Constructive Dissonance, Arnold Schoenberg and the Transformations of Twentieth-Century Culture*, University of California Press, Berkeley-Los Angeles-Oxford, 1997, pp. 58-67）参照。

〔7〕前出H・H・シュトゥッケンシュミット編『アルノルト・シェーンベルク』(pp. 432-433)参照。第4章で言及したウィリアム・ディターレは、シェーンベルクが敬意を表した唯一の映画監督であった。ただしシェーンベルクは、ディターレのベートーヴェンを題材とする映画『楽聖ベートーヴェン』で音楽を担当することを断っている。

[8] 前出S・フェイスト著『シェーンベルクの新世界、アメリカ時代』（p. 104）参照。

[9] 前出M・カステルヌオーヴォ＝テデスコ著『音楽の人生』（p. 401, note 151）から引用。

[10] この件に関するさらなる詳細は以下を参照のこと。前出S・フェイスト著『シェーンベルクの新世界、アメリカ時代』（p. 100）。ヤコブ・ゾンダーリングは、『ロサンゼルス・タイムズ』紙（一九三八年一〇月二日）に寄稿した「自分たちの音楽を変化させつつあるユダヤ人たち」の中で、シェーンベルクをトッホに結びつけている（Jacob Sonderling, «The Jews are changing their Music», *Los Angeles Times*, le 2 octobre 1938）。コルンゴルトもまたゾンダーリングのためにユダヤ教にかかわる二作品を書いた。前出K・H・マーカス著『シェーンベルクとハリウッド・モダニズム』（pp. 166 -167）参照。

[11] シェーンベルクのシオニズム、アインシュタインとの関係、そしてイスラエル建国に対するふたりの姿勢については、以下を参照のこと。エリック・ランドル・シェーンベルク「アルノルト・シェーンベルクとアルベルト・アインシュタイン」（「ジャーナル・オブ・ザ・アーノルド・シェーンベルク・インスティテュート」所収。Eric Randol Schoenberg, «Arnold Schoenberg and Albert Einstein», *Journal of the Arnold Schoenberg Institute*, nov. 1987, pp. 134-187）。この論文では（一七一～一七四頁において）、シェーンベルクがアインシュタインに、卓越したヴァイオリン奏者オスカー・アドラーのためにアメリカで占星術の教職を見つけてもらえないかと依頼している、ほほえましい手紙も紹介されている。

[12] 前出H・H・シュトゥッケンシュミット編『アルノルト・シェーンベルク』（p. 355）から引用。

[13] チャールズ・ローゼン著『シェーンベルク』（Charles Rosen, *Schoenberg*, Éditions de Minuit, 1979, p. 94）参照。

および前出L・フーパー「アルノルト・シェーンベルクの音楽と公的・私的著作における亡命のテーマ」（p. 267）参照。

［14］アルノルト・シェーンベルク著『スタイルとアイデア』（Arnold Schönberg, *Le Style et l'idée*, Buchet-Chastel, 1977, pp. 28 et 39）参照。

［15］前出H・H・シュトゥッケンシュミット編『アルノルト・シェーンベルク』（p. 551）参照。

［16］この関連付けは以下の著作でなされている。アンドレ・ネエル著『ファウストとプラハのマハラル、神話と現実』（André Neher, *Faust et le maharal de Prague, le Mythe et le Réel*, Presses Universitaires de France, 1987, pp. 195-196）。ネエルは躊躇なくシェーンベルクをマハラルにたとえている。「プラハのマハラル」とは、一六世紀の高名なラビで、ユダヤ教の伝説に登場するゴーレム（泥人形）を造ったとされる。本名はイェフダ・レーヴ・ベン・ベザレル。「我らの師ラビ・レーヴ Moreinu ha-Rav Loew」にちなんでマハラル Maharal と呼ばれる。ネエルはシェーンベルクとマハラルがシオニズムの同志であるとも述べている。

［17］これらの思索に関しては以下も参照のこと。セルジオ・フェッラレーゼ「シェーンベルク、十二音技法とユダヤ神秘主義」（「イタリア音楽学」所収。Sergio Ferrarese, «Schoenberg, la dodecafonia e il misticismo ebraico», *Rivista Italiana di Musicologia*, 1994, pp. 491, 515）。十二音技法がユダヤ神秘主義に由来すると考えるアンドレ・ネエルの主張は、ピエール・ブレッツ「肝要なことは隠されなければならない……」に引き継がれている（ダニエル・コーエン＝レヴィナス編『シェーンベルクの世紀』所収。Pierre Bouretz, «L'essentiel doit rester caché ...», in Danièle Cohen-Levinas (éd.), *Le Siècle de Schönberg*, Hermann, 2010, pp. 273-276）。

[18] ブリューノ・セル「ヌリア・シェーンベルク＝ノーノ、その父アルノルト・シェーンベルクについて」（『レス・ムシカ』所収。Bruno Serrou, «Nuria Schönberg-Nono, à propos de son père Arnold Schönberg», *ResMusica*, le 23 août 2001）。このインタビューは、一九九五年一〇月二三日におこなわれた。以下のウェブサイトを参照。http://www.resmusica.com/2001/08/23/cinquantieme-anniversaire-de-la-mort-darnold-schonberg/

[19] このバレエ組曲は詩人ウィンスロップ・パーマーの台本にもとづいている。ヴォルペがみずから第一部を管弦楽用に編曲し、のちにアントニー・ボーモントが第二部を管弦楽用に編曲した。この作品とヴォルペについては、シュテファン・ヴォルペ協会の以下のウェブサイトを参照のこと。http://www.wolpe.org/styled-2/page39/page33/. 残念ながら、このじつに美しい作品は、二台ピアノの演奏会でほとんど取り上げられていない。

[20] ジョン・リンカーン・スチュワート著『エルンスト・クシェネク——人と音楽』（John Lincoln Stewart, *Ernst Krenek. The Man and His Music*, University of California Press, 1991, pp. 237-238）参照。

[21] マンの小説に登場する架空の作曲家レーファーキューン（本文内でのちほどあらためて言及する）が、《予言者エレミアの哀歌》に感化されて《ファウストゥス博士の嘆き》を書いたことは、ありえないことではないように思える。確かであるのは、《トレニ——予言者エレミアの哀歌》を作曲中のストラヴィンスキーが、このクシェネクの作品を意識することになるということである。

[22] ジャック・チャムケルテン著『エルネスト・ブロッホ』（Jacques Tchamkerten, *Ernest Bloch*, Éditions Papillon, 2001, p. 56）から引用。

[23] 前出J・チャムケルテン著『エルネスト・ブロッホ』（p. 107）から引用。さらにエルネスト・アンセルメも、反シェー

ンベルク論を展開するにあたり、ブロッホの文章を称賛しながら引用している。

[24] 前出S・フェイスト著『シェーンベルクの新世界、アメリカ時代』（pp. 93-94）参照。

[25] 前出H・H・シュトゥッケンシュミット編『アルノルト・シェーンベルク』（p. 519）から引用。「ブディア・ナーランジェ」という表現をみるかぎり、シェーンベルクは音列技法以外でも「置換」を好んだようである。フランス人女性のナディア・ブーランジェは著名な作曲家・演奏家・音楽教師で、ストラヴィンスキーを絶賛したことで知られる。

[26] ユダヤ人作家リオン・フォイヒトヴァンガーの妻マリアは、ロサンゼルスの市場でシェーンベルクとすれ違った際に、彼がドイツ語で「私は梅毒患者じゃないよ！」とあいさつ代わりに叫んだと証言している（前出K・H・マーカス著『シェーンベルクとハリウッド・モダニズム』〔p. 255〕から引用）。

[27] 前出A・ネエル著『ファウストとプラハのマハラル、神話と現実』（pp. 179 以下）、および前出P・ブレッツ「肝要なことは隠されなければならない……」（p. 255）参照。

[28] 前出Th・マン著『ファウストゥス博士の日記』（p. 34）参照。

[29] 『ファウストゥス博士』におけるマンの音楽観について語ることは本書の範囲ではない。これについては、以下の目ざましい分析を参照。クリスチャン・メルラン「トーマス・マンの『ファウストゥス博士』における音楽哲学」（『ゲルマニカ』所収。Christian Merlin, «Philosophie de la musique dans le *Docteur Faustus* de Thomas Mann», *Germanica*, 26, 2000, p. 115-129）。

[30] 前出I・ストラヴィンスキー、R・クラフト共著『思い出と注釈』（p. 157）参照。レーファーキューンが作曲し

た音楽を聴いてみたいと思う読者には、マンの『ファウストゥス博士』にもとづく、ヘンツェ、ハンフリー・サール、クルタークの作品のほかに、アルフレッド・シュニトケの《ファウスト・カンタータ》を勧めたい。シュニトケは——彼もまた精神的亡命者であった——レーファーキューンに強く惹かれていた。

[31] ハンス・アイスラー「現代音楽の社会的大問題」（前出『音楽と社会』所収。Hanns Eisler, «Les grandes questions sociales de la musique moderne» [1948], p. 182）参照。

[32] 前出S・フェイスト著『シェーンベルクの新世界、アメリカ時代』（pp. 146-147）参照。

[33] J・ダニエル・ジェンキンス編『シェーンベルクの曲目解説と音楽分析』（J. Daniel Jenkins, *Schoenberg's Program Notes and Musical Analyses*, Oxford University Press, 2016, pp. 411-412）から引用。

[34] この作品の原点は、トッホがロシア出身の舞踊家コリーヌ・コッヘムに、ある草稿をシェーンベルクにみせるよう勧めたことであったようだ。コッヘムは、リトアニアのヴィリニュス・ゲットー（当時ポーランド領）で作曲されたユダヤ人のレジスタンスの歌を音楽的に発展させ、この歌が含まれる台本を提案したという。しかしこれを裏づけるシェーンベルク関連の資料はない（前出K・H・マーカス著『シェーンベルクとハリウッド・モダニズム』〔pp. 171-172〕）。

[35] 前出S・フェイスト著『シェーンベルクの新世界、アメリカ時代』（pp. 105-106）参照。

[36] ツァイスルの娘はシェーンベルクの息子ロナルドと結婚した。ロナルドの息子（シェーンベルクの孫）エリック・ランドルは、ナチスが略奪した美術品の返還を求める裁判に弁護士としてかかわった。彼はその報酬の一部を、ロサンゼルスのホロコースト博物館の拡張費用に充てた。

[37] 批評家アレックス・ロスは、リゲティが『ファウストゥス博士』を通じて十二音技法の存在を知ったようだと書いている。たしかにリゲティは一九五六年にこの小説を読み、同年に十二音技法による《半音階的幻想曲》を作曲している。しかし彼は、ハンガリーという閉ざされた環境に置かれていたとはいえ、シェーンベルクとベルクの数曲に触れていた（L・ドゥシェノー、W・マークス編『ジェルジュ・リゲティ——その異国の土地と不思議な響き』〔L. Duchesneau & W. Marx (éd.), *György Ligeti : Of Foreign Lands and Strange Sounds*, Boydell Press, 2011, p. 129〕）。

[38] ルネ・レイボヴィッツ著『十二音音楽序説』（René Leibowitz, *Introduction à la musique de douze sons*, L'Arche, 1949, p. 323）参照。オリヴィエ・ルヴォー・ダローヌはシェーンベルクの「とてつもない表現力」について語っている（オリヴィエ・ルヴォー・ダローヌ著『シェーンベルクを愛する』〔Olivier Revault d'Allones, *Aimer Schönberg*, Christian Bourgois, 1992, p. 113〕参照）。

[39] 前出M・クンデラ著『出会い』所収「シェーンベルクの忘却」（«Oubli de Schönberg», p. 177）参照。

[40] この問題については以下を参照のこと。ジョイ・H・キャリコ著『戦後ヨーロッパにおけるアルノルト・シェーンベルクの《ワルシャワの生き残り》』（Joy H. Calico, *Arnold Schoenberg's A Survivor from Warsaw in Postwar Europe*, University of California Press, 2014, pp. 1-19）、および前出S・フェイスト著『シェーンベルクの新世界、アメリカ時代』（pp. 107-108）。

[41] 「ヌリア・ノーノ＝シェーンベルクとの対話」（前出D・コーエン＝レヴィナス編『シェーンベルクの世紀』所収。«Entretien avec Nuria Nono-Schönberg», p. 24）参照。

おわりに◉君よ知るや南の国

［1］前出V・ジャンケレヴィチ著『還らぬ時と郷愁』所収「郷愁の音楽」（pp. 375-386, «Les musiques de la nostalgie»）参照。

［2］ジャンケレヴィチもまさに、このことについて言及している。「ひとは決して帰還しない。帰還する者がいるとすれば、彼は放蕩息子やオデュッセウスのように、もはや別人になっている」（前出『還らぬ時と郷愁』〔pp. 382-383〕）。

［3］カミーユ・ブールニケル著『ショパン』（Camille Bourniquel, *Chopin*, coll. Solfèges, Seuil, 1963, p. 23）参照。

［4］これらの歌曲、とくに「ミニョンの歌」に関する詳細な研究は以下を参照。ステファヌ・ゴルデ著『フーゴ・ヴォルフ』（Stéphane Goldet, *Hugo Wolf*, Fayard, 2003, p. 635-646）。

［5］モスコ・カルネ著『ヴォルフのリート』（Mosco Carner, *Les Lieder de Wolf*, Actes Sud, 1998, pp. 58-59）参照。

［6］前出S・ゴルデ著『フーゴ・ヴォルフ』（p. 646）参照。

［7］クロード・ロスタン著『フーゴ・ヴォルフ』（Claude Rostand, *Hugo Wolf*, Slatkine, 1982［1967］, p. 68）参照。

訳者あとがき

本書は、フランス発祥の音楽祭「ラ・フォル・ジュルネ」（以下、ＬＦＪ）の日仏共通オフィシャル・ブックとしてエティエンヌ・バリリエ氏が書き下ろした *Exil et musique*（Fayard / Mirare, 2018）の全訳である。

原題をそのまま訳せば『亡命と音楽』となる。しかし日本語版のタイトル『「亡命」の音楽文化誌』では「亡命」が括弧でくくられており、これには大きな理由がある。英語の exile と同じように、フランス語の exil にも複数の意味があり、一九世紀にあらわれた政治的な亡命、つまり「祖国ないし居住国からの脱出」は、そのうちのひとつにすぎないからである。exil には「亡命」以外に、「追放」「流刑」「離郷」などの訳語を当てることができるが、これらに加えて本書では、「故郷喪失」「強制的／自発的な移住」など、文脈に合わせて適宜に言葉を選んだ。

「亡命と音楽」を主題とする本書が驚くほど多面的であるのは、まさにこの exil の多義性による。しかし本書の内容に真の多彩さと奥行きを与えているのは、ＬＦＪの芸術監督ルネ・マルタンの発想を尊重しつつ、それを独自に発展させた著者の洞察力と筆力だろう。マルタンは、二〇一八年のＬＦＪのテーマ「新しい世界へ Vers un monde nouveau」のコンセプトと全演奏曲目をあらかじめ著者に伝え、聴衆たちの知的好奇心をくすぐるようなガイド・ブックを自由に書いてほしいと依頼した。こうして本書は、バロック時代の移住者たち（リュリ、スカルラッティ、ヘンデル）、「ここではないどこか」を求めて自己の内奥をさすらったシューベルト、祖国ロシア亡きあとにソ連にとどまりひそかに自由を希求した「精神的亡命者」ショスタコーヴィチ、ナチスによって収容所への「移住」を強いられたユダヤ系作曲家たちなど、亡命の概念だけでは到底とらえきれない exil の多様なかたちを、音楽史の中に見出す一冊になった。

もちろん本書では、祖国を追われた正真正銘の亡命作曲家たちにも紙筆がついやされている。しかしショパンであれ、ヴァーグナーであれ、ストラヴィンスキーであれ、著者は作曲家の亡命体験を安直に作品に結びつけることは避け、彼らの「創作」にとって祖国喪失や郷愁が何を意味したのかを、個別に、慎重に、考察していく。最終章にいたっては、シェーンベルクの現実世界における亡命と創作世界における亡命をあわせて掘り下げ、彼の倫理観に迫ろうとする、異色の作曲家論となっている。

著者の博識、思慮深さ、各音楽作品の特徴を聴き取る鋭い「耳」が、本書のリアリティを維持していることは言うにおよばない。それでも私たちは、著者の語り口におのずと引き込まれ、フィクションを読み進めているような印象を抱く。それもそのはず、著者のバリリエ氏は小説家である。母国スイスはもとより、ヨーロッパのフランス語圏の文壇を牽引する氏は、随筆家、翻訳家、ジャーナリスト、コメンテーターとしても活躍しており、主な専門領域は音楽、文学、美術だ。氏の代表作のひとつに、『ピアニスト』（鈴木光子訳、アルファベータ刊）がある。実在のピアニスト、ユジャ・ワンをモデルとするこの「音楽小説」では、西洋音楽を奏でる中国人女性の出自や容姿をめぐって、二人の評論家が議論をたたかわせていく。奏者その人と演奏それ自体との行き過ぎた関連づけに疑問を呈するこの小説の精神は、作曲家の人生と作品の関係を冷静にとらえようとする本書の姿勢にも通底している。

とはいえ、もっぱら事実だけをあつかう本書は小説ではない。かといって、随筆にも分類されえない。一方で、音楽祭の曲目解説をになう手引書の域をはるかに超えた労作でもある。著者本人にうかがったところ、あえて定義するなら「一小説家によるレシ récit」であるとの回答が返ってきたが、たしかにこの説明は、本書のユニークな性格を言い当てている。レシとは、ひとりの人間の視座からの叙述を指す語で、リサイタル（独演、récital）と語源は同じである。バリリエ氏は、ヨーロッパ史、とりわけ二〇世紀史の二大悲劇を背景に、作曲家たちとその音楽がたどった運命について、みずからの見地から語っており、そこには氏自身の人道的な信念と、創作者たちの苦悩に寄り添おうとする繊細な感受性が透けて見える。

この「レシ」を支えているのは、細やかな原注からうかがえる膨大な数の参考文献である。多言語国家スイスに生まれた著者は、フランス語のほか、ラテン語、ギリシャ語、ドイツ語、英語、イタリア語、スペイン語を解す。その強みが、氏の「独り語り」の説得力を高めていることは明らかである。言うまでもなく、これまでもクラシック音楽の分野において、特定の作曲家や時代や地域に焦点を絞った亡命、移住、精神的亡命――この表現を用いない場合も含めて――に関する研究書や論文は一定数、発表されてきた。しかしバリリエ氏は、それら多言語におよぶ多様な資料を読み込むことで、本書を、「亡命と音楽」の関係を広範にあつかう先例のない書に仕立てあげている。さらに氏は、ゲーテ、ミツキエヴィチ、ホイットマン、ヴァレリー、ブローク、モラン、マン父子、ブレヒト、クンデラ、バーンズら、第一級の文学者たちの作品や発言いる。

を自在に参照し、音楽史だけに対峙するだけでは十分に接近しがたいexilの諸問題に多角的な論考を加えている。

本書の底辺には、芸術の運命は国家や民族や文明の運命と切り離せないはずであるという、著者のゆるぎない確信がある。故郷喪失や亡命は、ともすれば悲劇や苦悩への言及に終始させてしまう「暗い」キーワードだ。それでも本書が「明るい」視点を絶えず提供してくれるのは、そうした「大きな運命」に呑まれながらも各人各様に生きようとした作曲家たちの姿と、その過程で生まれた作品の美に、著者がことのほか比重を置いているからにほかならない。だからこそ本書は、「事実は小説よりも奇なり」ならぬ、「事実は小説のようにドラマティック」であることを、みごとに証明しているのではないだろうか。

最後になるが、毎年ＬＦＪ公式本の出版に熱意を注ぐアルテスパブリッシングの木村元氏と、このたびも的確な助言とていねいな編集で訳者を支え導いた大谷仁氏の尽力なしには、本書は完成しなかった。両氏と、前二冊に引き続き素敵な装丁を手がけてくださった折田烈氏、出版の実現にご協力いただいた田中博積氏と音楽事務所「KAJIMOTO」に、心から御礼を申し上げます。

訳　者

二〇一八年二月

人名索引

※ 287 頁以下の原注を参照する場合は、該当頁［原注番号］で示した。
例）287［1］→　287 頁の原注［1］

［ア行］

アイスラー、ゲルハルト　Eisler, Gerhart　103
アイスラー、ハンス　Eisler, Hanns　15, 68, 69, 93, 101–111, 114, 134, 236, 269, 276
アイスラー、ルース　Eisler, Ruth　103
アイヒホルン、ベルンハルト　Eichhorn, Bernhard　75
アインシュタイン、アルベルト　Einstein, Albert　21, 23, 98, 103
アドラー、オスカー　Adler, Oscar　332［11］
アドルノ、テオドール　Adorno, Theodor　70, 93, 114, 121
アネ、クロード　Anet, Claude　315［21］
アフマートヴァ、アンナ　Akhmatova, Anna　207, 219, 221
アルベニス、イサーク　Albéniz, Isaac　35
アレクセイ・ニコラエヴィチ皇太子　Alexei Nikolaevich　223
アーレント、ハンナ　Arendt, Hannah　10
アンセルメ、エルネスト　Ansermet, Ernest　145
アンチェル、カレル　Ančerl, Karel　235
アンデルセン、ハンス・クリスチャン　Andersen, Hans Christian　171
アントネスク、イオン　Antonescu, Ion　176

イヴェンス、ヨリス　Ivens, Joris　303［23］
イサハキアン、アヴェティク　Isahakian, Avetik　186
イブン・ガビーロール、ソロモン　Ibn Gabirol, Solomon　128

ヴァイスガル、マイヤー　Weisgal, Meyer　97
ヴァイスマン、ユリウス　Weismann, Julius　75
ヴァイル、クルト　Weill, Kurt　18, 19, 21, 23, 92–101, 102, 105, 108, 114, 155, 241, 242, 248, 276
ヴァインベルク、ミェチスワフ　Weinberg, Mieczysław　206, 216–220, 227
ヴァーグナー、リヒャルト　Wagner, Richard　10, 62–71, 133, 252
ヴァーグナー＝レゲニー、ル

ドルフ　Wagner-Régenyi, Rudolf　75
ヴァルター、ブルーノ　Walter, Bruno　11, 114
ヴァレリー、ポール　Valéry, Paul　152, 153
ヴィシネフスカヤ、ガリーナ　Vichnevskaïa, Galina　322[17]
ヴィーゼル、エリ　Wiesel, Élie　129, 322[19]
ヴィダー、キング　Vidor, King　94
ヴィラ＝ロボス、エイトル　Villa-Lobos, Heitor　325[39]
ウィリアムズ、ジョン　Williams, John　131
ヴィンターベルク、ハンス　Winterberg, Hans　327[10]
ヴェーベルン、アントン　Webern, Anton　102, 254
ウェルズ、オーソン　Welles, Orson　270
ヴェルディ、ジュゼッペ　Verdi, Giuseppe　50
ヴェルフェル、フランツ　Werfel, Franz　21, 23, 97, 114, 304[4]
ヴェルレーヌ、ポール　Verlaine, Paul　111
ヴォルテール　Voltaire　32, 33
ヴォルフ、フーゴ　Wolf, Hugo　281–284
ヴォルペ、シュテファン　Wolpe, Stefan　261–262, 264
ウリヤノフ、ウラジーミル・イリイチ　Oulianov, Vladimir Iliytch → レーニン
ウルマン、ヴィクトル　Ullmann, Viktor　233–234

エイゼンシュテイン、セルゲイ　Eisenstein, Sergei　203, 204
エカテリーナ２世　Catherine II　40
エック、ヴェルナー　Egk, Werner　75
エッセルト、ベルタ　Essert, Bertha → ベルタ
エネスク、ジョルジェ　Enescu, Georges　22, 176–178
エネスク、マルカ　Enescu, Marouka　177
エミネスク、ミハイ　Eminescu, Mihai　177

オイストラフ、ダヴィッド　Oistrakh, David　322[17]
オウィディウス　Ovidius　8, 28
オケゲム、ヨハネス　Ockeghem, Johannes　262
オッフェンバック、ジャック　Offenbach, Jacques　80
オルフ、カール　Orff, Carl　76, 267, 268

[カ行]

カークパトリック、ラルフ　Kirkpatrick, Ralph　34, 35
ガーシュウィン、アイラ

Gershwin, Ira　96
ガーシュウィン、ジョージ
Gershwin, George　94, 96
カスー、ジャン　Cassou, Jean
128
カステルヌオーヴォ＝テデスコ、マリオ　Castelnuovo-Tedesco, Mario　114, 117–120, 130–133, 134, 257, 261
カッシーラー、エルンスト
Cassirer, Ernst　301[6]
カーティス、マイケル　Curtiz, Michael　85
カプラーロヴァー、ヴィーチェスラヴァ　Kaprálová, Vitězslava　168–169
カルネ、モスコ　Carner, Mosco
282
カレル、ルドルフ　Karel, Rudolf　327[10]
ガンシュ、エドゥアール
Ganche, Édouard　44, 45
カンタキュゼーヌ、マリー
Cantacuzène, Marie → エネスク、マルカ
カンディンスキー、ヴァシリー
Kandinsky, Wassily　253
カンピストロン、ジャン＝ガルベール・ド　Campistron, Jean-Galbert de　76

キエン、ペテル　Kien, Petr
233
ギーズ公　Guise　26, 27
ギッブス（教師）　223
キンキナトゥス　Cincinnatus
270

クシェネク、エルンスト
Křenek, Ernst　74, 79, 255, 262, 264
クーセヴィツキー、セルゲイ
Koussevitsky, Sergey　164
グミリョーフ、ニコライ
Goumilev, Nicola　207, 221
クライン、ギデオン　Klein, Gideon　235–236
クラウス、カール　Kraus, Karl
268
クラーサ、ハンス　Krása, Hans
231–232, 233
クラシンスキ、ジグムント
Krasiński, Zygmunt　50
クラフト、ロバート　Craft, Robert　121, 257
クーリッジ、エリザベス・スプレイグ　Coolidge, Elisabeth Sprague　135
グリューネヴァルト、マティアス　Grünewald, Mathias
243
グリーン、ジュリアン　Green, Julien　128
グルック、クリストフ・ヴィリバルト Gluck, Christoph Willibald　289[9]
クレンペラー、オットー
Klemperer, Otto　11, 86, 93, 114
クローチェ、ベネデット
Croce, Benedetto　291[19]
グワトコフスカ、コンスタンツィ

ア　Gladkowska, Constance 55
クンデラ、ミラン　Kundera, Milan　18, 148–150, 273, 326[7]

ケージ、ジョン　Cage, John 133
ゲーテ、ヨハン・ヴォルフガング・フォン　Goethe, Johann Wolfgang von　45, 104, 241, 271, 277, 284, 285
ケラー、ゴットフリート Keller, Gottfried　171, 241
ゲロン、クルト　Gerron, Kurt 232, 235

コクトー、ジャン　Cocteau, Jean　83, 92, 144
ココシュカ、オスカー Kokoschka, Oscar　242
ゴーゴリ、ニコライ　Gogol, Nicolas　17
コズミアン、スタニスワフ Koźmian, Stanislaw　44
コッヘム、コリーヌ　Chochem, Corinne　336[34]
コープランド、アーロン Copland, Aaron　248, 255
ゴーリキー、マクシム　Gorki, Maxime　193
ゴルデ、ステファヌ　Goldet, Stéphane　282
コルトー、アルフレッド Cortot, Alfred　56
ゴールドバーグ、アルバート Goldberg, Albert　16, 21
コルンゴルト、エーリヒ・ヴォルフガング　Korngold, Erich Wolfgang　18, 19, 78–89, 92, 103, 114, 116, 131, 134, 172, 182
コルンゴルト、ルーツィ Korngold, Luzi　86

[サ行]

ザデラツキー、フセヴォロド Zaderatski, Vsevolod　223–228
サハロフ、アンドレイ Sakharov, Andreï　210
サミュエル、クロード　Samuel, Claude　199, 200
サン゠サーンス、カミーユ Saint-Saëns, Camille　29
サン゠ジョン・ペルス　Saint-John Perse　12
サンド、ジョルジュ　Sand, George　44, 293[12]

シェイクスピア、ウィリアム Shakespeare, William　74, 82, 84
ジェズアルド、カルロ Gesualdo, Carlo　9, 149
ジェリンスキ、タデウシュ Zieliński, Tadeusz　54
ジェルジンスキー、フェリックス　Djerzinski, Felix　224
シェルヘン、ヘルマン Scherchen, Hermann　11, 239

シェーンベルク、アルノルト Schönberg, Arnold 10, 13, 14, 16–19, 22, 23, 79, 86, 94, 99, 100, 102, 103, 109, 110, 114, 116–121, 123, 130, 131, 134, 140, 141, 143, 160, 170, 172, 173, 175, 178, 186, 195, 210, 222, 233–235, 240, 242, 252–274, 276, 280, 283
シェーンベルク、エリック・ランドル Schoenberg, Eric Randol 332[11], 336[36]
シェーンベルク、ゲルトルート Schönberg, Gertrud 86
シェーンベルク、マティルデ Schönberg, Mathilde 170
シェーンベルク、ロナルド Schönberg, Ronald 336[36]
シェーンベルク=ノーノ、ヌリア Schönberg-Nono, Nuria 260
シゲティ、ヨーゼフ Szigeti, József 84, 164
ジダーノフ、アンドレイ Jdanov, Andreï 200, 204, 211
ジッド、アンドレ Gide, André 152, 153
シドニー、シルヴィア Sidney, Sylvia 100
シトロン、ピエール Citron, Pierre 166
シナトラ、フランク Sinatra, Frank 100
シャガール、マルク Chagall, Marc 254
シャレット、イェフダ Sharret, Yehuda 233
ジャンケレヴィチ、ウラジミール Jankélévitch, Vladimir 184, 276, 277
シュヴァイツァー、アルベルト Schweitzer, Albert 135
シュタイン、イルマ Stein, Irma 174
シュトゥッケンシュミット、ハンス Stuckenschmidt, Hans 259
シュトラウス、ヨハン Strauss, Johann 80
シュトラウス、リヒャルト Strauss, Richard 67, 75, 85, 174
シュナーベル、アルトゥル Schnabel, Artur 11
シュニトケ、アルフレッド Schnittke, Alfred 336[30]
シュピルマン、ウワディスワフ Szpilman, Wladislaw 224
シューベルト、フランツ Schubert, Franz 15, 88, 105, 107, 108, 281, 282
シューマン、ロベルト Schumann, Robert 53, 55, 281, 282, 284, 285
シュミット、フロラン Schmitt, Florent 97
シュル、ジークムント Schul, Zikmund 327[10]
シュルホフ、エルヴィン Schulhoff, Erwin 327[10]

ショウ、ロバート　Shaw, Robert　245
ショスタコーヴィチ、ドミトリー　Chostakovitch, Dimitri　87, 198, 206–216, 217, 218, 220, 221, 226, 227
ショパン、フレデリック　Chopin, Frédéric　9, 10, 17, 44–59, 62, 71, 123, 147, 190, 191, 198, 219, 224, 281, 293［12］
ジョリー、ヴィクター　Jory, Victor　81
シラー、フリードリヒ・フォン　Schiller, Friedrich von　241, 271
ジリャーエフ、ニコライ　Zhiliaïev, Nicolaï　220, 221
ジリヤール、ピエール　Gilliard, Pierre　223
シルクレット、ナサニエル　Shilkret, Nathaniel　116–121, 126, 130, 132, 133, 138, 161, 257
ジロティ、アレクサンドル　Siloti, Alexandre　185
シロドー、クリストフ　Sirodeau, Christophe　221
シントラー、アルマ　Schindler, Alma → マーラー、アルマ

スカルラッティ、アレッサンドロ　Scarlatti, Alessandro　36
スカルラッティ、ドメニコ　Scarlatti, Domenico　30, 31, 34–36, 40
スクリャービン、アレクサンドル　Scriabine, Alexandre　225, 325［39］
スタイナー、マックス　Steiner, Max　85
スターリン　Stalin　12, 194–196, 200, 203, 204, 207–211, 214, 217, 218, 225, 255, 272
スタンダール　Stendhal　39
スタンバーグ、ジョセフ・フォン　Sternberg, Josef von　100
ストラヴィンスキー、イーゴリ　Stravinsky, Igor　16–19, 21, 30, 87, 114, 116–121, 123, 124, 130, 138–157, 160–162, 166, 178, 179, 181–183, 185, 190–192, 202, 210, 268
ストラヴィンスキー、エカチェリーナ　Stravinsky, Catherine　147
ストラヴィンスキー、テオドール　Stravinsky, Théodore　146, 147
ストロッツィ公爵夫人　Strozzi　37
スピノザ　Spionza　301［6］
スミット、レオ　Smit, Leo　327［10］
スワンソン、グロリア　Swanson, Gloria　195

ゼルキン、ルドルフ　Serkin, Rudolf　11, 20

ソルジェニーツィン、アレクサンドル　Soljénitsyne, Alexandre　180, 218
ソレール神父、アントニオ　Soler, Antonio　35
ゾンダーリング、ヤコブ　Sonderling, Jacob　258

[タ行]

タゴール、ラビンドラナート　Tagore, Rabindranath　181
タンスマン、アレクサンデル　Tansman, Alexandre　114, 117–120, 122–126, 128–130, 138, 142, 147, 151, 155, 261, 264
ダンテ　Dante　8

チェルニツカ夫人　Mme Czernicka　292[2]
チェレプニン、アレクサンドル　Tcherepnine, Alexandre　122
チマローザ、ドメニコ　Cimarosa, Domenico　33, 39, 40
チャイコフスキー、ピョートル　Tchaïkovski, Piotr　149, 181, 281
チャーチル、ウィンストン　Churchill, Sir Winston　270
チャップリン、チャーリー　Chaplin, Charlie　69, 103, 123
チャルトリスキ公、アダム　Czatoryski, Adam　46
チュコフスキー、コルネイ　Tchoukovski, Korneï　287[2]

ツァイスル、エーリヒ　Zeisl, Erich　272
ツィポーリ、ドメニコ　Zipoli, Domenico　30, 36–38, 40
ツェムリンスキー、アレクサンダー　Zemlinsky, Alexander　14, 22, 79, 169–176, 178, 187, 232, 233
ツェムリンスキー、マティルデ　Zemlinsky, Mathilde → シェーンベルク、マティルデ

ディアギレフ、セルゲイ　Diaghilev, Sergei　145, 191, 192
ティシチェンコ、ボリス　Tichtchenko, Boris　221
ディターレ、ウィリアム（ヴィルヘルム）　Dieterle, William(Wilhelm)　78, 82, 84
ディートリヒ、マレーネ　Dietrich, Marlene　195
ティポーリ、ドミンゴ　Tipoli, Domingo → ツィポーリ、ドメニコ
テイラード、ニニ　Theilade, Nini　83
デスノス、ロベール　Desnos, Robert　235
デッサウ、パウル　Dessau, Paul　110–111, 114
デニーキン、アントーン

Dénikine, Anton 224
デーブリーン、アルフレート Döblin, Alfred 114, 115
デュパルク、アンリ Duparc, Henri 281
テルトゥリアヌス Tertullianus 140

ドヴォルジャーク、アントニーン Dvořák, Antonin 327 [10]
トゥハチェフスキー、ミハイル Toukhatchevski, Mikhaïl 209, 220
トスカニーニ、アルトゥーロ Toscanini, Arturo 21
ドストエフスキー、フョードル Dostojewski, Fjodor 48
トッホ、エルンスト Toch, Ernst 86, 114, 117-120, 130, 133-135, 155, 235, 241, 255, 258
トビャンスキ、アンドレイ Towiański, Andrzej 49
ドビュッシー、クロード Debussy, Claude 122, 168, 192
ドホナーニ、エルネー Dohnányi, Ernö 163
トマ、アンブロワーズ Thomas, Ambroise 280
ドライデン、ジョン Dryden, John 33

[ナ行]

ナボコフ、ウラジーミル Nabokov, Vladimir 150, 180
ナボコフ、ニコラス Nabokov, Nicolas 144
ナポレオン・ボナパルト Napoléon Bonaparte 39, 270

ニコライ２世（ロシア皇帝） Nikolai II 223
ニジンスカ、ブロニスラヴァ Nijinska, Bronislawa 299 [13]
ニジンスキー、ヴァーツラフ Nijinski, Vaslav 83, 299[13]
ニーチェ、フリードリヒ Nietzsche, Friedrich 68, 283

ネエル、アンドレ Neher, André 266
ネベルジーク、パウル・オスカー Nebelsiek, Paul Oskar 75
ネミロフスキー、イレーヌ Némirovsky, Irène 316[21]

ノーノ、ルイージ Nono, Luigi 272

[ハ行]

パイジエッロ、ジョバンニ Paisiello, Giovanni 40
ハイドリヒ、ラインハルト Hydrich, Reinhard 103, 236
ハイドン、ヨーゼフ Haydn, Joseph 257
ハイネ、ハインリヒ Heine, Heinrich 45, 56, 57, 62,

241
ハイフェッツ、ヤッシャ Heifetz, Jasha 21, 85, 132
バイロン、ジョージ・ゴードン Byron、George Gordon 127, 222, 270
ハヴィランド、オリヴィア・デ Havilland, Olivia de 81, 85
ハウフ、ヴィルヘルム Hauff, Wilhelm 62
バウム、ヴィッキー Baum, Vicki 114
パヴロフ、イワン Pavlov, Ivan 214
パヴロフ＝アザンチェーエフ、マトヴェイ Pavlov-Azancheev, Matvei 222
ハクスリー、オルダス Huxley, Aldous 114
バクーニン、ミハイル Bakunin, Mikhail 65
ハサウェイ、ヘンリー Hathaway, Henry 134
ハース、パヴェル Haas, Pavel 234, 235
パスカル、ブレーズ Pascal, Blaise 104
ハスキル、クララ Haskil, Clara 11
パーセル、ヘンリー Purcell, Henry 32, 33
バック、パール Buck, Pearl 256
ハッケルト、ヤコプ・フィリップ Hackert, Jacob Philipp 41
バッハ、ヨーハン・ゼバスティアン Bach, Johann Sebastian 99, 104, 135, 149, 167, 226, 257
バーベリ、イサーク Babel, Isaac 195
パーマー、ウィンスロップ Palmer, Winthrop 334[19]
ハーマン、ウディ Hermann, Woody 154
バランシン、ジョージ Balanchine, George 299[13]
バルトーク、ディッタ Bartók, Ditta 163, 165
バルトーク、ペーテル Bartók, Péter 164
バルトーク、ベーラ Bartók, Béla 22, 117, 124, 133, 161–168, 173, 176, 177, 184, 190
ハルトマン、カール・アマデウス Hartmann, Karl Amadeus 238–240, 241, 245, 276
バルバラ王女、マリア・マクダレーナ Bárbara, María Magdalena 34, 35
ハルブライヒ、ハリー Halbreich, Harry 156
バーンズ、ジュリアン Barnes, Julian 211, 212
バーンスタイン、レナード Bernstein, Leonard 95

ピアティゴルスキー、グレゴール Piatigorsky, Gregor 114
ピカソ、パブロ Picasso, Pablo

17, 144, 151
ピゴット、ウォルター・チャールズ　Piggott, Walter Charles 246, 247
ヒッチコック、アルフレッド Hitchcock, Alfred　100
ヒトラー、アドルフ　Hitler, Adolf　69, 74, 88, 162, 213, 233, 238, 243, 267, 270
ヒューズ、ラングストン Hughes, Langston　95
ヒンデミット、パウル Hindemith, Paul　117, 225, 242-249

ファリャ、マヌエル・デ　Falla, Manuel de　35
フィリッポ、ミシェル Philippot, Michel　313[24]
フィリペンコ、アルカディ Filippenko, Arkady　226
フィルナー、ヴァルター Firner, Walter　174
フェインベルク、サムイル Feinberg, Samuil　220-221
フェルディナンド4世（ナポリ王）　Ferdinando IV　39, 41
フェルナンド6世（スペイン王） Fernando VI　34
フォイヒトヴァンガー、リオン Feuchtwanger, Lion　14, 21, 114
ブクレシュリエフ、アンドレ Boucourechliev, André　52, 142, 153, 162
プーシキン、アレクサンドル Pouchkine, Alexandre　48, 207
ブゾーニ、フェルッチョ Busoni, Ferruccio　19, 95
ブッシュ、アドルフ　Busch, Adolf　11, 20, 242
ブッシュ、フリッツ　Busch, Fritz　11, 242
プフィッツナー、ハンス Pfitzner, Hans　67, 69, 75
フーベルマン、ブロニスラフ Huberman, Bronislaw　11
ブラームス、ヨハネス　Brahms, Johannes　167, 252
プーランク、フランシス Poulenc, Francis　191
ブーランジェ、ナディア Boulanger, Nadia　265, 335[25]
ブリューソフ、ワレリー Brioussov, Valeri　227
プリュニエール、アンリ Prunières, Henry　29
フリン、エロール　Flynn, Erroll　85
プルースト、マルセル　Proust, Marcel　16
プルタレス、ギイ・ド Pourtalès, Guy de　66
ブルックナー、アントン Bruckner, Anton　87
フルトヴェングラー、ヴィルヘルム　Furtwängler, Wilhelm 243
ブールニケル、カミーユ Bourniquel, Camille　281

プレヴィン、アンドレ　Previn, André　131
ブーレーズ、ピエール　Boulez, Pierre　312[21]
ブレヒト、ベルトルト　Brecht, Bertolt　10, 95, 102–111, 114, 242
フロイデンフェルト、ルドルフ　Freudenfeld, Rudolf　231, 232
ブローク、アレクサンドル　Blok, Alexandre　11, 186, 206–208, 214, 216, 219, 220, 227
プロコフィエフ、セルゲイ　Prokofiev, Sergey　11, 182, 190–204, 208, 210, 218, 225
プロコフィエヴァ、リーナ　Prokofieva, Lina　197–199, 218
ブロッホ、エルネスト　Bloch, Ernest　263–264
ブロート、マックス　Brod, Max　110

ペイトン、アラン　Paton, Alan　96
ヘクト、ベン　Hecht, Ben　100
ベッリーニ、ヴィンチェンツォ　Bellini, Vincenzo　51
ベートーヴェン、ルートヴィヒ・ヴァン　Beethoven, Ludwig van　16, 70, 127, 163, 167, 264, 270, 271, 281
ペトロフ（教師）　Petrov　223
ベリヤ、ラヴレンチー　Beria, Lavrenti　218
ベルク、アルバン　Berg, Alban　102, 172, 192, 240
ベル・ゲディーズ、ノーマン　Bel Geddes, Norman　98
ベルタ　Bertha　146
ヘルダーリン、フリードリヒ　Hölderlin, Friedrich　104, 105, 233
ベルマン、カレル　Berman, Karel　234–235, 237, 238
ベルリオーズ、エクトル　Berlioz, Hector　66
ベルレー、ジョアシャン・デュ　Bellay, Joachim du　8
ペロタン　Pérotin → ペロティヌス
ペロティヌス　Perotinus　149
ヘンデル、ゲオルク・フリードリヒ　Haendel, Georg Friedrich　17, 30–34, 40, 99

ホイットマン、ウォルト　Whitman, Walt　239, 241, 242, 245–247
ホークス、ハワード　Hawks, Howard　100
ポスミシュ、ゾフィア　Posmysz, Zofia　217
ホダセヴィチ、ウラジスラフ　Khodassevich, Vladislav　193
ボダンツキー、アルトゥル　Bodanzky, Artur　172
ポトツカ、デルフィナ　Potocka, Delphine　44

ボードレール、シャルル　Baudelaire, Charles　127, 222
ホフマイステル、アドルフ　Hoffmeister, Adolf　231
ホフマン、E. T. A.　Hoffmann, E. T. A.　291[22]
ホーフマンスタール、フーゴ・フォン　Hofmannsthal, Hugo von　174
ホメーロス　Homeros　8, 64, 173
ボーモント、アントニー　Beaumont, Anthony　175, 334[19]
ポランスキー、ロマン　Polanski, Roman　224
堀内敬三（ほりうち・けいぞう）　279
ホルクハイマー、マックス　Horkheimer, Max　70, 114

[マ行]

マキャヴェッリ、ニッコロ　Machiavelli, Niccolò　131
マシーン、レオニード　Massine, Léonide　299[13]
マズロー、アルカディ　Maslow, Arkadi　103
マッカーシー、ジョセフ　McCarthy, Joseph　23
マッテゾン、ヨハン　Mattheson, Johann　31
マムーリアン、ルーベン　Mamoulian, Ruben　195
マーラー、アルマ　Mahler, Alma　170, 172
マーラー、グスタフ　Mahler, Gustav　20, 79, 80, 85, 87, 98, 169, 170
マラルメ、ステファヌ　Mallarmé, Stéphane　96
マルクーゼ、ルートヴィヒ　Marcuse, Ludwig　114
マルティヌー、ボフスラフ　Martinů, Bohuslav　122, 169, 236-237
マレーヴィチ、カジミール　Malevitch, Kazimir　222
マン、エリカ　Mann, Erika　20, 21
マン、クラウス　Mann, Klaus　14, 20, 21, 241, 268
マン、トーマス　Mann, Thomas　10, 13, 66-68, 84, 102, 103, 114, 116, 265-268
マン、ハインリヒ　Mann, Heinrich　13, 114-116
マンデリシュターム、オシップ　Mandelstam, Ossip　12

ミツキエヴィチ、アダム　Mickiewicz, Adam　47-49, 53, 54
ミハイル大公　Mikhaïl　179
ミハロヴィチ、マルセル　Mihalovici, Marcel　123
ミホエルス、ソロモン　Michoels, Solomon　217, 218
ミュラー、ヴィルヘルム　Müller, Wilhelm　15
ミヨー、ダリウス　Milhaud,

Darius　117−120, 123, 126−129, 130, 155, 261, 264, 276

ムニ、ポール　Muni, Paul 100
ムラヴィンスキー、エフゲニー Mravinski, Evgueny　212
ムンク、アンジェイ　Munk, Andrzej　217

メイエルホリド、フセヴォロド Meyerhold, Vsevolod　193, 195
メシアン、オリヴィエ Messian, Olivier　142, 177
メース、ジークベルト　Mees, Siegbert　75
メトネル、ニコライ　Medtner, Nicolaï　182, 281
メニューイン、ユーディ Menuhin, Yehudi　164, 177
メーリケ、エドゥアルト Mörike, Eduard　104
メンデルスゾーン、ファニー Mendelssohn, Fanny　281
メンデルスゾーン、フェリックス　Mendelssohn, Felix　74, 76−79, 82, 84, 87, 88, 98, 135, 272

モソロフ、アレクサンドル Mossolov, Alexandre　222
モーツァルト、ヴォルフガング・アマデーウス　Mozart, Wolfgang Amadeus　21, 39, 45, 165, 167, 271
モーパッサン、ギ・ド Maupassant, Guy de　128
モラン、ポール　Morand, Paul 200
モロス、ボリス　Morros, Boris 195
モーロワ、アンドレ　Maurois, André　304[4]
モンテヴェルディ、クラウディオ　Monteverdi, Claudio 169

[ヤ行]

ヤナーチェク、レオシュ Janáček, Leoš　168, 234, 235
ヤンセン、ヴェルナー　Janssen, Werner　304[5]

ユゴー、ヴィクトル　Hugo, Victor　76

[ラ行]

ライス、エルマー　Rice, Elmer 94, 95
ライナー、フリッツ　Reiner, Fritz　164
ラインスドルフ、エーリヒ Leinsdorf, Erich　11
ラインハルト、マックス Reinhardt, Max　77, 78, 80, 82−85, 97, 98, 114, 171
ラヴェル、モーリス　Ravel, Maurice　132, 167
ラシーヌ、ジャン　Racine, Jean 48, 76
ラートハウス、カロル

Rathaus, Karol　308[29]
ラファエロ　Raffaello　45
ラフォルグ、ジュール
Laforgue, Jules　222
ラフマニノフ、セルゲイ
Rachmaninov, Sergey　11, 22, 114, 178-187, 191, 202, 227
ラブレー、フランソワ
Rabelais, François　116
ラミュ、シャルル＝フェルディナン　Ramuz, Charles-Ferdinand　144
ラング、フリッツ　Lang, Fritz　103, 106, 114
ランボー、アルテュール
Rimbaud, Arthur　104, 125

リゲティ、ジェルジュ　Ligeti, György　272-273
リスト、フランツ　Liszt, Franz　56-58, 62, 64-66, 163, 281
リープクネヒト、カール
Liebknecht, Karl　241
リュッケルト、フリードリヒ
Rückert, Friedrich　20
リュネル、アルマン　Lunel, Armand　128, 129
リュリ、ジャン＝バティスト
Lully, Jean-Baptiste　26-30, 33, 40
リルケ、ライナー・マリア
Rilke, Rainer Maria　234
リンカーン、エイブラハム
Lincoln, Abraham　245

ルイーズ・ドルレアン、アンヌ・マリー　Louise d'Orléans, Anne Marie　27
ルーウィン、アルバート
Lewin, Albert　128
ルーズベルト、フランクリン
Roosevelt, Franklin D.　245, 270
ルセール・ド・ラ・ヴィエヴィル、ジャン＝ロラン　Lecerf de la Viéville, Jean-Laurent　26, 28
ルナチャルスキー、アナトリー
Lounatcharski, Anatoli　151, 190, 193, 208
ルーニー、ミッキー　Rooney, Mickey　81
ルノワール、ジャン　Renoir, Jean　115
ルビッチ、エルンスト
Lubitsch, Ernst　114
ルービンシュタイン、アルトゥール　Rubinstein, Arthur　11, 114
ルーファー、ヨーゼフ　Rufer, Josef　252
ルブリョフ、アンドレイ
Roubliov, Andrei　204
ルリエ、アルテュール　Lourié, Arthur　151-152
ルリヤ、ナウム・イズライレヴィチ　Louria, Naoum Izraïlevitch → ルリエ、アルテュール

レイボヴィッツ、ルネ
Leibowitz, René　273
レーヴェ、カール　Loewe, Carl

281
レッシング、ゴットホルト・エフライム　Lessing, Gotthold Ephraïm　241
レッス枢機卿　Retz, le cardinal de　214
レーニン　Lénine　11, 194, 208
レハール、フランツ　Lehár, Franz　94, 213

ロージャ、ミクロス　Rósza, Miklós　308[29]
ロストロポーヴィチ、ムスティスラフ　Rostropovitch, Mstislav　202, 208, 211, 218, 322[17]
ロスラヴェッツ、ニコライ　Roslavets, Nicolaï　222
ローゼン、チャールズ　Rosen, Charles　54
ローデンバック、ジョルジュ　Rodenbach, Georges　79
ロートン、チャールズ　Laughton, Charles　115
ロビンソン、エドワード・G.　Robinson, Edward G.　100
ロマン、ジュール　Romains, Jules　304[4]
ロラン、ロマン　Rolland, Romain　28, 31, 32
ロンドン、ジャック　London, Jack　85

[ワ行]

ワイラー、ウィリアム　Wyler, William　115
ワイルダー、ビリー　Wilder, Billy　114
ワイルド、オスカー　Wilde, Oscar　171
ワシントン、ジョージ　Washington, George　270
ワーナー・ブラザース　Warner Brothers　78, 81, 86

エティエンヌ・バリリエ　Étienne Barilier

一九四七年、スイスのフランス語圏ヴォー州に生まれる。アルベール・カミュの研究で文学博士号取得。小説家、随筆家、ジャーナリスト、翻訳家として多彩な活動を展開。『アルバン・ベルク』（一九七八）、『音楽』（一九八八）、『トリスタンという名の犬』（一九九三）、『B-A-C-H』（二〇〇三）など音楽関係の随筆や小説はもとより、絵画や文学にかかわる著作を多数発表。これまで邦訳された著書に、『蒼穹のかなたに――ピコ・デッラ・ミランドラとルネサンスの物語』（桂芳樹訳、岩波書店）、『ピアニスト』『さらばピカソ！』（以上、鈴木光子訳、アルファベータ）がある。ランベール賞、ヨーロッパ・エッセイ賞、ビブリオメディア・スイス賞など受賞。

西 久美子　にし・くみこ

日仏英翻訳者。二〇〇五年、東京藝術大学音楽学部楽理科卒業。二〇〇八年、リヨン第二大学文学・言語学・芸術学部修士課程修了。訳書にJ-J・エーゲルディンゲル『ショパンの響き』（小坂裕子監訳、音楽之友社、二〇〇七）、E・レベル『ナチュール 自然と音楽』（アルテスパブリッシング、二〇一六）、C・パオラッチ『ダンスと音楽』（同、二〇一七）がある。

ARTES
artespublishing.com

「亡命《ぼうめい》」の音楽文化誌《おんがくぶんかし》

二〇一八年三月二〇日　初版第一刷発行

著者……エティエンヌ・バリリエ
訳者……西《にし》 久美子《くみこ》
発行者……鈴木 茂・木村 元
発行所……株式会社アルテスパブリッシング
〒一五五-〇〇三二
東京都世田谷区代沢五-一六-二三-三〇三
TEL　〇三-六八〇五-二八八六
FAX　〇三-三四一一-七九二七
info@artespublishing.com

編集協力……大谷 仁
装丁……折田 烈（餅屋デザイン）
印刷・製本……太陽印刷工業株式会社
ISBN978-4-86559-182-8　C1073　Printed in Japan